市场调查与分析实务

主　编　李雨静
副主编　宣春霞　张　薇　朱溪亭

北京理工大学出版社
BEIJING INSTITUTE OF TECHNOLOGY PRESS

图书在版编目（CIP）数据

市场调查与分析实务/李雨静主编．—北京：北京理工大学出版社，2017.6
ISBN 978-7-5682-4056-7

Ⅰ．①市…　Ⅱ．①李…　Ⅲ．①市场调查-教材 ②市场分析-教材　Ⅳ．①F713.52

中国版本图书馆 CIP 数据核字（2017）第 112649 号

出版发行／北京理工大学出版社有限责任公司
社　　址／北京市海淀区中关村南大街 5 号
邮　　编／100081
电　　话／(010) 68914775（总编室）
　　　　　(010) 82562903（教材售后服务热线）
　　　　　(010) 68948351（其他图书服务热线）
网　　址／http：//www. bitpress. com. cn
经　　销／全国各地新华书店
印　　刷／三河市华骏印务包装有限公司
开　　本／787 毫米×1092 毫米　1/16
印　　张／11.25
字　　数／264 千字
版　　次／2017 年 6 月第 1 版　2017 年 6 月第 1 次印刷
定　　价／40.00 元

责任编辑／王晓莉
文案编辑／王晓莉
责任校对／周瑞红
责任印制／李志强

本教材主编：李雨静

副　主　编：宣春霞　张　薇　朱溪亭

参编人员：傅　兰　郭献山　王　玉　徐红静

前　言

随着社会主义市场经济的深入发展，企业在激烈的市场竞争环境下生存与发展的必要前提之一是做好市场调查与分析，以便把握瞬息万变的市场，及时调整企业经营策略。因而，市场调查是现代市场经济条件下，企业经营管理的重要组成部分。本教材重点介绍了市场调查的基本理论、基本知识和基本方法，使学生在具备经济与管理基本知识和一般理论的基础上，进一步掌握市场营销专业的知识与理论，具备市场信息的调查与分析能力，为其更好地进入工作岗位打下坚实的基础，同时，也实现教学过程与营销过程的一体化，把理论融入现实，强调实用性和可操作性，增强了教学过程的趣味性。

本教材以市场调查与分析理论和方法应用为研究对象，内容通俗易懂，是专门为市场营销专业及其他财经类、管理类专业而编写的。作为高等学校学生使用的教材，我们针对其使用对象的特点，反映高等学校教育的人才培养特色，突出教材内容的针对性、应用性和实践性。严格贯彻了“以应用为目的，以必需、够用为度”的原则，理论分析力求精练，数字格式尽量简略。本着着力培养学生实际应用能力和操作能力的指导思想，教材侧重于介绍市场调查与分析方法在社会经济领域里的应用与实践，举例紧密结合现代化经济建设与改革开放的实际案例，选取有代表性的事例进行剖析，说明市场调查与分析方法应用的条件、背景及其分析研究过程。本教材每个任务都配有大量的实例，以帮助学生理解和掌握知识点和技能操作；每章开始都提出了学习目标，包括知识目标和技能目标，以帮助学生明确学习目的和要求；每章章末都配备了分组谈论、学习反馈和实务操作等内容，以帮助学生对所学内容进行理解、消化和吸收。

本教材由李雨静担任主编，宣春霞、张薇、朱溪亭担任副主编；傅兰、郭献山、王玉、徐红静参编。本书由李雨静设计框架，拟定编写大纲和总纂定稿。本教材由朱文涛教授担任主审。

鉴于编者水平和能力有限，加上时间仓促，书中难免存在不足或疏漏，恳请专家、读者批评指正。

主　编

2016 年 12 月

目 录

学习任务一

市场调查概述

学习目标

1. 掌握市场调查的作用基础
2. 掌握市场调查的概念、分类、内容、程序和基本要求
3. 掌握市场调查的基本内容及其设计方法

技能目标

1. 在实际工作中要有强烈的市场调查意识
2. 对某一具体领域的调查能写出基本的调查内容
3. 具备设计市场调查方案的能力

实际案例

1. 可口可乐与百事可乐的较量——百事以口味取胜

20世纪70年代中期以前，可口可乐一直是美国饮料市场的霸主，市场占有率一度达到80%。然而，70年代中后期，它的老对手百事可乐迅速崛起，1975年，可口可乐的市场份额仅比百事可乐多7%；9年后，这个差距缩小到3%，差距微乎其微。

百事可乐的营销策略是：第一，针对饮料市场的最大消费群体——年轻人，以“百事新一代”为主题推出一系列青春、时尚、激情的广告，让百事可乐成为“年轻人的可乐”；第二，进行口味对比。请毫不知情的消费者分别品尝没有贴任何标志的可口可乐与百事可乐，同时百事可乐公司将这一对比实况进行现场直播。结果是，有八成的消费者回答百事可乐的口感优于可口可乐，此举马上使百事的销量激增，百事以口味取胜。

2. 耗资数百万美元的口味测试——跌入调研陷阱

对手的步步紧逼让可口可乐感到了极大的威胁，它试图尽快摆脱这种尴尬的境地。1982年，为找出可口可乐衰退的真正原因，可口可乐决定在全国10个主要城市进行一次深入的消费者调查。

可口可乐设计了"你认为可口可乐的口味如何?""你想试一试新饮料吗?""可口可乐的口味变得更柔和一些，您是否满意?"等问题，希望了解消费者对可口可乐口味的评价并征询对新可乐口味的意见。调查结果显示，大多数消费者愿意尝试新口味可乐。

可口可乐的决策层以此为依据，决定结束可口可乐传统配方的历史使命，同时开发新口味可乐。没过多久，比老可乐口感更柔和、口味更甜的新可口可乐样品便出现在世人面前。为确保万无一失，在新可口可乐正式推向市场之前，可口可乐公司又花费数百万美元在13个城市中进行了口味测试，邀请了近20万人品尝无标签的新/老可口可乐。结果让决策者们更加放心，六成的消费者回答说新可口可乐味道比老可口可乐要好，认为新可口可乐味道胜过百事可乐的也超过半数。至此，推出新可乐似乎是顺理成章的事了。

3. 背叛美国精神——新可乐计划以失败告终

邀请200多家新闻媒体参加，依靠传媒的巨大影响力，新可乐一举成名。看起来一切顺利，刚上市一段时间，有一半以上的美国人品尝了新可乐。但让可口可乐的决策者们始料未及的是，噩梦正向他们逼近——很快，越来越多的老可口可乐的忠实消费者开始抵制新可乐。

【思考】

1. 可口可乐为什么会失败?
2. 你得到了什么启示?

情境一　市场调查与市场营销

学习要点

1. 了解市场的含义以及类型
2. 了解市场调查、市场营销
3. 了解市场营销的作用
4. 掌握市场调查的分类
5. 掌握市场调查与市场营销的关系

导读案例

常德卷烟厂始建于1951年，从一个手工作坊式的小企业发展成为目前的大型一级企业。然而到20世纪90年代中期，该厂的产品品牌还是没有特色和优势，严重制约了该厂的发展。当时，国内烟草行业品牌竞争风起云涌，知名的产品品牌较多，为此，公司准备实施名牌战略。首先委托专业性的市场调查机构对卷烟的品牌知晓度，卷烟的香型、口感、产品包装、广告宣传、质量、成本、价格，购买者的类型、行为、嗜好等要素进行了广泛的市场调查研究。根据市场调查的结果，找准了市场定位和消费者的需求空间，把目标市场锁定在高档卷烟市场上，回避中低档产品的激烈竞争。从而做出了实施名牌经营战略的决策，并制定了长期规划，在品牌产品的研制、生产及营销中实施优势资源的整合，先后从英国、德国、美国请来烟草专家和配方大师进行沟通交流，为提升产品质量集中了国内外的优选方案，长期选购津巴布韦、巴西、加拿大等优质烟叶，使用国际名牌配料和辅料，形成和突出品牌特有的口味设计。并引进国外先进设备，与本企业集团自行开发的设备配套，组建了制丝、卷接包等工艺的封闭车间，保证了产品的独特质量要求，并加大了产品广告宣传力度，创新企业的营销体系，重视客户关系管理等。到20世纪90年代后期，该厂先后推出了“芙蓉王”“精品芙蓉”“芙蓉后”“金芙蓉”等系列产品，并不断进行改进。其中“芙蓉王”以较强的竞争中站稳了名牌精品的地位，诞生成长的短短几年时间，创造了名牌营销成功奇迹。进入21世纪以来，常德卷烟厂按照做优品牌、做实管理、做大规模的目标，及时调整发展战略、管理模式，确定了加强技术储备与研发，推进人才队伍建设，完善产品品牌结构，推动企业联合重组，全力打造企业核心竞争力的发展思路，企业连续3年增速达到20%以上，主要经营指标三年跨了三大步，2003年全年完成经营总收入（含税）102.45亿元，完成经营总利润10.3亿元，实现税费50.02亿元，完成卷烟出口创汇480万美元。其中多种经营产业实现收入（含税）10.09亿元、税利2亿元、利润1.3亿元。2003年，主要效益指标再创历史新高，企业经济势力更加走强，并已跻身中国纳税十强。

【思考】

1. 常德卷烟厂成功的关键是什么？
2. 试谈谈常德卷烟厂的管理问题和市场调查问题分别是什么。

一、市场的含义

在市场经济条件下，企业必须重视市场的需求，根据市场的需求来组织经营活动。随着商品经济的发展，市场的内涵也在不断充实和发展。目前对市场较为普遍的理解主要有以下几点。

（一）市场是商品交换的场所

商品交换活动一般要在一定的空间范围内进行，市场首先表现为买卖双方聚在一起进行商品交换的地点或场所。这是人们对市场的最初认识，虽不全面但仍有现实意义。

（二）市场是商品的需求量

从市场营销者的立场来看，市场是指具有特定需求和欲望、愿意并能够通过交换来满足这种需求或欲望的全部顾客。顾客是市场的中心，而供给者都是同行的竞争者，供给者只能形成行业，而不能构成市场。

人口、购买能力和购买欲望这三个相互制约的因素结合起来才能构成现实的市场，并决定市场的规模与容量。人们常说的“某某市场很大”，并不都是指交易场所的面积大，还指某种商品的现实需求和潜在需求很大。这样理解市场，对开展市场调查有直接的指导意义。

（三）市场是商品供求双方相互作用的总和

人们经常使用的“买方市场”或“卖方市场”的说法，反映的是商品供求双方交易力量的不同状况。在买方市场条件下，市场调查的重点应放在买方；反之，应放在卖方。

（四）市场是商品交换关系的总和

在市场上，一切商品都要经历“商品—货币—商品”的循环过程。一种形态是由商品转化为货币，另一种形态则是由货币转化为商品。这种相互联系、不可分割的商品买卖过程，就形成了社会整体市场。

二、市场的类型

人们往往按以下方式来划分市场：按流通环节，分为批发市场、零售市场；按消费者年龄，分为婴儿市场、儿童市场、青少年市场及中老年市场等；按地域，分为国际市场、国内市场、城市市场、农村市场、沿海市场及内地市场等；按产品种类，分为钢材市场、木材市场、蔬菜市场、服装市场及书报市场等；按经济用途，分为商品市场、金融市场、技术市场及劳动力市场等。

下面讲解一下按经济用途划分中的商品市场。

商品市场的含义有广义和狭义之分。广义的商品市场包括消费品市场、生产资料市场和服务市场、房地产市场、技术与信息市场等；狭义的商品市场只包括消费品市场、生产资料市场和服务市场。下面简要介绍消费品市场和房地产市场。

1. 消费品市场

消费品市场是指满足个人和家庭生活需要的商品市场，一般可分为吃、穿、用三种市场。吃的市场主要包括粮食市场、副食品市场及水果市场等；穿的市场主要包括纺织品市场和服装市场；用的市场主要包括百货、五金及家电市场等。

消费品市场的特征：①消费者人数众多，需求差异很大；②一般购买量少、次数多、品种杂、地点散、成交额小；③消费者大多缺乏商品的专门知识，凭个人情感和印象做出购买决策；④渠道分散中间环节多，销售网点密布；⑤广告、展销、降价及示范表演等营销策略应用广泛，对消费者的诱导作用较大；⑥消费品需求正处在结构转换过程中。

2. 房地产市场

房地产是土地和地上建筑物的统称。狭义的房地产市场是指房地产的买卖、租赁、抵押等交易活动的场所；广义的房地产市场是指整个社会房地产交易关系的总和，即由市场主体、客体、价格、资金及运行机制等因素构成的一个大系统。

房地产市场的特征：房地产的不可移动性决定了房地产市场是区域性市场。人们经常称呼的北京房地产市场、上海房地产市场、重庆房地产市场或者中国房地产市场、亚洲房地产市场、世界房地产市场等，都说明了房地产市场具有明显的地区特性。

要开展房地产市场的调查和预测，应熟悉影响房地产市场的各种因素。从房地产供应来看，价格因素、投资来源及数量、交易条件、开发成本和税收等是影响房地产供应的主要因素。

三、市场调查的含义

市场调查是指以提高营销效益为目的，有计划地收集、整理和分析市场的信息资料，提出解决问题的建议的一种科学方法。市场调查也是一种以顾客为中心的研究活动。

市场是企业经营的起点，是商品流通的桥梁。市场竞争不但体现在价格上，而且更多地转向开发新产品、提高产品质量、提供完善的服务、改进促销方式和完善销售渠道等方面。此外，随着人民生活水平的提高，消费心理也在变化，企业的产品信息不仅要满足消费者的量感，而且要满足消费者的质感。企业只有掌握及时、准确、可靠的信息，产品更新换代快，适销对路，生产计划安排得当，才能在竞争中取胜。因此，企业应投入适当的人力、物力进行专门的市场调查。

【思考】

市场调查与市场营销调查有什么不同？

四、市场营销的含义

市场营销是通过市场促进交换以满足人类需要和欲望，同时又使企业获得增值效益的经营活动和管理职能。市场营销是企业的基本职能之一，是负责识别、预测和满足客户的需要，同时又使企业有利可图的管理职能。市场营销正是通过市场来促进交换以满足人类需要和欲望的活动，它渗透于生产和消费领域之中，通过科学、合理的方法和手段促进买方和卖方的目的顺利实现。

市场营销是在动态环境中通过产品创新、分销、促销、定价、服务等加速相互满意的交换关系的一切个人和组织的活动。其营销手段是新产品创新、顺畅高效的分销渠道、有效促销、合理的定价，以及提供可以增加产品价值的服务。市场营销是个人和群体通过与他人交换产品和价值来满足自身需要的过程。需要是某些人们没有得到基本满足的感受状态。欲望是指想得到的具体满足物的愿望。满足物可能是有形的物品，也可能是无形的服务。对营销人员来讲，只要有合适的产品就可能影响人们的欲望，创造交换机会。

五、市场营销的作用

（1）解决生产与消费的矛盾，满足生活消费和生产消费的需要。在商品经济条件下，社会的生产和消费之间存在着空间和时间上的分离，产品、价格、双方信息不对称等方面的矛盾。市场营销的任务就是使生产和消费的不同需要和欲望相适应，实现生产与消费的统一。

（2）实现商品的价值和增值。市场营销通过产品创新、分销、促销、定价、服务方便和加速相互满意的交换关系，使商品中的价值和附加值得到社会的承认。

（3）避免社会资源和企业资源的浪费。市场营销从顾客需求的角度出发，根据需求条件安排生产，最大限度地减少产品无法销售的情况，从而避免社会资源和企业资源的浪费。

（4）满足顾客需求，提高人民的生活水平和生存质量。市场营销活动的目标是通过各种手段最大限度地满足顾客需求，最终提高社会总体生活水平和人民的生存质量。

六、市场调查的分类

按照不同的分类方法，市场调查分为不同的类型。

（一）根据市场调查的要求和达到的不同目的划分，市场调查有探测性调查、描述性调查、因果性调查和预测性调查

探测性调查，又称初步调查。它是调查者对所出现的问题不知道症结所在，心中无数，无法确定要调查哪些内容而进行的简单调查。如市场产品销路不畅，问题可能出在产品质量和功能上，也可能是价格、渠道、促销措施、竞争、需求变化等原因。但究竟是什么问题，无法确定，这时，宜采用走访、座谈收集资料分析等方法，初步了解情况，发现问题所在，为正式深入展开调查扫清障碍，做好准备。这种初步调查，方法要尽量简单，时间要短，着重发现问题是关键。

描述性调查，是市场调查的主要形式。在对问题已有初步了解的情况下，采用询问、观察、实验等方法，了解问题的详细情况，通过对市场客观资料的收集、整理、分析，认识市场问题的特征，为解决问题提供依据。这种调查主要是对市场信息资料，如企业生产经营记录、会计资料、统计报表、外部环境资料、客户资料等进行系统收集，全面分析，如实反映、描述市场变化的过程，为决策提供依据。

因果性调查，是为了挖掘市场某一问题的原因与结果之间的变数关系而进行的专题调查。市场不断变化，直接影响着企业经营成果。有结果就有原因，因果性调查就是侧重了解市场变化原因的调查。市场各种现象是互相联系的，但这种联系并不一定是确定性的因果关系。因果性调查旨在发现、寻找经济现象之间的因果联系，从而了解解决问题从何处着手，做出科学的经营决策。因果性调查强调调查方法的科学性，有关市场变量的选择要考虑它们的相关性、出现时间的先后顺序，以及量化的因果关系模式。

预测性调查，指对未来可能出现的市场行情的变动趋势进行的调查，属于市场预测的范畴。它是在描述性调查和因果性调查的基础上，对市场的潜在需求进行的估算、预测和推断。因此，预测性调查实质上是市场调研结果在预测的应用。如在快餐店的经营中，通过建立销售与广告的因果关系，得知广告与销售额成正比例关系，据此就可以预测来年由于提高广告费而需要增加的销售额。

（二）按调查的时间划分，有经常性市场调查、定期市场调查和临时性市场调查

经常性市场调查，又称不定期市场调查。企业在市场营销活动中，需要根据市场变化，不断做出经营管理决策。为了适应科学决策的要求，需要掌握必要的市场信息，由此要经常开展市场调查活动。按照企业管理、经营决策的要求，每次调查的时间、内容一般都是不固定的。

定期市场调查，是指企业针对市场情况和经营决策的要求，按时间定期所做的市场调查。它的形式有月末调查、季末调查、年终调查等。通过定期调查可以分析研究一定时间内企业经营活动的内外部情况，以便科学地认识市场环境；分析研究一定时间内企业经营活动的内外部情况，以便科学地认识市场环境，定期按计划指导经营活动。

临时性市场调查，又称一次性调查。它是企业投资开发新产品，开拓新的市场，建立新的经营机构或者根据市场某些特殊情况而开展的临时性的市场调查活动。这种调查是了解市场的基本情况，如市场范围、规模、交通条件和竞争对手等。一般来说，这类信息变化不是十分频繁，在一定时间内有相对稳定性。而这些情况又是开展经营活动的前提，所以，针对这些问题做一次性调查，将市场基本情况信息存入“管理档案”，是十分必要的。

案例1-1

美国礼维公司是以生产牛仔裤而闻名世界的，20世纪40年代末的销售额仅为800万美元，但到20世纪80年代销售额达到20亿美元，40年间增长了250倍。这主要得益于他们的分类市场调查。该公司设有专门负责市场调查的机构，调查时应用统计学、行为学、心理学、市场学等知识和手段，按不同国别，分析研究消费者的心理差异和需求差别，分析研究不同国别的经济情况的变化、环境的影响、市场竞争和时尚趋势等，并据此制订公司的服装生产和销售计划。例如，1974年公司对联邦德国市场的调查表明，大多数顾客认为服装合身是首选条件，为此，礼维公司随即派人在该国各大学和工厂进行服装合身测验。一种颜色的裤子就定出了45种尺寸，因而扩大了销售。礼维公司根据美国市场调查，了解到美国青年喜欢合身、耐穿、价廉、时髦的裤子，为此将这四个要素作为产品的主要目标，因而该公司的产品在美国青年市场中长期占有较大的份额。近几年，礼维公司通过市场调查，了解到许多美国女青年喜欢穿男裤，为此，公司经过精心设计，推出了适合妇女需要的牛仔裤和便装裤，使该公司的妇女服装的销售额不断增长。虽然美国及国际服装市场竞争激烈，但是礼维公司靠分类市场调查提供的信息，确保了经营决策的正确性，使公司在市场竞争中处于不败之地。

【思考】

礼维公司的分类市场调查对你有何启示？

（三）按产品层次划分，有日用工业品市场调查、食品副食品市场调查等

按产品层次划分，可以分为不同商品市场的调查，例如，可以分为日用工业品市场调查、食品副食品市场调查等。每类商品还可以分为不同的小类，如日用工业品市场调查中可分为服装、鞋帽、交电、钟表、百货、针织等商品市场的调查。而每种商品市场调查又能细分为不同消费档次、商品品种的市场调查，如服装市场，可分为高档时装、中档服装、大众服装市场的调查。中档服装市场调查又可分为妇女服装、男装、童装市场的调查。另外还有不同季节、不同品种的商品市场调查等。

（四）按空间层次，分为全国性市场调查、区域性市场调查和地区性市场调查，推而广之，还可以有国际商品市场调查

按空间地域层次划分市场调查，除了考虑到现有行政区划以外，更多地要认识经济区划的关系。经济区是一处商品的流通范围，地区之间有密切的经济贸易联系，形成传统市场关系。因此，在以空间层次划分的市场调查中应重视经济区划市场调查。

各种类型的市场调查，有些单独在市场营销管理、科学决策中发挥作用。但是，许多不同类型的市场调查往往与同类型的市场预测结合起来，共同完成市场研究工作，探索市场未来的发展方向，为科学的经营决策提供依据。

七、市场营销与市场调查的关系

市场营销包括市场调查，先做好市场调查是取得好的市场营销的前提条件，市场调查为市场营销服务。

市场营销是在创造、沟通、传播和交换产品中，为顾客、客户、合作伙伴以及整个社会带来价值的活动、过程和体系，主要是指营销人员针对市场开展经营活动、销售行为的过程。

市场调查就是指运用科学的方法，有目的地、系统地搜集、记录、整理有关市场营销的信息和资料，分析市场情况，了解市场现状及其发展趋势，为市场预测和营销决策提供客观、正确的资料。

市场调查在市场营销中的作用：

（1）了解市场，发现营销机会。

（2）有助于企业开发新产品，开拓新市场。

（3）有利于提高企业的竞争能力。

（4）保持和巩固忠实顾客的重要性。

情境二　市场调查的特点和作用

学习要点

掌握市场调查的特点、作用

导读案例

美国福特汽车公司开办了一个市场调查诊所，对自己的新车型设计进行检验。该所邀请客户在预定的路线上驾驶新汽车。同时，派一位受过训练的调查人员坐在驾驶人员的旁边，记录驾驶员对汽车的全部感觉。驾驶结束后，给每位参与者长达6页的调查问卷，询问参与者对汽车每一部分优缺点的评价。通过参与者提供的信息，福特汽车公司就可以了解到消费者对新车型的反映，然后进行适当的改进，使之更受目标消费者的欢迎。

【思考】

福特汽车公司开发的新车型为什么会受到目标消费者的欢迎？

一、市场调查的特点

市场调查以服务于有关部门预测与决策的需要为目的，系统地收集和分析市场信息。其基本特点主要有：

（一）目的性

市场调查是在具有一定目的的前提下，来研究特定市场问题的，具有明显的目的性或针对性。

信息与消息、数据在含义上是有区别的，消息和数据是指语言、数字或其他象征符号记录的用以反映活动、客观事件的信号。而信息是指接收者从消息、数据中提炼加工或推导出的有意义的信号。

现代市场调查以提供有关部门和企业进行市场预算和决策的信息为目的，这种明确的目的性，要求市场调查活动对市场静态和动态的大量消息、数据保持高度的敏感性，要求市场调查活动的结果是系统的有关市场特征、市场变动趋势等方面的信息，而不是罗列一堆杂乱无章的数字。

（二）系统性

市场调查是全面系统收集有关市场信息的活动，要求对影响市场运行的各种经济、社会、文化、政治等因素进行理论与实践分析相结合、分门别类研究与综合分析相结合、定性分析与定量分析相结合、现状分析与趋势分析相结合的系统性综合研究。缺乏系统性的市场调查往往是决策失误的重要原因之一。

（三）客观性

市场调查必须采用科学的方法，不带任何偏见，不受感情因素的影响。对事实、证据的阐述必须排除主观性。

客观性表现为两个具体要求：

（1）调查数据必须真实地来源于客观实际，而非主观臆造；

（2）调查结果具有时效性，即调查所得出的结论能够反映市场运行的现实状况，调查的目的在于提供决策依据与建议，若调查结果失去了时效性，市场调查的全部工作也就失去了意义。

（四）伸缩性

市场调查开展的程度是有伸缩性的。市场中所收集数据的多少和复杂程度是可以选择的，这取决于所需求的信息和所拥有的经费。在对一项调查进行设计时，首先想到的三个问题是：这项调查需要多少费用？需要多长时间？可以获得多少信息？这些问题常常无法准确地回答，需要具体问题具体分析，按具体情况“量体裁衣”，将方案设计得尽可能满足市场调查的信息需求和经费预算。一个调查项目可以只花几千元，也可以花费几万元、几百万元，甚至几千万元；可以在一天内完成，也可以长达几个月；可以只提供小范围的一点数据，也可以给出覆盖大范围的大量信息。总之，调查项目的设计要与市场调查的要求和经费相适应。例如，对经费较少的市场调查，可以选用比较节约的市场调查方法，提供较为定性的数据资料等。

【思考】

市场调查与市场预测的区别是什么？

（五）不确定性

市场调查不能直接指示决定。就像任何其他工作那样，市场调查也不可避免地会有错误、误差和疏忽。即使没有发现错误或疏忽，调查完全按所设计的方案进行，结果也不是完全确定的，不能指示或决定最终答案。调查结果只能被当成另外一种证据，必须参考一般经验、普通道理和其他信息来对它进行评价。对调查的结果认真思考、分析、理解，看其与我们对问题的感性认识是否基本吻合。如果不相符，原因何在？必要时需要做进一步的调查、研究和分析。调查结果是重要的决策参考依据，但并不等于准确地给出了决策答案。

二、市场调查的作用

（一）市场调查为企业经营决策提供依据

“没有调查就没有发言权”，同样，对于一个企业来讲，要占领市场并获得预期效果，必须依赖于行之有效的经营决策，而行之有效的经营决策要以科学的市场预测为前提，就必须以搞好市场调查、及时掌握市场信息为基础。因而，从一定意义上讲，市场调查是市场预测、经营决策过程中必不可少的一部分，是企业经营决策的前提。

经营决策决定了企业的经营方向和目标，它的正确与否，直接关系到企业的成功与失败，因此，瞄准市场，使生产或经营的产品符合消费者的需要是经营决策中需要首先解决的问题。

（二）市场调查有助于企业开拓市场，开发新产品

任何产品都不会在现有的市场上永远保持销售旺势，要想扩大影响，继续盈利，就不能把希望只寄托在一个有限的地区内。当一种产品在某个特定市场上未达到饱和状态时，企业就应开始着眼于更远的地区，辐射就成为非常迫切的问题了。通过市场调查活动，企业不仅可以了解其他地区对产品的需求，还可以了解到国外市场的需求状况，从而掌握该向哪些地区发展、有无发展余地等有用信息，随后决定下一步的经营战略。

案例 1－2

1993 年和 1994 年两年日本大米歉收 10% 后，日本政府不得不放宽进口大米的限制，从美国加州进口大量大米。但是进口大米的消息在老百姓中传开后，人们纷纷花比进口大米贵 10 倍的价格抢购日本大米。人们囤积日本大米，进口大米却无人问津。报纸和电台不厌其烦地进行各种各样的口味测试，讨论日本大米和廉价的美国大米味道有什么不同。政府只好命令所有商店将加州大米与日本大米掺和销售，强行关闭只销售本地产大米的商店。并请相扑明星在媒体上表明他们非常喜欢外国大米。日本首相也在报刊上发表文章说：“除非别人告知这是混合米，否则我是分不清楚的。”大量口味测试也证明了这一点。

这一切让外国人听起来既滑稽又伤感，日本大米真的与外国大米不同吗？该如何解释这种现象呢？

（三）市场调查有利于企业在竞争中占据有利地位

“人无我有，人有我转”的经营策略是每一个企业对付市场竞争的有效方法。知彼知己，才能与竞争对手进行较量，这同样要借助于市场调查，通过调查摸清竞争对手占有市场的情况以及竞争产品受欢迎的原因。

要达到在竞争中取胜的目的，就必须掌握对手的经营策略、产品优势、经营力量、促销手段及未来的发展意图等。企业面对的可能是一个竞争对手，也可能是多个对手，是以实力相拼还是避开竞争，另觅新径，要根据调查结果并结合企业实际做出决策。在竞争中占据有利地位，并不一定要进行直接的面对面的竞争（因为直接竞争的损耗将会很大），还可以通过市场调查，了解对手的情况，在竞争中绕开其优势，发挥自己的长处，或针对竞争者的弱点，突出自身的特色，吸引消费者选择本企业的产品。

情境三　市场调查的主要内容与流程

学习要点

1. 了解市场调查的主要内容
2. 掌握市场调查的流程

导读案例

2000 年前后，国产手机大规模上市，市场份额节节上升，很多具备一定资金实力的企业开始进入这一朝阳行业，并且很快就占有了一定的市场份额，仿佛手机市场在向国内企业招手，一个年市场容量达千亿的市场怎能没有国内企业的旗帜？海尔有着一贯的品牌影响力，而且网络营销能力、执行能力一流，看到手机市场如此好的前景自然要高调入市。但是海尔有着强大的政府背景和资源掌控能力，绝对不会做一般的产品，要做就要做第一，要在国内掀起一股旋风。于是海尔开始了大规模的市场调研，要通过最科学的市场分析决定开发系列产品。

调研的主要内容包括：你希望手机有什么功能？你希望自己拥有第二部手机吗？如果你拥有第二部手机，你希望它是什么形状（笔形、名片盒型还是棒槌形）？带着这些问题，海尔在网络和人群中进行了大量调查。调查的结果使海尔非常兴奋，竟然有 95% 以上的人希望自己有第二部手机，而且这里面又有超过一半的人希望自己的第二部是笔形手机。海尔认为自己找到了市场的蓝海，认为笔形手机将使中国手机市场改变格局，认为每个有手机的人都会在口袋里再放一部笔形手机，因为这都是市场调研的结果。所以经过精心筹备，海奔风系列笔形手机全面上市，“奔风时代风格一派”在当时大肆宣传，但是推广结果却不尽如人意。如今海尔的奔风系列已经淹没在人群中，不再见往日颜色，甚至连水花都没有激起。

【思考】

1. 海尔的调研到底出了什么问题？
2. 当企业想要进行一项市场调查与预测的时候，首先应该思考哪些问题？

一、市场调查的内容

（一）企业不可控因素的调查

企业不可控制的因素，主要是影响企业营销活动的外部环境因素，包括消费者、市场需求、市场竞争和宏观环境等。

1. 消费者调查

消费者是购买、使用和处置企业产品的人。消费者是企业无法控制的，但他们却左右着企业的营销活动，没有一个现代企业敢于忽视消费者。对消费者的调查，是企业的一项基础性工作，也是一项常规性工作。

消费者构成调查。哪些人对这种产品感兴趣，已经或计划购买、使用这种产品；哪些人对这种产品没有偏好，从不购买、使用；他们的性别、年龄、职业、收入、文化、区域等构成如何。

消费者购买动机调查。消费者为什么要购买、使用这种产品，为什么不购买、使用另外一种产品。原因归纳起来有三大类：生理动机、心理动机和社会动机，但具体的原因却是复杂多样、难以捉摸的。有时消费者自己也没有意识到或者自己也说不清楚，有时则不愿吐露。因此，消费者行为动机的调查难度相当大，需要精心设计。

消费者购买行为特征调查。消费者的购买决定是由哪个家庭成员做出的；通常在什么时候购买，在什么样的商店购买，多长时间购买一次，每次购买多少，花费多少钱；喜欢什么样的包装，喜欢用什么样的方式去购买。

消费者获得产品信息的途径调查。是亲朋好友、同事、同学、家人、邻居的推荐，还是从报刊、广播、电视上知道的；是商店的推荐，还是企业产品发布活动的刺激；是曾经使用过，还是亲眼看见过。

消费者使用产品的行为特征调查。谁在使用，现在已在使用，还是过去使用，现在不使用了；使用产品的种类、品牌、样式、型号、口味、包装是什么样的；一般在什么时间或场合使用；一天、一周、一月或一年的使用量是多少；家庭成员谁的使用量最多或最少。

消费者使用产品后的评价调查。对产品的性能、功效、包装、服务满意或不满意到什么程度；使用后有什么具体感受，对企业、产品、品牌有好感吗，好感到什么程度。

2. 市场需求调查

市场需求就是市场机会。掌握当前市场需求和潜在需求及其变化趋势的信息，是企业做出营销决策的前提。

市场需求总量调查。市场需求总量是指在一定的地理区域和一定的时间内，在一定的营销环境和一定的营销努力下，一定消费群体所购买特定产品的总量。市场需求总量是各种条件变量的函数，不可能固定不变。因此，市场需求总量的调查需要经常进行。

市场需求结构调查。市场需求结构调查一般分为生活消费品的结构调查和生产资料产品的结构调查：

（1）生活消费品的结构调查。随着社会的进步、生产的发展和人民生活水平的提高，人们的消费结构会发生变化。具体表现为：食品比重下降，其他消费品与服务比重上升；低档品比重下降，中高档品比重上升。

（2）生产资料产品的结构调查。人们的生产资料产品结构会因科学技术的发展、产业结构的改变、产品结构的调整、管理体制的改进、自然环境的变化以及社会环保意识的增强而发生变化。对于始终处于变化中的生产资料产品需求结构的调查，主要从购买力的投向入手。

市场需求的影响因素调查。市场需求是会受到各种因素制约的，其中有企业可以控制的因素，通过调查了解到这些影响因素对产品功效、产品价格、分销方式、促销力度影响力的强弱，企业可以强化或改变某些策略，扩大市场需求；对那些影响市场需求的不可控的因素，企业则可以在充分把握后，采取措施利用或预先避免。

市场未满足需求调查。在现代竞争激烈的市场上，尚未满足的市场需求，是最佳的市场机会，是企业梦寐以求的。市场永远存在未满足的需求，问题是企业如何去发现它，并且采取有效的策略，把这个需求未满足的市场机会转化为企业的营销机会，开展市场调查是发现未满足需求，把握市场机会的最重要的途径。

3. 市场竞争调查

面对异常激烈的市场竞争，企业仅仅了解消费者的需求是不够的，还必须了解自己的竞争对手。

企业竞争者调查。谁是企业的竞争对手，从广义的角度分析，凡是与自己争夺购买力的企业都可以看作竞争对手。至于生产能满足相同需求或相同类型的产品的企业自然也属于竞争对手。狭义上说，竞争对手是那些生产相同或相近产品的企业。同一层面上的竞争对手，还有主次之分、现实的竞争对手和潜在的竞争对手之分。因此，通过调查，明确企业目标市场上的主要竞争者和潜在竞争者是极其重要的。

竞争者的市场地位调查。要想赢得竞争，企业必须对竞争者的市场地位进行调查，弄清楚竞争者的市场占有率有多高，尤其是它在消费者心目中的心理占有率、情感占有率和知名度、美誉度有多高，因为这是夺得更高市场占有率的保证。

另外，还需要调查竞争者的财务状况、人力资源状况、产量、销量、边际利润、生产能力利用率等。只有了解了竞争者的市场地位、优势和劣势，才能采取合适的、有针对性的、有实效的战略和策略。

竞争者的营销目标调查。营销目标决定着企业的行动策略和对竞争、对环境变化的反应模式，了解竞争者的营销目标是为了给本企业寻求一个有利的竞争位置，并正确地确立自己的目标。企业的营销目标，一般来说不是单一的，而是一系列目标的组合，包括市场占有率、利润最大化、技术领先、成本领先、服务领先等，但每一个企业都有其各阶段的重点目标。因此，对竞争者营销目标进行调查，首先要了解其重点营销目标。此外，调查竞争者目标还包括它的各个职能部门、各个经营项目，甚至关键管理者的目标。

竞争者的营销策略调查。调查竞争者的营销策略，目的是确立本企业的差异化的竞争策略。各竞争企业采取的营销策略越是相似，竞争也就越激烈。只有选择与竞争者不同的策略组合，才会形成本企业的某种竞争优势，才能有效地吸引同一目标市场上的消费者。调查竞争对手的策略不仅要调查它的目标市场策略、产品策略、价格策略、分销策略、促销策略和服务策略等，而且要弄清它的策略组合。此外还要了解竞争者的人力资源策略、研究和开发策略、财务策略、企业管理策略等。

竞争者的竞争反应模式调查。竞争者的营销目标、战略、策略、优势和劣势以及管理者的素质等，不仅决定了竞争者的竞争行为，同时也决定了它对市场竞争的反应。对本企业来说，在决定采取任何一项如降低价格、强化促销、改进产品等竞争行动前，如果它掌握了竞争对手的策略，便可以正确地做出进攻、防御、回避、跟随等决策。

4. 宏观环境的调查

企业的营销活动始终处于复杂多变的市场营销环境之中，市场营销环境包括宏观环境和微观环境。市场营销环境尤其是宏观环境是企业不能控制的营销因素。企业经营的优劣成败，就在于是否能不断地调整自己的经营战略和策略，去主动适应环境的变化，抓住环境提供的市场机会，避免环境变化带来的威胁。因此，建立企业预警系统，调查和监测环境的细微变化，提高企业对环境的应变能力，就显得特别重要。

政策法律环境调查。政策法律环境主要是由政策方针以及有关的法律法规构成的。在环境保护和消费者保护运动风起云涌的今天，公众利益团体和相关的条例、标准和法令也是政策法律环境中不可缺少的一部分。政策法律环境一方面可以制约、规范企业的营销活动，另一方面可以保护企业合法的营销活动，并给企业带来许多新的营销机会。

科技环境调查。科学技术是第一生产力，其影响力渗透到人类社会的各个领域。科技环境日新月异的变化不断给企业带来新的机遇和新的威胁。企业要想立于不败之地，就必须时刻关注科技环境的变化，通过多种形式的调查和研究，充分认识新技术、新工艺、新材料、新产品、新能源和新标准的状况。同时，企业还要注意科学技术引起的市场营销观念、营销策略的变化。

人口环境调查。人口是构成市场的三大基本要素之一。人口环境包括人口的数量、结构、分布、密度、流动趋势、家庭状况等，企业需要充分认识人口环境及其变化，以便采取适当的营销策略，寻求市场机会。

自然环境调查。自然环境包括地理、气候、资源、能源等因素。随着科学技术的飞速发展和人类社会工业化进程的加快，自然环境正日趋恶化，这与企业经营活动紧密相关。同时，自然环境对企业经营活动的影响也越来越大。

案例 1-3

继1997年年底八佰伴及大丸百货公司在1998年香港相继停业后，2000年9月18日，世界第二大超市集团“家乐福”位于香港杏花村、荃湾、屯门及元朗的四所大型超市全部停业，撤离香港。

法资家乐福集团，在全球共有5 200多间分店，遍布26个国家及地区，全球的年销售额达363亿美元，盈利达7.6亿美元，员工逾24万人。家乐福在我国的台湾、深圳、北京、上海的大型连锁超市，生意均蒸蒸日上，为何独独兵败我国的香港？

家乐福声明其停业原因，是香港市场竞争激烈，又难以在觅得合适的地方开办大型超级市场，短期内难以在市场中争取到足够占有率。

家乐福倒闭的责任可从两方面来分析：

1. 从其自身看

第一，家乐福的“一站式购物”（让顾客一次购足所需物品）不适合香港地窄人稠的购物环境。家乐福的购物理念建基于地方宽敞，与香港寸土寸金的社会环境背道而驰，显然资源运用不当。这一点反映了家乐福在适应香港社会环境方面的不足和欠缺。

第二，香港没有物业，而家乐福本身需要数万至10万平方英尺①的面积经营，背负庞大租金的包袱，同时受租约限制，做成声势时租约已满，竞争对手觊觎它的铺位，会以更高的租金夺取；家乐福原先的优势是货品包罗万象，但对手迅速模仿，这项优势逐渐失去。除了已开的4间分店外，家乐福还在将军澳新都城和马鞍山新港城中心租用了逾30万平方英尺的楼面，却一直未能开业，这也给它带来沉重的经济负担。

第三，家乐福在台湾有20多家分店，能够形成配送规模，但在香港只有4家分店，直接导致配送的成本高昂。在进军香港期间，它还与供货商发生了一些争执，几乎诉诸法律。

2. 从外部看

第一，在1996年它进军香港时，正是香港历史上租金最贵的时期，经营成本高昂，这

---

① 1平方英尺=929.03平方厘米。

对于以低价取胜的家乐福来说，是一个沉重的压力，并且在这期间又不幸遭遇亚洲金融风暴，香港经济也深受打击，家乐福受这几年通货紧缩的影响，一直无盈利。

第二，香港本地超市集团百佳、惠康、华润、苹果速销等掀起的减价战给家乐福经营以重创。作为国际知名的超市集团，家乐福没有主动参与这场长达两年的减价大战，但几家本地超市集团的竞相削价，终于使家乐福难以承受，在进军香港的中途铩羽而归。

【思考】

1. 你认为家乐福败走香港的真正原因何在？

2. 你如何看待“入世”后，世界零售巨头大举进入中国后，中国本土零售商的竞争环境？

3. 家乐福败走香港对中国大陆零售业发展有何启示？

4. “入世”后中国本土零售业应当如何与世界零售业巨头展开竞争？

（二）企业可控因素的调查

在营销活动中，有许多因素企业是可以控制的，这些因素主要是影响企业营销活动的内部因素，可以归纳成四大类：产品、价格、分销渠道和促销。对这四大类因素的调查是企业市场调查的主要内容。

1. 产品调查

为市场提供消费者所需要的产品和服务，是企业赖以生存的基础。产品调查就是收集消费者对本企业产品的评价和偏好信息，以评估产品满意需求的状况，其核心是产品的适用性。

（1）产品概念调查。产品概念是消费者心目中的产品特征，是用消费者的语言所表达出来的产品的开发构想。企业在推出新产品之前，需要把自己拟定的体现产品特征的产品概念拿到消费者中做一番调查测试，了解一下这个概念是否满足消费者某一方面的需求，能否吸引他们的注意，能否激发他们的购买欲望。

产品概念调查的主要内容有：消费者对产品概念的理解程度、消费者对概念中所表达的产品特性的需求程度、概念所反映的消费者需求的产品特性与竞争产品有无明显的差异、概念能否激发消费者购买的欲望等。

（2）产品质量调查。能获得消费者满意的质量，是企业产生竞争力的源泉，对于企业占领市场、增加收益具有极重要的意义。质量是个综合概念，包括产品的安全性、可靠性、耐用性、生产使用和维修的经济性、产品使用和维修的方便性等。质量又是个相对性的概念，不同产品的具体质量特征是不相同的，不同消费者对质量的评价和期望标准也是不相同的，而且在他们心目中，产品的质量还同产品的价格联系在一起，对不同价格水平产品的质量要求也是不相同的。质量还是个动态性的概念，随着生产技术的进步、买方市场的形成、消费者价值观的变化以及产品所处的市场生命周期阶段的不同，消费者对质量要求的侧重点也不尽相同。因此，产品质量不仅要进行多方面的调查，还要进行多层次的和经常性的调查。

（3）产品功能调查。消费者购买产品是为了获得某种使用功能，功能是体现产品价值的一种重要因素，人们对质量的要求往往是建立在对功能需要的基础上的，不具备消费者需要的特定或多种功能的产品，质量再好，消费者也不会去购买。一方面，消费者对不同功能的追求，会反映在对产品质量再好，消费者也不会去购买。另一方面，消费者对不同功能的追求反映在对产品质量的要求上。例如，对一次性毛巾，就不要求它坚固耐用，甚至是纸质的也可以。

产品的功能包括产品的心理性功能和实用性功能。心理性功能是由产品的个性化设计而引起消费者产生联想、想象、推理等心理作用而产生的对产品特色的认同和理解，如时尚、豪华、浪漫等。而实用性功能是指产品的各种基本的和附加的实际效用。因此，对产品功能的调查也要从两个方面着手。同时，不同的消费者，对功能的需求是不相同的，所以企业需要做经常性的调查和研究，以保证设计的功能适合消费者的需要，尤其要防止功能过剩而导致成本上升，使企业失去价格上的竞争优势。

（4）产品款式调查。产品的款式包括产品的结构、规格、形状、色彩、口味等特征。款式是企业实行差异化策略的重要武器。款式的新颖性、多样性和个性化，是企业产品开发的要素。随着科学技术的不断发展和市场的激烈竞争，产品也越来越同质化、同步化，价格水平、分销渠道和促销手段越来越相似，使消费者在选购商品时更注重产品款式的个性化和新颖性。因此，随时了解消费者的消费心理和对产品款式偏好的新变化，为企业不断开发符合需求的新型产品提供依据，是市场调查一项十分重要的内容。

（5）产品原材料调查。随着人们生活水平的提高、环保意识的增强和消费心理的日益成熟，消费者对产品的要求越来越多样化，对产品原材料的要求就是其中一个组成部分。不同层次、不同区域、不同时期、不同年龄、不同性别的消费者对原材料的需求会有差异。

（6）品牌形象调查。品牌，就是产品的商业名称，通常由品牌名称和专门设计的包括文字、标记、符号、图案和颜色在内的品牌标志构成。品牌形象就是品牌在消费者心目中的印象和地位，是产品质量、性能、特色的综合体现，是区别于竞争产品、吸引消费者重复购买、培养消费者忠诚的主要依据。因此，进行产品品牌形象的调查，对于企业进一步传播、巩固和调整品牌形象，提高产品的竞争力，具有极其重要的作用。

（7）产品包装调查。包装是产品的一部分，除了保护产品，方便运输、销售之外，还具有树立品牌形象和企业形象、促进销售等作用。

包装调查主要是调查包装的外观设计、容量、包装材料等是否能被消费者接受和喜爱，他们为什么会喜爱，他们希望通过产品的包装获得哪些产品信息；竞争产品的包装有什么特点；消费者的评价如何等内容。对于运输包装应该了解，包装是否方便运输、储存、拆封，能否适应不同的运输方式和气候条件等。

（8）产品生命周期阶段调查。任何产品都会经历一个从进入市场、成长、成熟和衰退，直至退出市场的生命周期。企业掌握产品目前处在生命周期的哪一个阶段的信息，对于制定营销策略和发展战略是必不可少的。产品处于生命周期哪一阶段，主要反映在产品的销售量、产品的普及率、销售的增长率、消费者购买意向、市场竞争产品、可替代产品的开发和销售情况等方面。企业通过调查上述内容，可以确定产品所处的生命周期阶段，从而制定出适当的营销策略。

2. 价格调查

产品价格是企业可控因素中最活跃、最敏感、最难以有效控制的因素。企业为产品所规定的价格是否适当，关系到产品的销售量、市场占有率、利润的大小以及产品与企业形象的好坏。然而，定价又不完全是企业单方面所能决定的，它涉及消费者和经销商的利益，受到他们以及市场供求状况、竞争产品价格以及其他各种社会环境因素的影响和制约。因此，企业在为产品定价或调整价格之前，进行价格调查是完全必要的。

（1）产品需求性质与价格弹性调查。需求是制约产品价格的最重要的因素。需求的性质和强度决定了产品需求的价格弹性，即市场需求对于产品价格变动的反应程度。不同性质的产品，价格弹性不同。产品本身的质量、特色、知名度，竞争产品和替代产品的多少和效用的强弱等，也会影响价格弹性，所以，企业需要了解产品的需求性质、价格弹性的大小。

（2）消费者价值感受调查。主要以需求为导向而不是仅仅依据成本是许多企业采用的定价策略。实施这一策略的关键就是要准确地把握目标消费者对本企业产品价值在心理上的感受和认同程度，包括对现有价格的接受程度、可以接受的价格水平等。这种接受和认同程度的调查，也应同产品需求的强度、时间、地点、消费心理等因素结合起来进行，将调查项目进一步细化。

（3）竞争产品的价格调查。竞争产品的价格水平是企业定价时不得不面对的一个重要因素，对采取以竞争为导向定价的企业来说，当然格外重要。这种调查主要了解消费者对竞争产品价格的认同程度和意见、价值和价格之间的关系等。

（4）成本调查。产品成本是盈亏的临界点，也是企业定价的最低经济界限，是影响定价的重要因素。企业进行产品生产需要消耗生产资料和劳动力，这些消耗在成本中用货币计量，于是就表现为材料费用、折旧费用、工资费用等。企业的经营活动不仅包括生产，也包括销售活动，因此在销售活动中所发生的费用，也应计入成本。同时，为了管理及保证生产正常运行所发生的其他费用，也应计入成本。对所有这些成本费用的调查即构成成本调查的主要内容。

3. 分销渠道调查

在商品经济中，由于生产和消费相分离，所以产品的空间矛盾、时间矛盾、产品品种数量矛盾、价格矛盾、所有权矛盾等是由分销渠道及其成员来解决的。因此，企业设计好能适应自己的产品特点、生产情况和市场情况的分销渠道，选择好合适的渠道成员，组建好分销渠道和有效地管理好自己的分销渠道是实现企业营销目标的必要途径。

【思考】

市场营销中的4P是什么？促销有哪几种方式？

（1）渠道类型调查。分销渠道的类型多种多样，并且不断有新型的分销渠道出现。对于企业的产品销售来说，不同类型渠道网络各有利弊，企业必须通过调查各种渠道与消费者的联系，做出分销渠道设计决策。这方面的调查还包括对企业现有渠道的调查，如是否能满足产品销售的需要，是否畅通；消费者是否感到方便、满意；分销渠道的各环节产品库存是否合理，有无积压、脱销现象；等等。

（2）渠道成员调查。对于选择间接渠道来分销产品的企业，需要从成千上万的各层面的中间商中挑选一些较为理想的中间商来作为自己分销渠道的成员，他们是否合适，极大地影响着企业产品分销系统运作的有效性和管理的经济性。渠道成员选择不当，即使渠道系统设计得再完美，也不会给企业带来效益，反而会严重损害企业的利益。企业在选择或调整渠道成员时，要调查研究各层面中间商的企业信誉、企业形象、经营稳定性、顾客类型、所在地的社会经济环境，以及中间商的实体分配能力、服务能力、销售能力、管理水平、营销技术、市场控制能力、信息搜集能力、产品知识和专业经验、协作意向等。

(3) 渠道管理情况调查。企业在组建分销渠道系统之后，为了保证该系统的运行能达到营销目标，必须对其实行控制管理，及时了解中间商的经营活动，如销售、服务、付款、促销、利润等，针对具体情况进行奖励或帮助。对出现的问题和工商冲突等及时进行沟通和处理。

4. 促销调查

促销就是企业采用商业广告、人员推销、营业推广和公共关系等方式将产品或服务的有关信息传递给消费者，从而引起他们的注意，激发他们的兴趣，刺激他们的购买需求。在现代竞争激烈的市场环境中，促销活动是企业营销活动中又一个重要组成部分。

(1) 商业广告调查。商业广告是促进产品销售方式中最常见的一种，为了实现与目标消费者的有效沟通，企业需要收集的信息很广泛，就广告活动本身来说，调查包括：

1) 广告信息调查。广告传播的信息，必须是诉求对象所需要的，能够理解、乐于接受的。为了让广告诉求对象在许多同类产品广告中注意、识记本企业广告，广告需要独特的创意和诉求角度，因而这方面的调查除了要深入了解消费者的情况，以及他们对本企业广告所传播信息的认同度和理解度，还需要充分地了解本企业产品的独到之处和竞争产品的广告诉求信息，为制定和调整本企业的广告传播信息提供依据。

2) 广告媒体调查。广告信息必须通过恰当的、诉求对象能接触到的或有某种偏好的广告媒体才能完成传播，收到理想的效果。作为广告传播的工具，现代媒体种类繁多，对这些媒体的调查要从实际需要出发，结合产品特点，有重点地了解具体媒体的影响力、覆盖面、信誉度、经济性和目标消费者的接触率等，为企业选择广告媒体提供可靠信息。

3) 广告效果调查。企业投入巨资进行广告促销活动，广告公司精心策划、实施广告活动，目的是获得良好的促销效果，因此对广告效果进行调查，评定促销效果，是广告调查中最重要的内容。广告效果调查具体包括三个项目：

一是广告的社会效果。即该广告对社会文化道德和人们的思想观念产生的影响，对社会经济结构、消费者生活和行为产生的影响。二是广告的心理效果。这主要是产品信息的创意、表现手法和发布时点对诉求对象所产生的视听率、注意度、知名度、好感度、理解度等的影响。三是广告的销售效果。商业广告最主要的目的是促进产品销售，具体体现在广告费用的投入对销售额的影响程度。通过计算这二者之间的比例来确定效果的大小，是衡量本次广告活动成败的最主要依据。

(2) 人员推销调查。实施人员推销调查是为了了解推销人员的基本素质、推销能力、推销技术和推销成效，以及推销的组织和管理的利弊得失，以便进一步合理地确定推销的组织结构，实施人员的奖励和培训。人员推销调查包括以下内容：

1) 推销人员推销观念调查。现代推销观念是以满足消费者对产品使用价值、产品信息、产品服务的需求为核心的，这也是推销能否成功的关键，但是传统推销观念是以推销产品为唯一目的的，而且不问该产品能否适应消费者的某种需要，这种观念对推销人员的影响极大。因此，了解推销人员所持的推销观念，对于不断端正他们的推销观念，有针对性地进行观念教育是很重要的。

2) 推销人员推销技能调查。推销是一项专业性很强的促销活动，需要掌握许多专门的技术，通过对推销人员在推销活动中所运用技术水平的调查，及时总结适合本企业产品的和行之有效的实战技术和经验教训，对于进一步巩固推销队伍，提高推销人员的水平，增强他们的推销信心，扩大推销成果是很有帮助的。

3）推销人员培训效果调查。培训效果的调查是指对推销培训与推销业绩相互关系的调查，通常与推销业绩、销售网络的形成和发展状况联系在一起进行，以利于发扬先进和开展更有成效的培训。

4）推销人员报酬调查。推销人员的酬劳制度是企业管理者必须解决的问题，也是难题，常常困扰着企业管理者。通过调查，研究可行又能最大限度地调动推销人员积极性的方法，使得推销人员的报酬与推销业绩形成一种合理、互动的关系，是人员推销调查中一项富有现实意义的项目。

（3）营业推广调查。营业推广是一种在营业过程中，以富有创意的促销手段去激发市场的需求，直接吸引消费者和中间商迅速或大量购买特定产品的促销策略。营业推广调查包括以下内容：

1）营业推广目标对象调查。只有充分了解每项营业推广促销对象的消费心理和购买行为的特点，才能设计出针对性很强的促销方式，从而有创意地开展营业推广活动，得到促销对象的积极响应。

2）营业推广开展环境调查。营业推广活动的开展受到营销环境的影响，通过调查，把握环境为促销活动提供的某种契机或带来的某些约束，了解企业开展某项营业推广活动的优劣势，对于是否开展该项活动以及具体项目内容步骤的策划是至关重要的。

3）营业推广工具调查。可供企业选择的工具很多，各有长处和局限。企业在决定使用某种工具时，需要根据促销目的、产品特点、环境背景等，具体调查这种工具的利弊和具体实施方式可能带来的效益。如对赠送样品这种营业推广工具，就要调查这些内容：赠送对象是谁，赠送面多大才会事半功倍，每位受众送多少最合适，受众的区域分布怎样才最合理，什么时间赠送最好，应该采用什么样的具体方式，这些决策只有在充分调查的基础上才能做出。

4）营业推广效果调查。这方面的调查主要是调查活动开展前后的销售量变化的幅度、获利的大小、消费者对本次活动的响应程度和评价（如优惠券的回收率、参加抽奖的人数等），以及中间商的接受程度和参与程度（如是否增加店内广告、有无给予价格优惠等）。

案例 1－4

为了迎接国庆节的到来，某购物广场准备了丰富多彩的促销活动来带动销售，其中海报发挥了重要作用。但是，有一则海报由于某种原因没有写清楚，引发了一系列本不该出现的问题。该海报写道：9 月 30 日—10 月 7 日，我商场有一系列促销活动，凡在本商场一次性购物满 50 元者，可获赠“珍极”牌酱油一瓶。但由于该海报没有注明本活动不可累计，导致许多顾客一次性购物满 100 元或 200 元，只能得到一瓶赠品酱油（按消费额本该得到 2～4 瓶），导致顾客很不满意，有不少的抱怨。

【思考】

请分析该现象发生的原因。

（4）公关调查。企业的公共关系活动能优化企业的内外营销环境，塑造良好的企业形象，从而促进企业产品销售，增强企业产品的市场竞争力。公关调查包括以下内容：

1）企业当前营销状况调查。公关调查要从了解自身的经营状况开始，调查企业的营销目标、营销策略、目标市场、销售量、市场占有率以及生产、人事和财务状况等。

2）社会营销环境调查。企业公关的目的是让营销活动同社会环境达到最高层次的和谐。充分掌握环境信息，有助于企业策划针对性明确、能产生实际效果的公关活动。

3）公众舆论调查。公众舆论即社会公众公开表达的对企业共有的意见和态度，这种意见和态度在一定条件下会直接转化为势不可当的行为，产生难以预料的影响，是企业营销环境的重要构成，所以是任何企业都不可轻视的。由于公众舆论具有广泛性和动态性，因此，这方面的调查需要定期进行，将各次的调查结果绘制成一张舆论走势图，为企业制定公关策略、策划公关活动提供依据。

4）企业形象调查。企业形象调查就是了解企业目前的实际社会形象，主要调查公众对企业的知晓度，对企业的好感、信任和偏爱程度。这项调查不仅要在企业外部的公众中进行，还要在企业内部进行，以了解企业员工及其家属对企业形象的判断。

5）企业公关活动条件调查。这项调查主要指的是企业对计划展开的公关活动需要具体主客观条件的调查。其包括所能承担的人力、财力情况，活动所需要的场地、设备、协作单位和关系单位各方面的条件和配合程度等。只有事前做到胸中有数，做好充分准备，才不至于临场手忙脚乱，疲于应付，保证活动能收到预定的效果。在这种调查中有时还能当场捕捉到某种计划外的占机，获得意外的惊喜，使活动开展得更加有声有色。这一类的调查具有很强的实用性、针对性和机动性，往往由活动的策划人、实施者亲自去进行。

6）公关活动效果调查。企业在营销活动能力中，需要经常开展公关活动，调查每次公关活动的效果，然后评定其成效和不足，这有利于后续公关活动的开展。此类调查经常性的项目有：企业在大众传播媒体的展露度；公众对企业公关活动的注意率、理解度、记忆度以及对企业态度的改变程度；企业产品销售量、销售利润的增长率，这也是计算该项公关活动投资回报率的方法。

二、市场调查的步骤与流程

市场调查是应用科学的方法，有系统性地去收集与分析有关资料。市场调查因对象与目的不同而有不同设计，但不管采用何种市场调查的设计，均有其一定的程序。一般而言，市场调查的程序包括下列几个步骤：

（一）确定问题与假设

市场调查的首要步骤便是清楚地界定所欲调查的问题与范围，并确定调查的用途与假设前提。如果对问题的说明含混不清，或对所要研究的问题做了错误的界定，则调查所得的结果将无法协助企业管理者制定正确的决策。因此，在进行调查之前，应先确定调查的目的。

1. 调查目的

调查目的即调查的主题，但有些调查是属于多目的的，也就是属于比较广泛性的市场调查。例如，某一服饰公司拟推出设计较为新颖的服饰，除了需要调查一般对象的式样喜好程度和购买潜力外，还希望了解该服饰的配饰设计是否理想。

2. 调查范围

问题及调查目的确定后，基本上就确定了调查的范围。就调查的内容而言，调查范围即指调查项目；而就调查方法而言，调查范围则指抽样范围或调查对象。此处所指的调查范围是广义的，也就是包括调查哪些项目以及调查的母体大小等。

3. 假设问题的设定

在问题确定之后，市场调查人员往往必须针对某些问题寻求其假设因素，以便从这些假设因素中找出影响问题症结的特定因素，作为设定调查主题的依据。上述这些步骤即可构成假设问题的设定。

4. 情势分析

在市场调查的过程中，观察市场环境，发掘问题所实施的步骤称为情势分析，一方面收集与分析企业内部的记录以及各种有关的次级资料，一方面访问企业内外对有关问题有丰富知识与经验的人士。情势分析通常可提供足够的资讯，协助调查研究人员与企业主管共同界定所欲研究的问题。

一般来说，情势分析所需要调查（收集）的资料，主要包括下列方面：公司内部资料；同业竞争者资料；市场；分销渠道；广告与推广方法；包装；产品。

5. 非正式调查

非正式调查指在情势分析与正式调查之间所做的各种调查措施。非正式调查的目的在于对情势分析结果所提出的问题假设进行求证，看其是否能在实施时一一实现，简言之，即在从事假设问题的求证。

（二）拟订调查计划

拟订调查计划是在问题与假设确定之后所要做的事，此过程在整个市场调查过程中最为重要。因此必须尽可能地按部就班地执行，以确保整个调查工作的顺利进行，使所获得的结果具有准确性。

一般而言，完整的调查计划内容必须包含下列项目：①确定最后调查的特定目的与范围；②确定所需资料的种类；③确认资料的来源；④准备收集资料的表格；⑤确定所需的调查人员；⑥确定所需的费用；⑦确定所需的时间与日程；⑧说明抽样计划。

案例 1－5

天天键公司是我国饮料市场五巨头之一，公司主打产品天天键口服液的重点销售区域为华南和华东地区市场，销售对象主要是中老年消费者。2000 年以前公司很少做广告宣传，但 2003 年公司年度广告投入达到 800 万元，主要投放在电视广告、各零售点的 POP 广告、印刷品广告及少量的灯箱广告等。为了有针对性地开展 2004 年度的产品宣传推介工作，促进产品品牌形象的传播和产品销售量的进一步提高，以便在竞争激烈的保健品市场中立于不败之地，公司拟委托一帆市场调查公司开展一次广告效果调查，以供决策层参考。

【思考】

试根据天天键公司拟开展广告效果调查的背景，思考如何开展广告效果调查。

调查计划的实施步骤，一般可依如下的程序：确定调查的目的；决定资料的种类与来源；决定收集资料的方法，设计收集资料的工具与表格；抽样设计；预试；编制预算与时间估计。

（三）收集资料

根据调查计划中的抽样设计进行抽样，并依据调查计划中所提出的资料收集方法实地去收集各种资料。在实地收集资料时，对访问员或实验人员的甄选、训练及监督等，都应特别重视。如果这些资料收集人员未能按照调查计划去实地收集资料，则可能使整个市场调查作业失去价值。不管调查计划如何周详细密，在实地收集资料时，往往会发生一些预料不到的问题。因此，在实地收集期间，必须经常查核、监督及训练资料收集人员，并随时与他们保持密切联系。

（四）整理与分析资料

1. 整理初级资料

资料收集完成之后，便是整理资料。首先需审查初级资料，将不合逻辑、可疑或显然不正确的部分剔除，补充不完整的资料，统一数量的单位，适当分类，并加以编辑，以供编表之用。

2. 证实样本的有效性

企业主管经常怀疑市场调查中样本的真实性，因此调查人员若能证实样本的有效性或可靠性，定能增强企业主管对调查结果的信心。

证实样本有效性包括下列两种常用的方式：

（1）利用随机抽样法。依此法可估计样本本身的统计误差。

（2）采用配额式抽样。先决定样本是否够大，即样本的稳定性如何，然后与其他来源相对照，以查看样本的代表性。

3. 编表

编表是将调查结果作好资料的分类，然后以有系统的方式绘成简单有用的图表，以便分析与利用。目前编表的工作都可以电脑处理，既省时又省力，且所制作出来的图表既整齐又美观。

4. 资料分析

资料的分析可用文字说明，也可用图表解释。此外，资料的分析都采用统计方法，计算一些统计指标及进行推论，并由此进行详尽且深入的分析，进而解释分析的结果。

（五）提出调查报告

市场调查程序的最后一个阶段便是根据所得出的调查结果，赋予其意义（解释结果），并据以撰写调查报告，提出有关解决行销问题的建议或结论。

报告的撰写应针对阅读者的需要，力求简明扼要而有说服力。调查报告大致可分为两种：一个是通俗性报告，一个是技术性报告。前者主要是向企业主管报告之用，应以生动的方式说明调查的重点及结论；后者内容较丰富，除说明研究发现与结论之外，尚应详细说明访查方法，并提供参考性的文件资料。

情境四　市场调查的产生与发展

学习要点

了解市场调查的产生与发展

导读案例

目前，很多市场调研常常是雇佣一大批大学生或者长期从事调研的基础员工，拿着表格、小礼物向人征集结果进行操作的。最近几年由于网络的发展，很多企业也采用网络征集的方式收集资料，用来指导营销和战略布局，这是目前大多营销调研的武器。

日本公司的一个空调产品上市，公司会派出上千名兼职调查人员去往各个小区，直接看室外机的品牌，然后得出占有率，甚至在每个大型垃圾场把包装袋进行分拣，然后汇总进行市场分析。

【思考】

中国的企业应该怎么做?

一、市场调查的产生

市场调查与预测是随着市场经济的发展而发展的，但市场调查与预测理论的形成是在20世纪初开始的，至今走过了近100年的历程。纵观市场调查与预测的发展，可以将其分成4个阶段。

1. 建立阶段

从20世纪初到30年代市场调查与预测科学的建立阶段。该阶段美国相继出现了小的调查企业，哈佛商务学校、西北商务学校还分别创建了商务调研所。1911年，由美国柯迪斯出版公司设立的市场调研部门调查编写的《销售机会》一书，被推崇为市场调研科学的先驱。随后哈佛商务学校、西北商务学校的商务调研所相继发表了市场调研问题和过程的研究成果。20世纪30年代，美国市场营销协会成立，并在1937年资助《市场调研技术》出版问世，同年由罗纳德出版公司出版，布朗编写的《市场调研与分析》一书成为第一本被广泛使用的有关市场调查方面的教材。

2. 巩固提高阶段

从20世纪30年代到50年代，市场调查与预测进入巩固提高阶段。数理统计技术被广泛融入市场调查与预测之中，突破了方法单一、相关性差的缺陷，使样本设计在技术上有了很大的进展，对市场调查与预测的理论发展起了重要作用。

3. 发展阶段

20世纪50年代至90年代，市场调查与预测进入发展阶段。第二次世界大战结束后，科学技术的迅猛发展、管理技术的日臻完善，使市场空前发展。买方市场的出现使顾客逐渐成为市场的主导，企业经营观念从生产导向逐渐向市场消费需求导向变化，市场调查与预测普遍受到企业的重视，进而推动了市场调查与预测理论的发展，20世纪70年代后，随着计算机的出现，信息的搜集，加工、整理、分析等向信息化发展，市场调查与预测进入了新的发展阶段。

4. 信息化阶段

20 世纪 90 年代后，高新技术发展迅速，计算机网络的普遍应用、消费者的多样化需求、企业竞争的加剧，进一步推动了市场调查与预测在经济领域作用的发挥。市场调查与预测已经成为高等院校经济类专业的重要课程。网络调查的出现，突破了时空概念，拉近了人们的距离；统计方法的多元化和高级化，使调查和预测更加及时和准确。市场调查与预测是企业发展的重要方面，也带动了调查咨询业的发展。

案例 1 - 6

一定要掌握好敲门的时机，早上 9 点以前、中午 11 点到下午 2 点都不适宜进行调查，其他时间若主人仍有事情在忙，一定要争取约定一个适宜的时间，不要轻言放弃。

主人开门见到一个陌生人，第一反应一定是惊讶，这时你应当微笑，消除他的戒备感，然后说“你好”，再用最简练的语言介绍自己，并提出想做一个调查，要注意突出自己是学生，所做的是研究性质的调查，不要使他误认为你是推销员。

要对所调查的问题十分熟悉，这样才能流利地提问。然而提问的语速一定不能太快，否则被访问者可能来不及理解，注意不要用自己的态度影响被访问者的答案，否则调查结果无法反映真实情况。

要按照顺序提问，这样有利于被访问者的思路清晰，也便于检查其答案是否存在明显逻辑错误。提问中可适当加入一些调节气氛的话，比如，当看到被访问者在选择感兴趣的报纸内容，勾了好几个答案时，你可以赞扬他兴趣广泛，这对于消除被访者的疲倦感，增加他对你的亲近感都是很有好处的。

调查完毕一定要对被访者表示感谢。

【思考】

调研的时候，我们还可以怎么做，能使调研更有效率？

情境五　市场调查的机构

学习要点

1. 掌握市场调查与预测机构的组织形式
2. 了解市场调查与预测专业机构的常见类型
3. 掌握市场调查与预测专业机构的选择步骤

导读案例

上海生产宠物食品的一位企业家出差来北京的时候，在西单图书大厦买了一本市场调查技术方面的书。三个月后，他为这本书付出了三十几万元的代价。更可怕的是这种损失还在继续增大，除非这位先生的宠物食品公司关门，否则那本书会如同魔咒般伴随着他的商业生涯。

“最近两年，宠物食品市场空间增加了两三倍，竞争把很多国内企业逼到了死角。”有位记者在2005 年北京民间统计调查论坛上见到了这位先生，“销售渠道相近，谁开发出的产品，谁就有前途。以前做生意靠经验，我觉得产品设计要建立在科学的调研基础上。去年年底，我决定开始为产品设计做消费调查。”

原来，回到上海后，为了能够了解更多的消费信息，这位先生根据市场调查书中的技术介绍，亲自设计了精细的问卷，在上海选择了1 000 个样本，并且保证所有的抽样在超市的宠物组购物人群中产生，内容涉及价格、包装、食量、周期、口味、配料6 大方面，覆盖了所有能想到的因素。沉甸甸的问卷让企业的高层着实振奋了一段时间，谁拥有独特的产品，谁就有前途。

但没想到市场调查真正把他们拖向溃败。

2005 年年初，上海这家企业的新配方、新包装狗粮产品上市了，短暂的旺季持续了一星期，随后就是全面萧条，后来产品在一些渠道甚至遭到了抵制。过低的销量让企业高层不知所措，当时远在美国的这位企业家更是惊讶：“科学的调研为什么还不如以前我们凭感觉定位来得准确？”到 2005 年 2 月初，新产品被迫从终端撤回，新产品革新宣布失败。

这位企业家告诉记者：“我回国以后，请了十多个新产品的购买者回来座谈，他们拒绝再次购买的原因是宠物不喜欢吃。”产品的最终消费者并不是“人”，人只是一个购买者，错误的调查方向，导致了调查结论的局限性，甚至荒谬性。

经历了这次失败，这位企业家认识到了调研的两面性，成功的调研可以增加商战的胜算，而失败的调研对企业来说是一场噩梦。

【思考】

1. 这位企业家以调查结果形成的决策为什么会失败？
2. 这个案例对我们确定市场调查目标有什么启示？
3. 这家生产宠物食品的公司的调查目标是什么？
4. 这位企业家以调查结果形成的决策为什么会失败？
5. 这个案例对我们确定市场调查目标有什么启示？

一、市场调查与预测机构的组织形式

正确地选择市场调查与预测公司是调查项目成功必不可少的环节。一般情况下，企业可从现有的名录中选出几家重点对象，以备进一步接触。就目前而言，市场上还没有一份完整的市场调查公司名录。因此，企业应注重日常的收集。

（一）企业本身的市场调查与预测机构

如果一个企业规模庞大，就会自己设立调查机构，专司调查工作。如美国福特汽车公司下设的市场调查机构。

（二）独立的市场调查与预测机构

这类机构具有较强的独立性，接受企业或其他社会主体的委托，可以代办市场调查与预测的有关业务。主要有以下几类：

1. 专业市场调查与预测公司

世界上比较知名的调查公司有 AC 尼尔森公司、赛诺市场研究公司、IDC（国际数据公司）、翰威特咨询公司和以预测见长的美国兰德公司（以预测朝鲜战争中“中国将出兵”而闻名于世）。这些公司经常承担大企业甚至政府的有关调查与预测项目，权威性很强。

（1）AC 尼尔森公司。AC 尼尔森公司自 1923 年至今为市场研究建立了很高的行业标准，其涵盖的知识面、专业性以及全球性都是无与伦比的。AC 尼尔森公司在 100 多个国家中提供全方位的市场研究服务，提供具有战略意义的市场分析，让客户能够全面了解本企业的产品和整个市场，提高销售量，发掘并占领新市场，营造竞争优势。AC 尼尔森公司于 1984 年开始在中国发展业务，同时提供零售、媒介和专项研究服务，目前在中国内地设有 5 个办公室，拥有 600 多名全职员工。

（2）赛诺市场研究公司（SINO-MR）。SINO-MR 成立于 1992 年，主要专注于家电行业零售和通信行业零售方面的调查与预测。公司几乎所有的项目经理以上人员都毕业于国内知名大学，公司通过 400 多个项目积累了丰富的项目经验；现在不论在调查执行过程中的质量控制方面，还是在理解客户需求从而进行最有意义的研究设计方面，SINO-MR 都有着一般公司不可比拟的从容。

【思考】

中国市场调查业的发展与国际企业之间有着怎样的联系？

（3）IDC。IDC 在全球 43 个国家设有分支机构，每年都会进行数万个样本的实地调查。IDC 进入中国市场已经超过 10 年了，客户不仅包括全球 500 强中多家著名跨国公司，而且包括中国本土很多知名企业。IDC 旨在提供 IT 行业的可靠且权威的数据信息，通过对市场敏锐的洞察，帮助企业在商业和技术上做出合理而有效的决策。

（4）翰威特咨询公司（Hewitt）。Hewitt 成立于 1940 年，如今已经成为一家全球性的管理咨询公司，专长于通过提供人力资源方案来解决公司所面临的经营问题。公司现拥有 11 000 名员工，分布于 35 个国家的 75 个办事处。1997 年，Hewitt 在美国《PC-Week》杂志评选的信息技术快车 500 强中名列第 6 位，并且是唯一入选的人力资源管理咨询公司。Hewitt 公司被列为全球最大的 200 家私人企业之一。

2. 广告公司调查部门或管理咨询公司

一般稍具规模的广告公司或管理咨询公司，都设有调查部门。它们的服务对象为企业客户，一般都拥有精于市场调查的主管人员，甚至根据需要还储备大量训练有素的特约调查员。当然，这类公司从专业性上来讲，与专门的调查与预测公司有一定的差距。

3. 政府机构、科研院所以及其下属公司

如统计调查队、信息咨询中心、媒体的相关部门等，其特征为：能发挥国家相关部门的资源优势；收费相对较低；信息资源稳定，能够获得多行业的背景资料及相关数据，二手资料全面、丰富；在项目的质量监控方面与国际水平有一定的差距，数据误差相对较大。这一类型的市场调查公司已有几家与跨国公司成立合资、合作公司，如央视—索福瑞媒介研究公司等。它们如果能将外资的管理、技术与政府部门的行业优势、数据资源结合起来，那么在细分市场上就很容易形成行业垄断。

4. 民营的专业市场调查公司

这类公司可谓业内的后起之秀，大多是管理者以股份制的方式创办的。他们很明智地把自己定位于“国际水平，国内价位”。其典型特征是采用项目经理负责制，最大限度地激发个人的积极性和敬业精神，有效地将调查项目的质量与项目经理的个人素质密切结合起来。

由于绝大多数民营市场调查公司都是在近几年内成立的，企业的技术水平和公司的主要技术人员密切相关，故人员流失对公司的项目质量有很大影响。

二、选择市场调查与预测专业机构的步骤

（一）初步选择

选择一个符合具体需要的市场调查与预测公司是一件要求十分细致的工作，对市场调查与公司的初步选择一般分为两步。

第一步，从现有的市场调查预测公司名录中选出几个重点的市场调查与预测公司，以备进一步的接触。选择的标准将在下面谈到。

第二步，在选出了为数不多的几家市场调查与预测公司作为候选公司之后，与这些公司进一步接触。委托人就本次调查的目的、需要什么样的数据、依据调查结果可能要做的决策、调查项目完成的时间及可能提供的经费数额与市场调查与预测公司沟通，然后需要市场调查与预测公司提出一份“调查计划书”，以便再做研究。市场调查与预测公司提交的计划书的内容一般应该包括下列事项：①说明可能采用的调查方法；②说明完成全部调查工作可能需要占用的时间；③说明完成全部调查工作需要支付的各项费用。

（二）比较选择

在评估市场调查与预测公司时，一般要考虑的因素有以下几个方面：

1. 市场调查公司的声誉

这是一个比较软性的标准，任何一个公司的声誉都不是一下子就能评估出来的。声誉好的调查与预测公司在以下几点能让客户放心：①能按时间要求完成调查项目；②高质量完成调查项目；③维持职业道德标准。

2. 公司规模

公司规模可细分为人员数量、办公室面积和档次、专业设施、分支机构数量等。

3. 人员素质

人员素质主要是指市场调查与预测公司内部人员的专业技术水平、身心健康及综合素质等内容。

4. 经验

经验主要包括两个方面：一方面指一个市场调查与预测公司成立时间的长短；另一方面应包括该公司主要人员的从业经验。

市场调查与预测公司成立的时间越长，对该行业的发展状况就越了解，对业内种种管理与运作模式的优缺点就看得越清楚，其管理制度就越趋于成熟，各种规范越完善。

主要人员的从业经验也很重要，在市场调查与预测行业的经验越多，就越能准确地定义客户的问题，对各种调查方法的优缺点也越了解。

5. 报价

每个市场调查与预测公司都有自己的报价体系，各个市场调查与预测公司的报价只有在调查方法、质量、地域等方面都相同时才具可比性。一般来讲，企业都应采用招标的方法，这样既可以对各公司进行较为全面的对比、评估，又可以选到质优价廉的服务。

（三）签订代理合约

在正式委托或承接某项具体的市场调查工作之前，由双方协助订立一份完整而又明细的市场调查委托合同，可以尽量避免浪费时间和产生误解或其他某些不愉快的争议。市场调查委托合同的基本内容一般包括下列各项：

1. 调查范围与方法

将需要进行调查的问题作为委托调查项目的调查范围在合同上明文规定。至于调查方法，可以将经过双方协商并一致同意的方法作为一项条款列明在合同上。

2. 付款条件

代理公司要求的付款条件通常是：签约时先按双方确认的付款金额预付50%，其余部分在调查项目全部工作结束后付清。如有其他费用开支，具体各项费用的结算与支付的方式、全部费用累计总值的最高限额是多少等，均应在合同中明确规定。

3. 预算

整个调查项目所需费用开支的预算总额，须在双方开始接洽时明确规定，纵使预计有可能发生某些意外情况而需要增加预算开支，但增加的幅度最多不能超过总预算金额的比例，这些都应在合同中明确规定。

4. 人员配备

市场调查公司指派负责完成这一调查项目的全体工作人员名单及各自担负的职务均应在合同中具体列明。委托人应坚持有权与全体项目人员经常保持直接的联系。

5. 期限

完成全部调查工作的期限，以及各个阶段的工作进程的期限，应在合同中明确，务求整个调查项目的工作能按计划如期圆满结束。

6. 临时性报告

如果委托人希望市场调查与预测公司在项目执行过程中能安排某些临时性报告，介绍工作进展情况和已经搜集到的资料，可以作为一项要求提出来与对方协商，并将双方一致同意的安排，包括提交这些临时性报告的次数和具体时间，作为一项双方必须遵照的条款明确写进合同。

7. 最终报告的特定要求

当整个项目工作结束后，市场调查与预测公司会向委托人提交一份终结性的市场调查与预测报告。这份报告一般不仅包括调查结果，还应包括结论部分，如提出有关如何组织产品销售行动的建议或其他某种可行性的建议。有时委托人还会要求对方在终结性的调查报告的全部附件中，包括一份有关当地市场有兴趣经营某类产品的进口商或代理商的详细名单，以便组织产品分销，所有这些都要在合同中明确规定。

案例 1－7

根据世界专业研究者协会提供的数字，中国内地目前已有 3 000 多家市场调查公司，数量及增幅均居世界首位。调查机构虽多，但是目前市场调查业却面临操作缺乏规范的现象。据市场信息调查协会有关人士告诉记者，市场调查中“会虫”泛滥、数据掺水的现状已使市场调查遭遇信用危机。

因为目前许多调查都是付费调查，“会虫”专门组织参与各种市场调查，胡说八道一番后得到 50 元至 150 元的劳务费。但由此得出的市场调查数据却毫无准确性可言，有些调查员为省事专门找“会虫”做分析，有些调查员自己就是会虫。每年国内将近 2 万份调查报告中，真实性被“会虫”缩水的为数不少。

【思考】

你如何看待调查业的这种现象？

分组讨论

根据本次学习任务，各组对实际案例进行资料收集，然后对案例后的问题进行思考和讨论。

（1）可口可乐为什么会失败？

（2）你得到什么启示？

在讨论过程中，每组设立一位组长，组长负责组织整个小组的讨论工作，以及小组总结。

学习反馈

对本学习任务开头的实际案例进行分析，可发现：

这次市场调研失败案例虽然已经过去很多年，但它带来的教训仍然值得我们去反思。分析这一失败的案例，可口可乐公司在最初的市场调研上只重视其产品口味的调查是导致失败的关键。可口可乐公司的市场调研只考虑新产品的口感成分，并把市场的主要精力放在了对消费者口味的测试上，而忽略了最不该忽略的品牌情感成分——品牌背后所承载的传统的美国精神，放弃老配方的可口可乐就等于背叛了美国精神。消费者喜欢你的品牌和买你的产品并不是一件事，很多人喜欢尝试新鲜的东西，但未必就会成为新产品长期的拥护者。

要想新产品博得消费者的欢心，就得做好市场调研，这本身并没有错，然而企业也应该认识到市场调研实为一把双刃剑，使用得当能够为企业带来巨大的经济效益，使用不当，对企业来说就是一场噩梦。因此企业在新产品上市之前一定要对市场进行深入的调研和分析以打造出真正符合消费者需求的产品。

实务操作

小组模拟建立市场调查机构：

（1）机构设立程序模拟。

(2）目的。

通过本项实训，加强学生掌握市场调查的主要内容与流程。

(3）操作流程。

由教师组织各组取号机构名称。

了解机构设立流程。

考核。

学习任务二

市场调查方案设计

学习目标

1. 掌握市场调查方案的意义
2. 掌握市场调查方案的内容及其方法
3. 掌握市场调查方案设计方法
4. 掌握市场调查方案的撰写
5. 掌握市场调查的方法
6. 掌握市场抽样调查的含义、特点、作用和程序
7. 熟悉市场抽样调查的基本概念及其相应指标的计算
8. 熟悉随机抽样各种方式的优缺点及其适用范围
9. 掌握非随机抽样的主要方式
10. 掌握市场典型调查的含义、特点和应用
11. 掌握市场重点调查的概念、特点和应用

实际案例

吉利公司创建于1901年，其产品因使男人刮胡子变得方便、舒适、安全而大受欢迎。进入20世纪70年代，吉利公司的销售额已达20亿美元，成为世界著名的跨国公司。然而吉利公司的领导者并不感到满足，而是想方设法继续拓展市场，争取更多用户，就在1974年，公司提出来要生产面向妇女的专用“刮毛刀”。

这一决策看似荒谬，却是建立在坚实可靠的市场调查基础上的。吉利公司先用一年的时间进行了周密的市场调查，发现在美国30岁以上的妇女中，有65%的人为保持美好形象，要定期刮除腿毛和腋毛。这些妇女之中，除使用脱毛剂之外，主要靠购买各种男用刮胡刀来满足此项需要，一年在这方面的花费高达7 500万美元。相比之下，美国妇女一年花在眉笔和眼影上的钱仅有6 300万美元，染发剂5 500万美元。毫无疑问，这是一个极有潜力的市场。

根据市场调查结果，吉利公司精心设计了新产品，它的刀头部分和男用刮胡刀并无两

样，采用一次性使用的双层刀片，但是刀架则选用了色彩鲜艳的塑料，并将握柄改为弧形以利于妇女使用，握柄上还印压了一朵雏菊图案。这样一来，新产品立即显示了女性的特点。

为了使雏菊刮毛刀迅速占领市场，吉利公司还拟定几种不同的“定位观念”到消费者中征求意见。这些定位观念包括：突出刮毛刀的“双刀刮毛”；突出其创造性“完全适合女性需求”；强调价格的“不到50美分”；以及表明产品使用安全的“不伤玉腿”等。

最后，公司根据多数妇女的意见，选择了“不伤玉腿”作为推销时突出的重点，刊登广告进行宣传。结果，雏菊刮毛刀一炮打响，迅速畅销全球。

【思考】

从案例中你受到什么启发？

情境一　调查方案的重要性

学习要点

市场调查方案的设计意义

导读案例

2002年年底，位于北京市密云工业开发区的“太子”童装生产基地开始试产首批童装。引人关注的是，投资方不是服装企业，却是国内最大的乳酸菌企业湖南太子奶集团。自此，国内的饮料巨头们均不甘寂寞，纷纷上演“串行”戏。据了解，如此大规模、行业性的“串行”在饮料行业还是第一次。其实早在几年前，就有饮料巨头“百事可乐”大胆跨入运动服饰行业成功“串行”的先例。但像今年这样几家企业先后行动，却极为少见：先是“娃哈哈”紧锣密鼓地为设在河南的方便面厂招兵买马，然后是“统一”企业与吉林白酒集团签约进军白酒市场，到现在湖南太子奶集团在京投资数亿元建成“太子”童装生产基地。这种“大串行”现象，是与市场调查和预测分不开的。

经过周密的市场调查和预测，太子奶集团发现童装市场需求大，前景看好，于是做出了大胆的跨行经营举动。据有关部门统计，我国目前16岁以下的少年儿童约有3.2亿，占全国人口的27%，国内儿童服装生产企业共有4 000多家，年生产儿童服装6亿多件，而真正叫得响的儿童品牌服装也只有200家左右，整个儿童服装市场从数量到品质远远不能满足市场的需求。据悉，新落成的“太子”童装公司占地320多亩①，投资数亿元，拥有数万平方米的现代化标准厂房和宽大的智能物流中心，世界先进的全智能电脑制衣生产线，独家从日本、法国进口符合当今国际流行色彩和环保要求的面料，据说每季可以推出至少200个以上的流行款式。

【思考】

市场调查在企业的投资经营中有何重要作用？

---

① 1亩=666.67平方米。

市场调查是一项复杂的、严肃的、技术性较强的工作，一项全国性的市场调查往往需要组织成千上万的人员参加。为了在调查过程中统一认识、统一内容、统一方法、统一步调，圆满完成调查任务，就必须事先制订出一个科学、严密、可行的工作计划和组织措施，以使所有调查人员都依此执行。具体来说，市场调查方案设计，就是根据调查研究的目的和调查对象的性质，在进行实际调查之前，对调查工作总任务的各个方面和各个阶段进行通盘考虑和安排，以提出相应的调查实施方案，制定出合理的工作程序。

（1）市场调查和市场预测是管理决策和提高经济效益的必要条件。通过以上案例，我们可以看出，一方面，太子奶集团通过对市场做出科学的调查和预测，使科学的决策有根据、有基础，使决策取得了预期的效果。另一方面，市场调查和预测在提高经济效益方面起着重要作用，即根据市场调查和预测结果所进行的商品营销活动，大大减少了盲目性，增强了自觉性，必然给商品营销部门或企业带来较高的经济效益，也促进了商品流通，满足了消费者的需求。

（2）市场调查和市场预测对社会生产的合理化起到了促进作用。太子奶集团根据国内童装市场的现状，可以调查预测童装的需求总量，为该集团未来生产什么、生产多少提供了信息，减少了盲目性，提高了自觉性。

（3）市场调查和市场预测对促进和满足消费需求具有显著作用。

（4）调查方案设计起着统筹兼顾、统一协调的作用。

（5）市场调查过程也应被视为市场调查设计、资料搜集、资料整理和资料分析的一个完整工作过程，调查设计正是这个全过程的重要一步。

（6）调查报告是调查项目委托人与承担者之间的合同或协议。

（7）在争取项目经费，或是在与其他调查机构竞争某个项目，或是在投标说服招标者时，报告撰写质量的高低可能直接影响到项目能否被批准或能否中标。

情境二　调查方案的内容

学习要点

1. 明确调查目的
2. 确定调查的各项任务

导读案例

杭州倒车雷达系统市场调研策划方案

一、调研背景

随着我国汽车业的快速发展，汽车用品的电子产业也进入了快速发展阶段，汽车电子产品以其高利润和市场的广阔性越来越受到商家的关注。倒车雷达在汽车用品大行业中成了商家的电子新宠，而且正成为用品电子类的大家。

浙江通福科技推出新一代的“无线倒车雷达”，准备进入汽车用品电子市场。为了做好对市场环境的评估，制定相应的营销策略和有关销售政策，并为公司的决策提供客观依据，特进行本次进入前的市场调查。

本次市场调查主要就倒车雷达的销售渠道、使用者（消费者）、市场状况、竞品四个方面来进行（也可以是价格策略、产品策略、促销策略等）。

二、调研目的

1. 了解倒车雷达的行业市场状况及主要竞品的情况，为制定产品竞争策略提供依据；

2. 了解倒车雷达的主要使用对象，为公司选择目标市场及市场定位提供依据；

3. 了解倒车雷达使用者（消费者）的购买行为及态度，为公司宣传、规划、设计、建立新的品牌形象提供依据；

4. 了解倒车雷达的主要分销渠道和销售模式，为公司进入该市场快速建立销售通道，提供决策依据；

5. 了解杭州地区主要分销商的情况，为公司选择中间商、制定招商政策提供依据。

三、调研内容

（一）销售渠道

1. 杭州地区汽车（轿车）的分销渠道类型。

2. 杭州地区汽车（轿车）配件分销渠道类型。

3. 杭州地区汽车电子用品的主要分销渠道类型。

4. 杭州地区汽车服务业的业态类型。

5. 杭州地区目前一般倒车雷达分销渠道状况。

6. 杭州地区主要汽车电子类产品分销商的情况、分销的模式、行业习惯及要求。

（二）市场状况

1. 杭州地区倒车雷达类产品的种类、品牌及销售状况。

2. 杭州地区倒车雷达主要购买使用群体。

3. 杭州地区倒车雷达的市场需求及购买力状况。

（三）使用者（购买者）

1. 安装使用倒车雷达的主要类型（随车自带、购车时配送安装、购车后自行购买安装）。

2. 使用者（购买者）对倒车雷达的消费态度（花费、习惯、看法）。

3. 使用者（购买者）购买影响因素（技术、功能、外观、安装、售后服务、价格）。

4. 使用者（购买者）对倒车雷达的购买形态（购买安装什么，何时、何地购买，如何决定购买）。

5. 使用者（购买者）对倒车雷达产品的了解认识渠道。

6. 已使用者和潜在购买者对无线倒车雷达的了解、态度和可接受的价格。

（四）竞争者

1. 目前杭州地区市场上销售的倒车雷达的主要产品类型、技术及功能卖点等。

2. 目前杭州地区市场上销售的倒车雷达的主要品牌、定位、档次。

3. 市场上目前倒车雷达的销售状况。

4. 各品牌、各类型倒车雷达的主要购买对象的描述。

5. 现有主要竞争对手的销售策略及渠道。

四、调研方法

1. 文案调研。

2. 网络搜索。

3. 踏勘观察。

4. 展览会焦点访问。

5. 访谈。

6. 问卷调查（定点访问、拦截访问）。

访员要求：

1. 进行必要的调查培训，了解行业背景和产品知识，专业素质好。

2. 开朗、大方、热情，善于沟通。

3. 严格按照要求执行调研工作，吃苦耐劳。

4. 认真负责，具有积极的工作态度和良好的敬业精神。

五、调研对象选择、样本分配及相应的调研方法

（一）调研对象组成及抽样

1. 使用者和潜在购买者（主要是中低档汽车拥有，包括已安装的使用者和还未安装的潜在购买者）：400 人。

2. 汽车生产企业（直属营销机构）：6 家。

3. 汽车 4S 店：12 家。

4. 传统的汽车经销企业：6 家。

5. 汽车配件专业市场经营户：20 户。

6. 汽车美容装潢服务企业（店）：24 家。

（二）针对各种调研对象的调研方法

1. 使用者和潜在购买者：采用街头拦截访问、定点访问相结合。

2. 汽车 4S 店、传统的汽车经销企业：采用踏勘观察与访谈相结合。

3. 汽车生产企业（直属营销机构）、汽车配件专业市场经营户、汽车美容装潢服务企业（店）：以深度访谈为主。

六、调研区域及样本分配

（一）街头拦截访问、定点访问：样本数：400 人

1. 城西：家友联华华商店（文二路）、物美文一店、好又多黄龙店、文二路西城广场、世贸中心等：150 人。

2. 武林门：100 人。

3. 庆春路：100 人。

4. 浙江大学玉泉、西溪校区，下沙高教园区：50 人。

（二）踏勘观察与访谈，样本数：68 家（户）

1. 传统的汽车经销企业：杭州市区：6 家（元通机电、联通租赁、康桥等知名经销企业）。

2. 汽车生产企业（直属营销机构）：杭州市区：6 家（合资的中低档汽车生产企业）。

3. 汽车 4S 店：江干区城东汽车走廊、半山及石祥路、城北等，12 家。

4. 汽车配件专业市场经营户：华东汽配市场 10 户，浙江汽配市场 5 户，城西汽配市场 5 户，共 20 户。

5. 汽车美容装潢服务企业（店）：城东 8 家、城北 8 家、城西 8 家，共 24 家。

七、市场调查程序、时间及项目进度计划安排

完成本次调研任务共约需1个月，具体时间安排如下：

第一阶段：初步市场调查　3月29日—4月2日

收集一些必需的二手资料

第二阶段：计划阶段　4月3—5日

制订计划1天

审定计划1天

确认修正计划1天

第三阶段：问卷阶段　4月6—10日

问卷设计2天

问卷调整、确认2天

问卷印制1天

第四阶段：实施阶段　4月11—22日

访员培训3天

实施执行5天

收集二手资料4天

第五阶段：研究分析　4月23—27日

二手资料归类整理1天

数据输入处理2天

数据研究、分析2天

第六阶段：报告阶段　4月28—30日

报告书写2天

报告打印1天

调查实施自计划、问卷确认后第四天执行。

八、调研实施方案

整个调研的步骤包括总体研究设计，准备工作，实地访问执行与管理，数据、资料的处理和分析，撰写报告等部分，其他各项的执行方案如下：

1. 根据调研对象的不同，组建访员团队，每个访员团队我们会安排一名项目组人员具体督导管理，执行此次调研项目。

2. 在执行消费者拦访时，每天收发一次问卷，收到的问卷即时进行审核，对不合格的问卷要重新访问或作废，及时发现问题或处理违规者。

3. 深度访谈则由调研项目组成员分工完成，尽可能了解实际情况。

九、项目小组主要成员及调研人员名单

（一）项目小组主要成员

1. 项目小组人数：9人。

其中指导老师：3人。

学生：6人。

2. 临时访员：10人。

（二）分工合作

1. 项目统筹：方志坚。

制订总体方案——调查项目、调查问卷的设计、修改和制作。

2. 文案调研指导：方志坚、李宏伟。

具体执行：文案实施的具体方式、方法及操作流程。

3. 实地调查指导：李宏伟、方志坚。

（1）传统的汽车经销企业，传统的汽车经销企业访谈负责：王乐英、张希虎、赵小钦。

（2）汽车4S店访谈负责：黄丽思、叶鲜艳、陈忠华。

（3）汽车配件专业市场经营户访谈负责：陈忠华、黄丽思、王乐英。

（4）汽车美容装潢服务企业（店）访谈负责：张希虎、赵小钦、叶鲜艳。

（5）问卷调查督导：陈忠华、张希虎、王乐英。

4. 数据统计分析处理指导：毛通。

数据整理、录入：陈忠华。

5. 研究总负责：方志坚、李宏伟。

撰写调查报告：张希虎、王乐英、赵小钦、叶鲜艳、陈忠华、黄丽思。

十、经费预算

调查问卷设计与制作：（400 份 +50 份）120 元。

访谈提纲制作与印刷：（70 份 +20 份）24 元。

交通费用 600 元。

文具及资料费：100 元。

餐费：1 200 元。

人工费：2 200。

调查报告撰写打印费用：30 元。

十一、附调查问卷和相关表

附：调查问卷。

一、确定调查对象和调查单位

（1）调查对象：一定时空范围内所要调查的总体，它是由客观存在的具有某一共同性质的许多个体单位所组成的整体。

（2）调查单位：调查总体中的各个个体单位，它是调查项目的承担者或信息源。

二、确定调查项目应注意以下几点

（1）调查项目的确定既要满足调查目的和任务的要求，又要能够取得数据，包括在哪里取得数据和如何取得数据，凡是不能取得数据的调查项目应舍去。

（2）调查项目应包括调查对象的基本项目、市场调查的主体项目（回答是什么）、市场调查的相关项目（回答为什么）。

例如，消费者需求调查的基本项目有：年龄、性别、职业、行业、文化程度、家庭人口、居住地等；主体项目有：为何买、买什么、买多少、在哪里买、由谁买，何时买等要素；相关项目有：消费者收入、消费结构、储蓄、就业、产品价格等。

(3) 调查项目的表达必须明确，调查项目的答案选项必须有确定的形式，如数值式、文字式等，以便统一调查者填写的形式，便于调查数据的处理和汇总。

(4) 调查项目之间应尽可能相互关联，使取得的资料互相对应，具有一定的逻辑关系，便于了解调查现象发展变化的原因、结果，检查答案的准确性。

(5) 调查项目的含义必须明确、肯定，必要时可附加调查项目或指标解释及填写要求。

三、设计调查表或问卷

(1) 调查表：按一定顺序排列调查项目，并将其制作成纵横交叉的表格。

(2) 调查问卷：根据调查项目设计的对被调查者进行调查、询问、填答的测试试卷。

四、确定调查时间和调查期限

(1) 调查时间：指调查资料的所属时间。调查时期现象（收入、支出、产量、产值、销售额、利润额等流量指标）时，应确定数据或指标的起止时间；调查时点现象（期末人口、存货、设备、资产、负债等存量指标）时，应明确规定统一的标准时点（期初、期末或其他时点）。

(2) 调查期限：指整个调查工作所占用的时间，即一项调查工作从调查策划到调查结束的时间长度。

五、确定调查方式和方法

(1) 市场调查方式：指市场调查的组织形式。市场调查方式通常有市场普查、市场重点调查、市场典型调查、市场抽样调查等。市场调查方式应根据调查的目的和任务、调查对象的特点、调查费用的多少、调查的精度要求做出选择。

(2) 市场调查方法：指在调查方式既定的情况下搜集资料的具体方法。市场调查方法通常有观察法、访问法、实验法、网络调查法、文案调查法等。市场调查方法的确定应考虑调查资料搜集的难易程度、调查对象的特点、数据取得的源头、数据的质量要求等内容。例如，商场顾客流量和购物调查，通常采用系统抽样调查的组织方式，即按日历顺序等距抽取若干营业日调查顾客流量和购物情况，而搜集资料的方法主要有顾客流量的人工计数或仪器记数、问卷测试、现场观察、顾客访问、焦点座谈等。

六、确定资料整理的方案

确定资料整理的方案是指对调查来的资料审核、订正、编码、分类、汇总、陈示等做出具体的安排。大型的市场调查还应对计算机自动汇总软件开发或购买做出安排。

七、确定分析研究方案

确定分析研究方案是指对市场分析研究的原则、内容、方法、要求，调查报告的编写，成果的发布等做出安排。

八、确定市场调查的进度安排

市场调查进度一般可分为以下几个小阶段：

（1）总体方案的论证、设计；

（2）抽样方案的设计、调查实施的各种具体规定；

（3）问卷的设计、测试、修改、定稿；

（4）问卷的印刷、调查者的挑选和培训；

（5）调查组织实施；

（6）调查数据的整理（计算机录入、汇总与制表）；

（7）统计分析研究；

（8）调查报告的撰写、修订与定稿；

（9）调研成果的鉴定、论证、发布；

（10）调研工作的总结。

九、市场调查经费预算

调查经费预算一般需要考虑如下方面：

（1）总体方案策划费或设计费；

（2）抽样方案设计费（或实验方案设计）；

（3）调查问卷设计费（包括测试费）；

（4）调查问卷印刷费；

（5）调查实施费（包括调查员的劳务费，管理督导人员的劳务费，礼品或赠品费，复查费等）；

（6）数据录入费（包括编码、录入、查错等）；

（7）数据统计分析费（包括上机、统计、制表、作图、购买必需品等）；

（8）调研报告撰写费；

（9）资料费、复印费、通信联络等办公费；

（10）专家咨询费；

（11）劳务费（公关、协作人员劳务费等）；

（12）上缴管理费或税金；

（13）鉴定费、新闻发布会及出版印刷费用等；

（14）其他费用。

十、制订调查的组织计划

调查的组织计划主要包括调查的组织领导、调查机构的设置、调查员的选择与培训、课题负责人及成员的分工等。企业委托外部市场调查机构进行市场调查时，还应对双方的责任人、联系人、联系方式做出规定。

十一、编写市场调查计划书

市场调查计划书的构成要素包括标题、导语（或摘要）、主体和附录等。主体部分包括问卷及有关技术说明、数据处理所用软件等。

情境三　市场调查的主要方法

学习要点

1. 市场调查方法的类型
2. 各种调查法的优缺点

导读案例

案例 1

观察和调查法在日本深受重视，例如东芝在推广家电产品给日本国内的消费者时，就曾经使用观察法来观察市场变化。东芝新产品的设计者在观察中发现，越来越多的日本家庭主妇进入就业大军，洗衣服不得不在早上或晚上进行，这样，噪声就成了一个问题。为此东芝设计出一种低噪声的洗衣机进入市场。在开发这种低噪声产品时，他们还在观察中发现，当时的衣服已经不像以前那么脏了，许多日本人洗衣的观念也改变了。以前是衣服脏了才洗，而后来是衣服穿过了就要洗，以获得新鲜的感觉。由于洗得勤，衣服有时难以晾干，他们便推出烘干机，后来又发现大多数消费者的生活空间有限，继而发明了洗衣烘干二合一的洗衣机，结果产品销量大增。这就是一个典型的直接观察法的应用。

案例 2

楚汉大酒店坐落在南方某个省会城市的繁华地段，是一家投资几千万元的新建大酒店，开业初期生意很不景气。公司经理为了寻找症结，分别从大中型企业、大专院校、机关团体、街道居民邀请代表参加座谈会，并亲自走访了东西南北四区的部分居民，还在旅游景点拦截了一些外地游客进行调查。结果发现，本酒店没有停车场，顾客来往很不方便；本市居民及外地游客对本酒店的知晓率很低，更谈不上满意度；本酒店与其他酒店相比，经营特色是什么，大部分居民也不清楚。为此酒店做出了兴建停车场、在电视上做广告、开展公益及社区赞助活动，并突出经营特色，开展多样化服务等决策。决策实施后，酒店的生意日渐火红。

【思考】

1. 案例 1 用的是什么调查方法？请简述这种调查方法。
2. 案例 2 用的是什么调查方法？请简述这种调查方法。

市场调查组织方式的确定只是解决了如何选择市场调查单位的问题，接下来市场调查工作直接面临的是如何有效地从被选定的市场调查单位中获得所需的市场信息资料。搜集各种市场信息资料的技能和办法，就称为市场调查的技术方法。不同的技术方法适用于不同的市场调查对象，对市场信息资料的回收率、真实性及调查费用等都有不同的影响，对市场调查人员也有不同的要求。只有掌握了各种市场调查技术方法，才能根据市场现象的具体情况灵活运用。

市场调查的技术方法分为实地调查法和文献调查法两大类，其中实地调查法又分为访问调查法、观察调查法、实验调查法、德尔菲调查法等。

一、访问调查法

访问调查法是指通过询问的方式向被调查者了解情况，获取原始资料的一种方法。采用访问法进行调查，对所要调查、了解的问题，一般都事先列出，然后按照调查表的要求询问，所以它又称调查表法。根据调查人员与被调查者接触方式的不同，又可将访问法分为人员访问、电话访问、邮寄访问。

（一）人员访问调查的优点

由于人员访问采取面对面的交谈方式，所以它具有独特的优点。

（1）访问流程可以具体化和标准化。

（2）调查者操作具有较高的灵活性。调查者和被调查者双方面对面交流，可以随机应变并发现一些新的问题，尤其是争议较大的问题，此时调查者可以采取灵活委婉的方式，迂回提问，逐层深入。

（3）可结合一些辅助资料（如样品、图样等）进行访问，这就增加了直观性。

（4）双方参与度高，调查质量较好。在访问过程中调查者在场，这样既可以对访问的环境和被调查者的表情、态度进行观察，又可以对被调查者回答问题的质量加以控制，从而使得调查资料的准确性和真实性大大提高。

（二）人员访问的缺点

（1）人员访问的成本较高，成本主要包括时间成本，调查者的培训费、交通费、工资以及问卷和调查提纲的制作费等。

（2）对调查人员的素质要求较高。调查结果的质量很大程度上取决于调查者本人的访问技巧和应变能力。

（3）匿名性差。对一些敏感性问题，面对面访问时容易使被调查者处于尴尬境地。

（4）访问周期较长。在大规模市场调查中，这种收集资料的方式较少见。

（三）人员访问的重点和难点

由于人员访问是在调查者与被调查者的人际沟通中实现的，所以使用此种方法访问人员是第一要素。访问人员需要掌握一定的技巧和方法，同样的调查内容、同样的成本支出、同样的被调查者，方法技巧不同，调查结果可能大不一样，这就需要调查者悉心研究、妥善处理。

（四）访问人员培训内容

访问员是一个颇为重要的角色，在入户访问、街上拦截访问等常见的人员面访过程中，他们的服饰穿着、语气表情、询问方式都会影响到调查能否成功进行。要想获得成功的访问，就必须掌握一定的技巧。

1. 获得合作

访问员的首要任务是获得被访者的合作，被访者往往来自不同阶层，年龄也不同，他们一般并不认识访问员，他们往往会根据访问员的服饰、发型、性格、年龄、声调、口音等来决定是否采取合作态度。因此，访问员必须保持端正的仪容，用语得体，态度谦和礼貌，给人以亲切感，使被访人员较易放心地接受访问。

（1）自我介绍。访问员应使被访者感到他（她）是可信的，通过出示介绍信、工作牌等，使访问显得更具私人性，表明研究是真实的，不是推销产品。以下是一个自我介绍的例子。

“您好！我叫××，是××大学的学生，我们正在进行一项有关消费品的研究，您被抽为代表之一，我需要占用您一些时间，向您了解对有关问题的看法，希望您给予合作。”

（2）访问礼品。调查者可适当带些小礼品，作为被调查者配合访问后得到的赠品鼓励。访问人员可以在访问开始时委婉地暗示：“我们将耽误您一点时间，届时备有小礼品或纪念品以示谢意，希望得到您的配合。”但切不可过分渲染礼品，以免让对方觉得难堪，反而拒绝接受访问；或者使对方为了获取礼品，迎合访问，不说实话，从而影响到访问的实际效果。

（3）应付拒绝或不情愿接受访问的技巧。访问人员应当具备应付拒绝或不情愿接受访问的技巧，要确定拒绝或不情愿的原因并加以克服。例如被访者借口说现在很忙，访问人员可以采取不厌其烦再次请求造访的方式，问：“晚上您在吗？我很愿意晚上再来。”另外，调查人员也可进一步解释调查目的和意义，说明被调查者所提供的答案可供改善目前的产品及促进社会发展等，并向被访者做出保密承诺。如果被访者实在不愿接受访问，访问人员应礼貌地说：“谢谢，打扰了。”保持良好的公众形象。

2. 提问的技巧

访问人员掌握表达问题的艺术是非常重要的，因为这方面的偏差可能是访问调查误差的一个重要来源。提问的主要方法是：

（1）沿用问卷中的用词来询问。

（2）慢慢地清晰读出每个问题。

（3）按照问卷中问题的次序发问。

（4）详细地询问问卷中的每个问题。

（5）重复被误解的问题。

当被访者不理解问题的意思时，他们通常会要求调查者进行澄清，如果访问要求中没有对此做出特别的解释，访问人员不得随意解释。如果访问人员用自己的定义或随便做出解释，将很有可能造成访问偏差，因为每个访问人员对题目的理解和解释可能不一样，有些解释还可能是错误的。遇到此类问题，建议访问人员重复问题或回答“正如您想的那样好了”。

在整个访问过程中，访问者还要避免被访者离题，要及时调整应答者的思路，使其不要离题太远，但又不能影响应答者的情绪。访问人员可以这样说：“关于这个问题，我们等一下再讨论，让我们先回到这道题……”

3. 记录回答的技巧

对于封闭性的题目，一般只要在反映应答者回答的代码前打钩或画圈即可。但是对于开放式问题的回答记录，则需要每一个访问人员使用同样的记录技巧，以免在这一环节出现错误或误差。记录开放式问题的规则有：

（1）在访问期间记录回答；

（2）尽量还原和使用应答者的语言；

（3）不要摘录或解释应答者的回答；

（4）记录包括与问题的目标有关的一切事物；

（5）记录访问者的所有追问。

4. 结束访问

避免仓促离开是一种礼貌的表现，对被访者感兴趣的相关问题，诸如调研目的、调查结果的处理流程等，应给予耐心的解释，同时也为下一次有可能的回访打下良好的人际基础。

访问人员的素质和技巧在访问调查中起到关键的作用，调查组织应该在实施调查前对访问人员进行培训并讲解问卷答题要求。

二、观察调查法

观察调查法，简称观察法，是调查者凭借自身的感觉器官或借助科学的观察工具，深入调查现场，对调查对象当时正在发生的、处于自然状态下的市场情况进行直接观察和记录的一种市场调查方法。

（一）观察调查法的特点

观察调查法既不同于日常生活中的观察，也不同于对自然现象的观察。其主要特点有：

（1）观察调查法所观察的内容是经过周密考虑的。观察调查法是观察者根据研究市场问题的某种需要，有目的、有计划地搜集市场信息资料，是为科学研究市场现象服务的。因此，在观察过程中，所观察的内容都是经过周密考虑的。观察调查法中应用的观察，是为了研究市场问题而搜集市场资料的过程。

（2）观察调查法要求对观察对象进行系统、全面的观察。观察调查法是科学的观察，它必须是系统、全面的观察。在实地进行观察之前，必须根据市场调查目的的要求，对观察对象、观察项目、观察的具体方法等进行详细计划，设计出系统的观察方案；对观察者必须进行系统培训，使之掌握与市场调查有关的科学知识，具备观察技能，这样才能对市场现象进行系统科学的观察。

（3）观察者在充分利用自己感觉器官的同时，还要尽量运用科学的观察工具。在对市场现象进行实地观察时，其观察工具有两大类。一类是人的感觉器官，如眼、耳、鼻、舌、手等，特别是眼睛，在实地观察中能获得大量的市场信息。另一类是科学的观察工具，如照相机、摄像机、望远镜、探测器等。这些观察工具大大提高了观察者对市场现象的观察深度，其中主要是提高了人的视觉能力。观察工具在科学观察中，不但提高了人类对事物的观察能力，而且能起到对观察结果进行记载的作用，使调查记录除调查表和文字记录外，还有经观察工具得到的照片、图片等，增加了观察资料的翔实性。随着现代科学技术的发展，将会有新的可作为观察工具的发明成果出现，从而进一步提高人类对市场现象的观察能力。

（4）观察的结果是当时正在发生的，处于自然状态下的市场现象。市场现象的自然状态是各种因素综合作用的结果，没有人为制造的假象。在自然状态下的观察就是不带有任何人为制造的假象，完全依靠市场现象所处的时间、地点条件下的客观表现进行观察，以保证观察结果客观真实地反映市场实际情况。

（二）观察调查法的基本类型

观察调查法的组织者为了取得需要的市场现象资料，往往要在不同的情况下采用不同类型的观察方法。按照不同的区分标准，观察调查法可分为不同的搜集资料的具体方法。

1. 按观察者是否参与到被观察的市场活动中，可分为参与观察和非参与观察

（1）参与观察，又称局内观察，是观察者直接参与到被观察的市场活动中，从内部收集市场第一手资料。例如，某企业为了获得本企业产品的销售、替代产品、竞争对手情况等市场信息资料，便在一些商场中派驻企业信息员，他们以售货员的身份从事销售工作，观察顾客的购买行为，记录产品的销售情况，获得较为详细的市场资料。参与观察按观察者参与市场活动的深度不同，又可分为完全参与观察和不完全参与观察。完全参与观察是指观察者完全参与到市场活动中，以买方或卖方的身份出现，与其他商品买者或卖者处于同等地位，并在买卖活动中进行观察；不完全参与观察是指观察者只参与部分市场活动，并在期间对市场现象进行观察。

（2）非参与观察，又称局外观察，是观察者以局外人的身份在调查现场收集市场资料。这种方法要求具有明确的目的性和计划性，事先必须制订周密的观察计划，规定观察内容和记录方式以及观察手段、步骤、范围等都应做到事先安排。例如，观察消费者对某一产品的反应，就应规定分别记录多少人，在何时注意到该产品的具体要求及反应情况，如何仔细观察购买者的选择和购买行为以及观察期间总的客流量是多少等。如果没有明确的规划设计，非参与观察调查往往会发生观察资料不全面的问题。为了减轻观察者的技术负担，提高资料的可靠性，非参与观察法常常要求配备各种技术仪器，如录像、摄像设备、计数机和计数表格等。

2. 按观察结果的标准化程度，可分为控制观察和无控制观察

控制观察是指事先制订好观察计划，为观察对象、范围、内容、程序等做出严格规定，在观察过程中必须严格按计划进行。控制观察的突出特点就是观察过程的标准化程度高，所得到的调查资料比较系统。控制观察一般用于目的性、系统性较强的调查或用于简单观察后为使调查结果更精确而进行的补充调查或取证。

无控制观察是指对观察的内容、程度等事先不作严格的规定，只要求观察者有一个总的观察目的和原则，或者有一个大致的观察内容和范围，根据现场的实际情况进行有选择的观察和记录。这种方法的显著特点是灵活性大，观察者在观察过程中，可以在事先拟定好的初步提纲基础上，充分发挥主观能动性。但无控制观察的资料一般不够系统，不便于资料的整理和分析。无控制观察通常用于探索性调查或有一定深度的专题调查。

3. 按选择观察对象的角度，可分为直接观察和间接观察

直接观察是观察者直接到商店、家庭、街道等场所进行实地观察。一般是只看不问，不让被调查者感觉到是在接受调查。这种调查比较自然，容易得到真实情况。直接观察可以观察顾客选购商品的表现，有助于研究购买者的购买行为；可以用于观察家庭消费情况，了解什么样的家庭需要拥有什么样的消费品；还可以观察哪些商品受欢迎，最能吸引顾客。例如，观察并记录某种商品柜台前的顾客停留与否，停留下来的顾客购买商品与否，顾客买的是什么品牌的商品等。

间接观察是通过对实物的观察，来追索和了解过去所发生的事情，故又称为对实物的观察法。

（三）观察调查法的实施步骤

要使观察调查法获得成功，必须做到有目的、有计划、有步骤地进行科学观察，一般来说，观察调查法大致要经历以下几个步骤：

1. 制订观察计划

观察计划包括观察的任务、方法、手段、时间、地点，观察提纲、观察问卷、选择和培训观察员、经费的来源与开支、如何进行观察员培训、观察的注意事项、观察资料整理分析的方法等计划内容，这些计划内容均要具体明确，以便统一方法、统一口径、统一行动，减少调查误差，提高观察调查的准确性。

2. 制定观察提纲和观察问卷

观察提纲和观察问卷主要包括观察内容、观察时间、观察地点、观察对象、观察者的注意事项、观察变量和指针的说明、观察结果的填写方式等内容。制定观察提纲和观察问卷时一定做到简明扼要。

3. 选择和培训观察者

观察者是观察调查法的执行者，是观察调查法成败的关键，所以，要求观察者有敏锐的观察力和明察秋毫的素质，在选择和培训观察者时，应着重考虑他们的观察能力和心理素质等方面的内容，以保证他们在观察调查时的一致性和准确性。

4. 实地观察收集资料

这一步骤是观察调查法的重点，观察者首先要获准进入观察现场，其次是要同观察对象搞好关系，建立相互信任感，再次是要运用各种方法进行观察，收集资料，包括选择最佳观察点，选择特定的方法记录结果，如是否要在观察时记录，是否用机械装置，是否要让被调查者知道，以及选择要观察活动的特征等。

5. 观察资料的整理和分析

观察者带着对市场现象的观察资料退出现场后，就要进入市场调查资料的整理分析阶段。对观察所取得的资料进行科学整理，利用整理后的资料对市场做出深入的分析研究，得出结论，写出市场调查报告。

（四）运用观察调查法的原则

观察调查法的运用是观察者的主观活动过程。为使观察结果符合客观实际，要求运用观察调查法时必须遵循以下基本原则：

1. 客观性原则

对市场现象进行客观观察，是正确认识市场本质和发展规律的基础。在运用观察调查法时，观察者必须持客观的态度对市场现象进行观察、记录，切不可按观察者的主观倾向或好恶，歪曲事实或编造情况。否则，不但失去了实地观察的意义，还会造成调查资料的虚假性并造成不良后果。坚持观察的客观性是观察调查法首要的和最基本的原则。

2. 全面性原则

市场现象常常有多方面的表现，多方面的联系，观察者必须从不同层次、不同角度对市场现象进行全面观察，才能认识市场现象的全貌，防止出现对市场现象片面或错误的认识。观察的全面性，是由市场现象复杂性的客观事实所决定的，也是科学观察市场现象的一般原则。

3. 持久性原则

市场现象极为复杂，且随着时间、地点、条件的变化而不断变化。如果不坚持持久性的观察，则只能观察到市场现象的表面而忽视了实质，或者只观察到市场现象某一时的特殊表现而忽视了其经常性的一般表现。

4. 规范性原则

运用观察调查法时要注意遵守国家法律和社会公德，特别要注意尊重少数民族地区的风俗习惯和宗教信仰，不得侵害公民的各种权利，不得强迫被调查者做其不愿做的事，也不得违背其意愿观察被调查者的某些活动，并且要为被调查者保密等。

（五）运用观察调查法的基本要求

运用观察调查法搜集市场资料时，不但必须按市场调查的一般程序，事先设计好观察方案，选择好观察者并对其进行必要的培训，而且要特别注意下面一些基本要求：

1. 正确选择观察对象

观察调查法对市场现象进行观察既可以与全面调查方式相配合，也可以与非全面调查方式相配合。在现代市场调查中，非全面调查方式运用得更多一些。观察调查法不论与市场典型调查、市场抽样调查还是与市场重点调查相配合，都会面临如何选择观察对象的问题。观察调查法在选择观察对象时，一方面要考虑与之相配合的调查方式的要求，如市场典型调查必须选择对总体具有代表性的单位；市场抽样调查就要按照随机原则抽取调查单位；市场重点调查必须选择市场现象的重点单位等。另一方面必须考虑观察调查法本身的特点，选择那些符合市场调查目的，且便于观察的单位作为观察对象。选择观察对象要特别注意所处环境对市场现象的影响，分析现象之间的相互联系，从而选择出适当的观察对象。

2. 确定最佳的观察时间、地点

市场现象是不断发展变化的，在不同时间、不同地点会有不同的表现。观察调查法要求必须在市场现象发生的当时、当地对其进行观察，这就决定了确定观察的时间、地点在观察调查法中是特别重要的，它关系到所选择的观察项目是否能被观察到。在实际调查工作中，确定最佳的观察时间和地点并不容易。对于一些确定性的市场现象，观察时间和地点的确定比较有规律，如市场营销企业一般都具有固定的营业时间和交易场所，在营业时间内对某些交易场所的市场现象进行观察就比较有把握；对于一些不确定的市场现象，观察时间和地点的确定就比较有困难，必须根据具体情况而定。

3. 灵活地安排观察顺序

观察调查法的观察项目是在观察方案中确定的，不同的观察类型对观察项目的要求有所不同。但无论哪种观察类型，都要按一定的顺序对市场现象进行观察。对市场现象的观察顺序一般有三种安排方法：一是主次顺序，即先观察主要的对象和主要的项目，再观察次要的对象和次要的项目；二是方位顺序，即按照观察对象所处的位置，由远到近、由上到下、由左到右地进行观察，或与之相反由近到远、由下到上、由右到左地进行观察；三是整体顺序，即把所要观察的市场现象作为一个整体按照某一标准划分成若干个部分，然后采用先部分后整体或先整体后部分的顺序观察，最后得到对市场现象的综合性观察资料。在实际工作中，可根据市场现象的特点，灵活安排观察顺序。若由几个观察者来共同完成观察任务，则在各观察者之间要有一个合理的分工。

4. 尽量保持观察对象的自然状态

在观察调查法的运用中，经常会出现观察活动对观察对象产生影响，使其不能保持原有的自然状态，进而出现一些紧张、好奇等心理，以至于影响其正常的行为。所以，观察者必须减少观察活动对观察对象的影响。被观察者不能保持原有的自然状态，一般会有两类表现：一类是出于本能，而不是被调查者有意做出来的；一类是被调查者事先知道有观察活动，而有意识地做出一些非自然状态的假象。对于前一类，需要观察者对观察活动的控制尽量减少；对于后一类，则需要观察者去伪存真，不被表面现象迷惑，避免假象对观察结果的影响。

5. 认真做好观察记录

在观察者对市场现象进行观察的同时或之后，必须认真做好观察记录，把所观察到的市场现象记载在一定的物质载体上。观察调查法的记录可采用两种形式：一种是同步记录，即一边观察一边记录，这种记录形式用得比较多；一种是观察后追记，即在观察过程结束之后再将观察到的情况记录下来，这种记录形式适合于不能或不宜做同步记录的一些特定情况。认真做好观察记录，除了采用笔记以外，还可以根据需要利用相应的观察工具做一些现场记录，如对现场情况进行拍照、录像等。这些现场记录可以使观察资料增加生动、具体的内容，有时甚至是必不可少的记录形式。在做观察记录时，一般只记录所观察市场的现场，但在必要的时候，也可以记录一些观察者自身的观感，一些由被观察市场对象的表象所引发的想法等。

（六）观察调查法的常用观察技术

1. 神秘购物者观察法

神秘购物者观察法是指经过专门培训的调查者假扮成顾客，去实地观察并详细记录他们购物或接受服务时发生的实际情况，以了解市场现象的一种观察技术。例如，××书店是一家全国性的图书连锁店，对营业员制定了服务政策。政策规定：当顾客进入书店时，营业员应该做到：①提一些问题，从而确定顾客对哪些领域的书籍感兴趣；②带领顾客来到适当的区域；③介绍给顾客几种可供选择的书目；④帮助顾客决定应该选择哪一本或哪几本书；⑤征求一下顾客的意见，看顾客还有什么需要帮助。现欲了解营业员执行上述政策的情况，便可以采用神秘购物者观察法。

2. 单向镜观察法

单向镜观察法，又称第三者介入法，它是在一个装有单向镜和录音录像设备的房间里安排观察人员（第三者），在被观察者不知情的条件下，通过单向镜观察主持人组织座谈会和采访调查者的情形，然后将主持人现场座谈、访谈获得的信息和观察者观察到的信息进行综合分析，得出调查结果。例如，玩具设计师利用单向镜观察孩子们玩耍的情景，这可以帮助他们了解孩子们喜欢何种玩具；一家公司的观察员曾花了两百个小时来观察母亲们如何给小孩换尿布，这可以帮助他们重新设计用后易于处理的尿布。

单向镜观察法的特点是在调查者和被调查者之外，由观察者从第三者的角度观察现场调查的过程。它的主要优点是观察者（第三者）不受现场环境和现场气氛的干扰，可以更加细致、更加充分地观察被调查者的言行表现，使信息更加全面；从第三者角度进行观察，更容易发现虚假信息，去伪存真，使信息更加真实；可以弥补调查者受环境、气氛和个人因素影响的不足；解决调查者在组织会议和记录信息两方面相顾不暇的矛盾，使调查者集中更多的精力组织好现场会议；第三者是在隐蔽的条件下进行观察，减少了被调查者的发言当场被记录的心理负担，有利于更真实地表露自己的言行。其主要缺点是投入的人力多，设备昂贵，现场布置复杂，调查成本较高。

在使用其他调查法进行大面积调查之后，使用单向镜观察法进行典型调查，可以验证和补充大面积调查的结果。当使用其他调查法取得的调查结果不好或者对其调查结果有疑虑时，可以使用单向镜观察法进行校正和检验。

3. 购买模式观察法

购买模式观察法是指观察者通过观察、追踪购买者的购物路线、形态和行为来分析购买模式的一种调查方法。通常，观察者使用一张通道图和一支笔来勾画购买者的脚步，记录购买形态和行为。通过观察研究能够发现主要消费品的购买角色、购买行为的决策过程等内容，以便合理地摆放商品的位置。例如，超级市场往往把必需品放在市场的后部，希望购买者沿着通道走到牛奶、粮油、蔬菜或其他生活必需品的专柜时，把更多其他的东西放进自己的购物篮子里。另外在使用购买模式观察法时，音乐也可以用来作为观察购买模式的工具。研究表明，播放慢节奏的音乐能减慢购买者的脚步，从而增加购买者选购商品的时间，增加商品销售额；在餐馆里演奏慢节奏音乐时，会延长顾客用餐的时间，增加酒水、饮料的消费量，但不会影响顾客消费食物的数量。

4. 人种学观察法

人种学观察法是一种新的用于市场调查研究的观察技术，它源于人类学的研究。人种学观察主张观察者要深入系统内部，而不能像传统的观察技术那样——观察者只站在系统外部进行观察，西方学者将其称为“观察者侵入”，即观察者成为他或她正在观察研究的小组的一部分。观察者深入观察研究对象所处的环境中，可仔细观察、评判他们的行为，了解他们的背景和习惯，这样才能获得隐藏在其内心的真正的东西。人种学观察法主要用于新产品开发和广告策划。

5. 痕迹观察法

痕迹观察法是指被调查者不直接观察受访对象的行为，而是通过一定的途径来观察他们行为留下的实际痕迹。例如通过对洗衣机销售后维修点情况的观察，了解不同部件的损坏率，以发现产品本身的问题；根据观察杂志上每页留下的指纹来判断广告的阅读情况。

使用痕迹观察法，在某些情况下，用机器代替人员观察是可能的，所得到的资料结果也可能更准确。在特定的环境下，机器可能比人员更便宜，而且能更精确、更容易地完成工作。如交通流量的统计设置，肯定比人员的直接观察更为准确、价格更低廉，当然也不会出现因为人为的原因而造成误差等问题。还有，利用机器作电视收视率的资料收集，要比传统的日记式的方法更为准确，但是因为机器的成本很高，整个调查所要花费的预算比较多。另外越来越多的超市使用带有扫描仪的收款机，也是机器观察法中普遍的一个例子。

（七）观察调查法的常用记录技术

在采用观察调查法时，应注意采用适当的记录技术，记录技术的好坏直接影响调查结果。良好的记录技术，能准确、及时、全面地记录转瞬即逝的信息及市场变化的情况，同时可以减轻观察者的工作，加快工作进程。常用的记录技术主要有观察卡片、符号、速记、记忆和机械记录。

1. 观察卡片

观察卡片，又称观察表，是为了完成观察任务而特制的一种记录观察内容的卡片。在制作观察卡片时，首先，根据观察内容列出所有项目；其次，去掉那些非重点的、无关紧要的项目，保留重要的、能说明问题的项目，列出每个项目可能出现的各种情况，合理编排；再次，通过小规模的观察来检验卡片的针对性、合理性和有效性，以修正卡片；最后，定稿时印制成观察时使用的卡片。例如，下面是某商场为观察购买者的行为而制作的顾客流量及购物金额观察卡片（见表2－1）：

表2－1　顾客流量及购物金额观察卡片

被观察单位________观察时间____年____月____日____时至____时

观察地点________观察员________

项目	入向	出向
人数		
购物金额		

2. 符号

符号是指用符号代表在观察中出现的各种情况，在记录时，只需根据所出现的情况记录相应的符号，或在事先写好的符号上圈写即可，不需要文字的叙述，这样的符号方式可以加快记录观察的速度，避免因手忙脚乱出错，而且便于资料的整理。

3. 速记

速记是用一套简便易写的线段、圈点等符号系统来代表文字，迅速记录观察中遇到的各种情况的一种记录方法。

4. 记忆

记忆是在观察调查中，采取事后追忆方式进行的记录。通常用于调查时间紧迫或不宜进行现场记录的情况。由于人的大脑不可能准确无误地储存很多信息，因此在使用这种方法时必须抓住要点记忆、提纲挈领，事后及时记录。记忆虽然可以免除被调查者的顾虑，但也有可能会遗忘一些重要信息。

5. 机械记录

机械记录是指在观察调查中运用录音、录像、照相、各种仪器等手段进行的记忆。这种记录方法能详尽地记录所要观察的事实，免去观察者的心理负担，但容易引起被调查者的顾虑，可能使调查的真实性受到影响。

三、实验调查法

实验调查法起源于自然科学的实证法，后来逐渐应用到社会科学中，成为市场调查的一种方法。它是指市场调查者有目的、有意识地通过改变或控制一个或几个市场影响因素的实践活动，来观察市场现象在这些因素的影响下的变动情况，认识市场现象的本质和发展变化的规律。例如，为了探明某种商品采用新包装后对销售量的影响情况，就可以选定某一个地区范围，将新旧两种包装的同一商品，投入市场进行实验对比，然后观察其销售量的变化情况和消费者的反应，作为决定新包装是否可采用的依据。

（一）实验调查法特点

实验调查法既是一种实践过程，又是一种认识过程，它将实践与认识统一为调查研究过程。它具有如下特点：

（1）实验结果的对比性。实验调查法必须将实验结果资料与实验对象的纵向、横向或纵横综合的资料进行对照比较分析。通过比较分析，找出事物之间的因果关系。

（2）实验事件的可控性。在实验调查法中，调查者可以有效地控制所选择的自变量对因变量的影响，有意识地使调查对象在相同条件下重复出现，进行实验对比，得到可靠的资料。

（3）实验条件的相同性。运用实验调查法选择的调查对象，进行实验的试验组的情况与控制组、非控制组或推广应用范围的具体情况，在地理环境、政治要求、规模大小、结构内容等方面都应该做到基本相同，以保证实验调查的成功和实践结果推广应用的有效性。因为各种因素的变动会导致实验结果出现不稳定的情况，所以，对影响结果变动的各种因素，必须严格控制，做到在相同条件下，不断实验，收集资料，以及推广应用。

（二）实验调查法的基本类型

根据市场实验调查的目的不同以及是否设置对照组和组数的数量，可以将实验调查法分为多种类型，下面着重介绍三种基本的类型：

1. 单一实验组前后对比实验

单一实验组前后对比实验是一种最简单的实验调查法，它是在不设置控制组（对照组）的情况下，考察实验组在引入实验因素前后状况的变化，从而测定实验因素对实验对象影响的实验效果。在市场调查中，经常采用这种简便的实验调查法。例如，某食品生产厂为了提高糖果的销售量，认为应改变原有的陈旧包装，并为此设计了新的包装图案。为了检验新包装的效果，以决定是否在未来推广新包装，厂家对甲、乙、丙、丁四种糖果在改变包装的前一个月和后一个月的销售量进行了检测，得到的实验结果如表 2－2 所示。

表 2－2　糖果在改变包装前后的销售量对照表　　千克

糖果名称	改变包装前销售量 y_0	改变包装后销售量 y_n	实验结果 $y_n - y_0$
甲	600	680	80
乙	750	820	70
丙	880	980	100
丁	680	760	80
合计	2 910	3 240	330

从表 2－2 中的实验结果可知，改变糖果包装后的销售量比改变糖果包装前的要大，说明顾客不仅注意糖果的质量，也对其包装有所要求。因此断定改变糖果包装，以促进其销售量增加的研究假设是合理的，厂家可以推广新包装。但应注意，市场现象可能受许多因素的影响，增加的 330 千克销售量，不一定只是改变包装引起的，可能受到其他因素的影响。

2. 实验组与控制组对比实验

在单一实验组前后对比实验中，由于不能完全排除其他非实验因素的影响，只能粗略地估计实验效果。采用实验组与控制组对比实验则可以避免这一问题。实验组与控制组对比实验是在选择若干实验对象为实验组的同时，选择若干与实验对象相同或相似的调查对象为控制组，并使实验组与控制组处于相同实验环境之中。实验者只对实验组进行实验活动，对控制组不进行实验活动，根据实验组与控制组的对比得出实验结论。例如：某食品厂为了解面包的配方改变后消费者有什么反应，选择了 A、B、C 三个商店为实验组，再选择了与之条件相似的 D、E、F 三个商店为控制组进行观察。观察一周后，将两组对调再观察一周，其检测结果如表 2－3 所示。

表 2－3　实验组与控制组检测结果对比表

商店名称	原配方销售量/百袋		新配方销售量/百袋	
	第一周	第二周	第一周	第二周
A		37	43	
B		44	51	
C		49	56	
D	35			41
E	40			47
F	45			52
合计	120	130	150	140

从表 2－3 中检测结果可知，两周内原配方的面包共销售了 250 百袋（120＋130＝250），新配方的面包共销售了 290 百袋（150＋140＝290）。这说明改变配方后，面包的销售量增加了 40 百袋（290－250＝40），对厂家很有利，所以厂家可以推广新配方。

3. 实验组与控制组前后对比实验

在使用实验组与控制组对比实验时，必须注意实验组与控制组之间要具有可比性，即二者的规模、类型、地理位置、管理水平、营销渠道等各种条件应大致相同。只有这样，实验结果才具有较高的准确性。但是，这种方法对实验组和控制组都必须采取实验后检测，无法反映实验前后非实验因素对实验对象的影响。为弥补这一点，实际工作中往往把单一实验组前后对比实验和实验组与控制组对比实验两种方法综合运用，形成实验组与控制组前后对比实验。它是对实验组和控制组都进行实验前后对比，再将实验组与控制组进行对比的一种双重对比的实验调查法。这种方法吸收了前两种方法的优点，也弥补了前两种方法的缺点。例如，某公司在调整其商品配方前进行一次实验调查，分别选择了三个下属企业组成实验组和控制组，对其月销售额进行前后对比实验，并综合检测出了实验效果，如表 2－4 所示。

表 2－4　实验组、控制组检测结果前后对比表　　百元

实验单位	事前检测值	事后检测值	前后对比值	实验效果
实验组	$y_0=2\ 000$	$y_n=3\ 000$	$y_n-y_0=1\ 000$	$(y_n-y_0)-(x_n-x_0)$
控制组	$x_0=2\ 000$	$x_n=2\ 400$	$x_n-x_0=400$	$=1\ 000-400=600$

表 2－4 中的检测结果中，实验组事后检测值比事前检测值增加了 1 000 百元，包含实验因素即调整配方的影响，也包含其他非实验因素的影响；控制组事后检测值比事前检测值

增加了400百元，不包含实验因素的影响，只有非实验因素的影响，因为控制组的商品配方未改变。实验效果是从实验因素和非实验因素共同影响增加的销售额中，减去由非实验因素影响增加的销售额，反映调整配方这种实验因素对销售额的影响。由此可见，实验组与控制组前后对比实验是一种更为先进的实验调查方法。

四、德尔菲调查法

德尔菲（Delphi）是古希腊地名，该方法最早出现于20世纪50年代末，是当时美国为了预测在其“遭受原子弹轰炸后，可能出现的结果”而发明的一种方法。该方法主要用于一些预测和预测的场合，广泛用来进行预测、决策分析和编制规划工作。

（一）德尔菲法的基本特征

德尔菲法本质上是一种反馈匿名函询法。其大致流程是：在对所要预测的问题征得专家的意见之后，进行整理、归纳、统计，再匿名反馈给各专家，再次征求意见，再集中、反馈，直至得到稳定的意见。

由此可见，德尔菲法是一种利用函询形式的集体匿名思想交流过程。它有别于其他专家预测方法的三个明显的特点，分别是匿名性、多次反馈、小组的统计回答。

（1）匿名性。匿名是德尔菲法的极其重要的特点，从事预测的专家互不知道有哪些人参加预测，他们是在完全匿名的情况下交流思想的（后来改进的德尔菲法允许专家开会进行专题讨论）。

（2）多次有控制的反馈。小组成员的交流是通过回答组织者的问题来实现的。它一般要经过若干轮反馈才能完成预测。

（3）小组的统计回答。最典型的小组预测结果是反映多数人的观点，少数派的观点至多概括地提及一下。但是这并没有表示出小组的不同意见的状况。而统计回答却不是这样，它报告一个中位数和两个四分点，其中一半落在两个四分点内，一半落在两个四分点之外。这样，每种观点都包括在这样的统计中，从而避免了专家会议法只反映多数人观点的缺点。

（二）德尔菲法的工作流程

在德尔菲法的实施过程中，始终有两方面的人在活动，一是预测的组织者，二是被选出来的专家。首先应注意的是德尔菲法中的调查表与通常的调查表有所不同，它除了有通常调查表向被调查者提出问题，要求回答的内容外，还有向被调查者提供信息的责任。它是专家们交流思想的工具。

德尔菲法的工作流程大致可以分为四个步骤，在每一步中，组织者与专家都有各自不同的任务。

第一步：

（1）由组织者发给专家不带任何附加条件，只提出预测问题的开放式的调查表，请专家围绕预测主题提出预测事件。

（2）组织者汇总整理专家调查表，归并同类事件，排除次要事件，用准确术语提出一个预测事件一览表，并作为第二步的调查表发给专家。

第二步：

（1）专家对第二步调查表所列的每个事件做出评价。例如，说明事件发生的时间、争论问题和事件或迟或早发生的理由。

（2）组织者统计处理第二步专家意见，整理出第三张调查表。第三张调查表包括事件、事件发生的中位数和上下四分点，以及事件发生时间在四分点外侧的理由。

第三步：

（1）发放第三张调查表，请专家重审争论；

（2）对上下四分点外的对立意见做一个评价；

（3）给出自己新的评价（尤其是在上下四分点外的专家，应重述自己的理由）；

（4）如果修正自己的观点，也请叙述改变理由；

（5）组织者回收专家们的新评论和新争论，与第二步类似，统计中位数和上下四分点；

（6）总结专家观点，重点在争论双方的意见，形成第四张调查表。

第四步：

（1）发放第四张调查表，专家再次评价和权衡，做出新的预测。是否要求做出新的论证与评价，取决于组织者的要求。

（2）回收第四张调查表，计算每个事件的中位数和上下四分点，归纳总结各种意见的理由以及争论点。

注意：

（1）并不是所有被预测的事件都要经过四步。可能有的事件在第二步就达到统一，而不必在第三步中出现。

（2）在第四步结束后，专家对各事件的预测也不一定都达到统一。不统一也可以用中位数和上下四分点来做结论。事实上，许多事件的预测结果都是不统一的。

（三）德尔菲法的预测结果

德尔菲法的预测结果可用表格、直观图或文字叙述等形式表示。

（1）楔形图。楔形图的顶端表示中位数，底边长为最迟和最早时间间隔。纵坐标上的数字为项目代号，如图 2－1 所示。

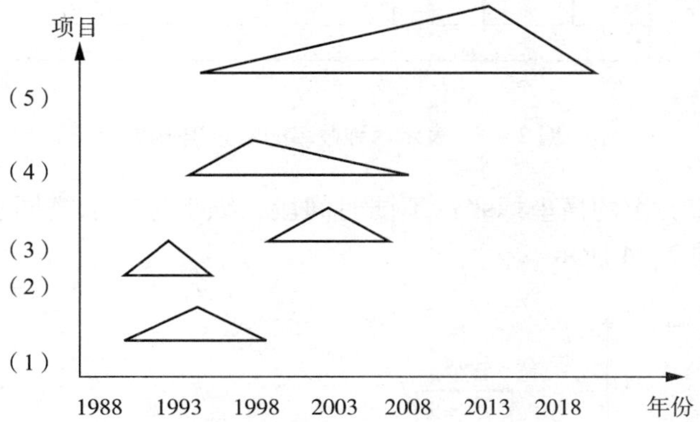

图 2－1　楔形图

（2）截角楔形图。截角楔形图的顶点表示中位数，截角端点为上下四分点。底边长表示四分点间隔。截角楔形图上的号码为所代表的事件的号码，如图 2－2 所示。

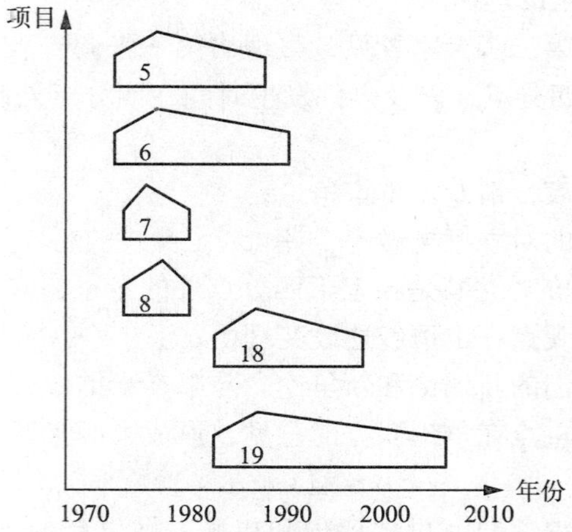

图 2－2　截角楔形图

（3）表示两种概率的预测结果的截角楔形图。预测组织者有时要求专家按一定概率预测事件可能发生的时间。如果要求按两种概率回答（如 40% 和 70%），那么，对每一事件的发生时间的预测结果有两种结果（一般来说，概率越高，预测的事件发生时间越迟）。把这两种结果都用截角楔形图表示出来，如图 2－3 所示。

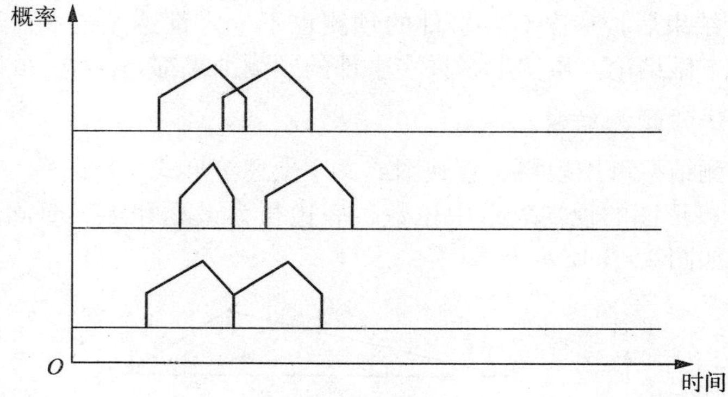

图 2－3　表示两种概率的截角楔形图

（4）直方图。直方图的横坐标表示不同时间段，纵坐标表示赞同事件发生在相应时间段的专家比例，如图 2－4 所示。

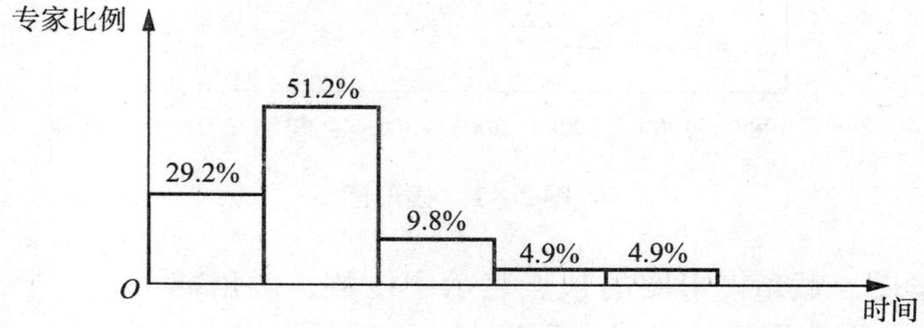

图 2－4　直方图

五、文献调查法

（一）文献调查法的概念

文献调查法，又称文案调查法或间接调查法，是调查人员在充分了解市场调查目的之后，通过搜集各种有关的文献资料，摘取现成的数据资料加以整理、衔接、调整及融合，以归纳或演绎等方法予以分析，进而提出市场调查报告及有关营销建议的市场调查方法。

（二）文献调查法特点

（1）文献调查是收集已经加工过的文献资料，即第二手资料，而不是对原始资料的收集。

（2）文献调查以收集文献性信息为主，它具体表现为各种文献资料。

（3）文献调查所收集的资料包括动态的和静态的两个方面，尤其偏重于动态的方面，即收集各种反映市场变化的历史和现实资料。

（三）文献调查法的作用

有关市场发展变化的文书档案，是人们对各种市场活动的历史记载，也是储存和传递市场信息资料的一种手段，具有历史参考价值。文献调查法打破了对市场研究时间和空间的限制，调查者不需要亲临其境，只需通过大量的二手资料就能了解和掌握市场变动规律，为各种营销决策提供有效支持。具体来说，文献调查具有如下作用：

1. 市场调查可以发现问题，并为市场研究提供重要参考依据

根据市场调查的实践经验，文献调查法常被作为市场调查的首选方式。几乎所有的市场调查都始于收集现有资料，只有当现有资料不能为解决问题提供足够依据时，才进行实地调查。

2. 文献调查法可为实地调查创造条件

如有必要进行实地调查，文献调查法可为实地调查提供经验和大量的背景资料。具体表现在：通过文献调查，可以初步了解调查对象的性质、范围、内容和重点等，并能提供实地调查无法或难以取得的市场环境等宏观资料；文献调查所收集的资料还可以用来考证各种调查假设，鉴别和估算实地调查结果的准确性和可靠性；利用文献调查资料并经实地调查，可以用来推算所需掌握的数据资料；利用文献调查资料，可以帮助探讨现象发生的各种原因并进行说明。

3. 文献调查法可用于有关部门和企业进行经常性的市场调查

实地调查与文献调查相比，更费时、费力，组织起来也比较困难，故不能或不宜经常进行；而文献调查，如果经调查人员精心策划，尤其是在建立企业及外部文献市场调查体系的情况下，具有较强的机动性和灵活性，随时能根据企业经营管理的需要，收集、整理和分析各种市场信息，定期为决策者提供有关的市场调查报告。

4. 文献调查法不受时空限制

从时间上来看，文献调查法不仅可以掌握现实资料，还可获得实地调查所无法取得的历史资料。从空间上来看，文献调查法既能对企业内部资料进行收集，还可以掌握大量的有关市场环境方面的资料。尤其是在做国际市场调查时，由于地域遥远、市场条件各异，采用实地调查，需要更多的时间和经费，加上语言障碍等原因，将给市场调查带来许多困难，相比之下，文献调查法就方便多了。

（四）文献调查法的实施步骤

为使文献调查能顺利取得成效，文献调查法一般应按以下步骤进行：

1. 确定文献调查的基本目的和具体要求。

文献调查首先必须明确订立市场调查的基本目的和具体要求，以避免造成调查方向、资料的失误。其主要工作包括：调查报告的使用者与调查的执行者应就调查的目的、用途、内容涵界的范围等达成共识，以使调查结果有的放矢；调查人员应主动要求业务联络提供必要的资料；调查人员必须了解该行业的基本常识及相关业务知识；调查人员必须明确提供调查报告的最后期限。

2. 拟定详细的调查计划和培训调查研究人员

这一步的主要工作包括：列出各种调查目标并排列优先顺序；列出各种可能使用的资料及其来源；列出各协助调查人员的常识水平和工作能力；预计调查所需时间及最后完成的日期，并妥善安排调查日程；估算、控制调查成本，避免浪费；培训调查人员并分配具体调查任务。

3. 掌握资料的来源，积极收集资料

调查人员要从各种可能供应的资料中，按照调查的目的积极收集各种相关资料。其主要方法是：寻找可供利用的各种资料及其档案，从一般性的相关资料开始，逐步延伸至专门性资料；也可以先取得充足的相关资料，再来筛选。如果需要主动函索资料，应清楚地说明需要资料的缘由、类别和数量。

4. 筛选资料和评估资料的适用性

筛选资料的目的是去伪存真、去粗取精，并将资料整理成统一形式。筛选资料的原则是：首先要寻找资料中可能隐藏的错误或特定意图；其次要对引用的各种外来资料寻找原始资料文件或参考书籍。评估资料的适用性就是要评价资料的切题性、准确性、专题性、时效性和经济性。即所有的资料应与调查的目的相吻合；避免内容夸张、失实和信息被歪曲；资料比较深入且有实质性的内容；资料获取后能快速处理；耗时太长、费用太高的资料应予以割舍。经过筛选再重点摘要之后，资料便进入了可使用状态。

5. 资料的调整、衔接与融合

文献调查通常会使用两种以上的文书档案，资料之间可能有中断和矛盾，也可能有互补作用。此时调查人员应以自己的学识自我判断加以调整、衔接和充实。主要工作有：综合使用各种资料，发挥资料之间的互补作用；将调整及补充后的资料制成统计图和统计表，并全部转换成标准单位；对资料进行逻辑性研究后重新编排组合；详细检查资料是否全面严谨、衔接是否得当。

6. 制作文献调查报告

此步骤的工作重点包括：一是客观、准确地提出调查结论和对未来事态发展的估计和建议；二是按重要程度排列调查结论；三是报告的内容应力求简明且与题目高度有关；四是保证全面市场信息资料的准确性。文献调查报告可以是书面报告，也可以是口头报告。书面报告的内容有题目、调查目的、调查结论和附录四个部分。题目部分包括市场调查报告的日期、为谁制作、撰写人等。调查目的部分要求简要说明调查动机、调查要点及所要解答的问题。调查结论部分要指明对调查目的的贡献、对调查问题的解答、可行性措施的提供、调查重大发现及应对建议等。附录部分包括资料来源和所应用的统计方法等。口头报告是指调查人员口头报告调查工作的过程和结论。

此外，市场调查主持人在报告递送之后，还应继续保持与报告使用者的联系，了解报告被采用的程度和采用后产生的实际效果。计划执行人对报告内容如有疑问，主持人还应做详细解说，从旁边协助他们施行建议的事项。到此，调查工作才算圆满完成。

（五）文献调查法的调查对象

文献调查法的调查对象是文书档案，这就要求调查者对文书档案的种类和来源有深入的了解。我国目前有关调查信息的文献种类很多，主要包括：

（1）国家统计部门定期发布的统计公报、定期出版的各类统计年鉴等，这些都是权威性的一般综合文献；

（2）各种经济信息部门、行业协会和联合会提供的定期或不定期的信息公报，如金融机构的金融信息资料、研究机构或高等院校发表的学术论文和调查报告等；

（3）国内外有关报纸、杂志、电视及其他大众传播媒体提供的各种形式的直接或间接的调查信息资料；

（4）各种国际组织、外国驻华使馆、国外商会等提供的定期或不定期的统计公报或交流信息；

（5）工商企业内部档案，如企业各项财务报告、销售记录、业务员询问报告、企业平日剪报、同业资料、照片及影片、经验总结、顾客建议等。

（6）国内外各种博览会、交易会、展销订货会等营销性会议以及专业性、学术性会议上发表的文件资料；

（7）各级政府部门公布的有关市场的政策法规，以及执法部门的有关经济案例等；

（8）各种数据库和电子出版物。

（六）收集文献资料的方法技巧

1. 查找法

查找法是获取文献资料的基本方法。从操作的次序看，首先要注意在企业内部查找。一般来说，从自身的信息资料库中查找最为快速方便。此外，还应从企业内部各有关部门查找。只要信息基础工作做得比较好，从企业内部查找可以获得大量反映企业本身状况的时间序列信息，还可以获得有关客户、市场方面的资料。在内部查找的基础上，还需到企业外部查找。主要是到一些公共机构，如图书馆、资料室、信息中心和 INTERNET 网等中进行查找。为提高查找效率，调查人员应注意熟悉检索系统和资料目录，在可能的情况下，要尽量争取这些机构工作人员的支持和帮助。

查找法主要有以下两种：

（1）参考文献查找法。就是利用有关的著作、论文的末尾所开列的参考文献目录，或者文中提到的某种文献资料，并以此为线索追踪查找有关文献的方法。采用这种方法可以提高查询效率。

（2）检索工具查找法。它是利用已有的检索工具查找文献资料的方法。依据检索工具的不同，检索方法主要有手工检索和计算机检索两种。

1）手工检索。进行手工检索的前提条件是要有检索工具，因收录范围不同、著录形式不同、出版形式不同而有多种多样的检索工具。以著录方式来分类的检索工具主要有三种：

一是目录，它是根据信息资料的题名进行编制的，常见的目录有产品目录、企业目录等；二是索引，它是将信息资料的内容特征和表象特征录出，标明出处，按一定的排检方法组织排列而成的，如按人名、地名、符号等特征进行排列；三是文摘，它是对资料主要内容所做的一种简要介绍，能使人们用较少的时间获得较多的信息。有了检索工具，还要按照一定的检索途径去查找，才能迅速、准确地找到资料。从表象特征来检索时，主要途径有：资料名途径，它是将有关资料的名称按一定字顺排列起来的检索系统；著者途径，这里所说的著者是指信息资料的个人著者、团体著者、信息提供单位等，把它们按一定字顺排列起来，便可以在已知著者的情况下，很快找到所需的信息资料；资料顺序号途径，每一篇资料都有一个顺序号，用顺序号组成一个检索系统，方便查找资料，这样如果已知要查找的资料的序号便可找到所需的资料。从内容特征来检索时，主要的途径有：分类途径，它是利用信息资料分类或编码的目录及索引来进行查找；主题途径，它是利用信息资料的主题词所组成的检索体系，根据主题词就能查到所需的资料。手工检索的常用方法有顺序法、倒查法、分段法和追溯法等，在此不作详细介绍。

2）计算机检索。与手工检索相比，计算机检索不仅具有检索速度快、效率高、内容新、范围广、数量大等优点，而且可以打破获取信息资料的地理障碍和时间约束，能向各类用户提供完善、可靠的信息，在市场调查计算机化程度不断提高的今天，依靠计算机来检索信息资料的现象极为普遍。

2. 索讨法

索讨法是向占有市场信息资料的单位或个人无价地索要。由于索讨法不计代价，所以索讨法在很大程度上取决于对方的态度。因此，向那些已有某种联系的单位和个人索讨，或由熟人索讨时，常能收到较好的效果。有些企业，出于宣传自己的需要，乐意向社会提供有关的信息资料，向他们索讨也有好的效果。采用复印的手段，常是索讨成功的有效办法。

3. 购买法

购买法是通过一定的代价，从有关单位获取资料的方法。随着信息的商品化，许多专业信息公司储存的信息实行有价转让，大多数信息出版物也是有价的，购买将成为收集资料的重要办法。当然，企业订阅的有关市场信息杂志、报纸等，从本质上说也属于购买一类。

4. 交换法

交换法是指与一些信息机构或单位之间进行对等的市场信息交流的方法。当然，这种交换不属于实物商品买卖的以物易物，而是一种信息共享的协作关系，交换的双方都有向对方无代价提供资料的义务和获得对方无代价提供资料的权利。

5. 接收法

接收法是指接纳外界主动免费提供的信息资料的方法。随着商品经济的发展和现代营销观念的确立，越来越多的企业或单位，为宣传自身及其产品和服务，扩大知名度，树立社会形象，主动向社会广为传递各种信息，包括广告、产品说明书、宣传材料等。作为市场信息资料的接收者，要注意接收和积累这些市场信息，即使其中有的一时显示不出其价值，且经常变动，但坚持长期收集，也往往会成为有价值的市场信息资料。

（七）文献调查法的奇效

在市场调查中，文献调查有着其特殊的地位，它作为对市场信息收集的重要手段，一直得到世界各国的极大重视。日本在1960年就是通过文献调查法取得了我国大庆油田的位置、产量等重要情报。他们从某画报上看到铁人王进喜的照片，判断出大庆油田就在东北地区，并根据某报关于工人从火车站将设备人拉肩扛运到钻井现场和王进喜在马家窑的言论的报道，弄清了大庆油田的确切位置。从王进喜出席人代会议判定大庆油田出油了。之后，又根据某日报上一幅钻塔的照片，推算出了油田的产油能力。在此基础上，日本人又估算出我国将在随后的几年中急需进口大量设备，并按照中国的特点设计了有关设备，从而在谈判中一举击败了欧美各国的竞争对手，使其设备顺利打入中国市场。

情境四　市场调查问卷

学习要点

1. 问卷的基本结构
2. 问卷的设计流程
3. 问卷的设计技巧

导读案例

关于游乐园发展前景的调查问卷

尊敬的先生、女士：

您好！我是奇幻城堡游乐园的市场调查员。为了更好地了解消费者需求，明确游乐园的发展方向，特别展开这次调查。您的建议将会是我们游乐园今后发展的宝贵信息，非常感谢您抽出时间填写这份调查问卷！

1. 您有没有去过游乐园？

A. 有　　B. 没有

2. 您在什么时候会选择去游乐园？

A. 重大节日　　B. 周末　　C. 平常　　D. 都不会去

3. 您多久去一次游乐园？

A. 每年最少去一次　　B. 不是每年都会去　　C. 从来没去过

4. 您喜欢和哪些人一起去游乐园？

A. 同事（同学）　　B. 恋人　　C. 孩子　　D. 朋友

E. 自己一个人

5. 如果您有孩子，您会在儿童节或者其他时候带他（她）去游乐园吗？

A. 会　　B. 不会

6. 您最喜欢游乐园里的什么游戏？

A. 过山车　　B. 海盗船　　C. 旋转木马　　D. 摩天轮

E. 激流勇进　　F. 其他

7. 您喜欢什么风格的游乐园？

A. 可爱风格　　B. 梦幻风格　　C. 浪漫风格　　D. 其他风格

8. 您喜欢的游乐园收费方式是什么？

A. 统票　　B. 游戏项目分票

9. 您去一次游乐园的消费是多少？

A. 300～500元　　B. 500～800元　　C. 800～1 000元　　D. 1 000元以上

10. 您的性别？

A. 男　　B. 女

11. 您的年龄是多少？

A. 16～25岁　　B. 26～35岁　　C. 36～45岁　　D. 45岁以上

再次感谢您的合作！

奇幻城堡游乐园

2016年11月4日

【思考】

1. 你知道一份调查问卷的基本结构吗？
2. 你知道调查问卷的设计流程是怎样的吗？

一、调查问卷的基本结构及要求

（一）问卷的基本要求

设计一份好的问卷，必须考虑这样几个问题：问卷能否提供必要的管理决策信息？是否考虑到应答者的情况？是否满足编辑、编码和数据处理的要求？

一张问卷必须具有以下功能：第一，它必须完成所有的调研目标，以满足信息用户的需要；第二，它必须以可以理解的语言和适当的智力水平与应答者沟通，并获得应答者的合作；第三，对访问员来讲，它必须易于管理，方便地记录下应答者的回答；第四，它必须容易进行编码和数据输入；第五，问卷必须可转换为能回答经理起初问题的发现。

（二）问卷的基本格式

一份完整的问卷，一般包括说明词、指导语、搜集资料部分、被调查者特征分类资料、电子计算机编码、作业证明的记载几个部分。

1. 问卷说明（开场白或称介绍）

问卷说明意在向被调查者说明调查的意图、填表须知和时间等。有些问卷还交代交表地点及其他事项等，有些问卷的开头说明一般还加上一些宣传内容，更具说服力。问卷说明一般都在问卷开头的地方，以便尽快让填表人了解调查的目标和内容。

2. 被调查者的基本情况

有些问卷在卷头说明之后，或在问卷内容之后设立题目，了解被调查者的情况，以便分析不同消费者的消费投向和偏好。

3. 调查内容

这是调查问卷中最主要的部分，也是核心部分。它主要以提问的形式呈现给被调查者，包括了所要调查的全部问题，要求被调查者选出能表达自己看法或态度的答案。

4. 调查者的情况

在调查表的最后，附上调查人员的姓名、访问日期、时间等，以明确调查人员完成任务的情况。

（三）问卷设计应注意的问题

（1）问卷设计的语言文字应简明、清晰、浅显易懂，不要模棱两可。

（2）调查问卷要保持客观性，避免有引导的含义。

（3）调查问卷要有亲切感，并要考虑到答卷人的自尊。

（4）内容设计要合理，问题不宜过多或过于分散。

（5）问卷中问题之间的间隔要适当，问卷的印刷要清楚，避免出现错误或模糊不清的现象。

（6）在格式上，每个问题都要编号，按先易后难及其内在的逻辑排序进行。

（7）调查问句要有时间性。

二、问卷设计过程

（一）确定调研目的、信息来源及限制因素

确定所需信息是进行问卷设计的前提工作，即要把握所有达到研究目的和验证假设所需要的信息，并要确定预算限制。

（二）确定问卷的类型

问卷类型有很多种，如送发式问卷、邮寄式问卷、报刊式问卷、人员访问式问卷、电话访问式问卷或网上访问式问卷。问卷类型的选择取决于调研费用、时效性要求、被调查对象的特点、调查内容等因素。

（三）确定问题的回答形式

基于研究的要求，考虑到问题的难易程度，并尽量让每一个问题传达更多的有用信息，以确定问题的类型，主要有开放式问题、封闭式问题、混合型问题三类。其中，开放式问题的设计方式主要有自由回答法、词语联想法、文章完成法、角色扮演法；封闭式问题的设计方式主要有双项选择题、多项选择题、填入式问题、顺位式问题、态度评比测量题、矩阵式问题和比较式问题等几类。

（四）确定问题的措辞

问卷设计的问句应简明、清晰、浅显易懂；语言文字要保持客观性，避免应答者误差；应考虑应答者回答问题的能力和回答问题的意愿；避免使用否定句、引导性语句、断定性语句及假设性问题。

（五）确定问卷流程和编排

问卷每一部分的位置安排要有一定的逻辑性，问卷每一部分的位置安排要有一定的逻辑性，问题的排列顺序应便于被调查者回答，便于资料的整理分析。具体来说，首先运用过滤性问题识别合格应答者，接下来以一个能引起应答者兴趣的问题开始，然后将问题按一定的顺序进行排列：相同性质或同类问题尽量集中排列；把需要思考的问题放在问卷中间；把敏感性、威胁性问题和人口统计问题放在最后。

（六）问卷的评估

问卷的草稿设计好之后，设计人员应做一些评估，主要考虑：问题是否必要；问卷是否过长；问卷是否回答了调研目标所需的信息；邮寄和自填式问卷的外观设计是否正规；问题之间的间隔、卷面的安排是否适当；编号、字体及其印刷是否清楚；开放式问题的答题空间是否足够等。

（七）获得各方面的认同

将草稿的复印件分发到直接有权管理这个项目的各部门，以获得经理的认同。

（八）预先测试和修订

预先测试应以最终访问的相同形式进行，对任何需要改动的地方都要切实修改；如果改动过大，应进行第二次测试。

（九）问卷的定稿、印刷

问卷定稿后，就可以交付印刷。

（十）实施调研

问卷可根据不同的数据收集方式并配合一系列的形式和过程以确保数据可靠、高效、合理，这些过程包括管理者说明、访问员说明、过滤性问题、记录纸和可视辅助材料。

三、问卷设计原则和技巧

（一）问卷设计的基本原则

1. 功能性原则

功能性原则是问卷设计最基本的原则，即实现问卷的基本功能，达到规范设计和满足调查客户需求的目的。这一原则又具体表现在一致性、完整性、准确性和可行性等方面。

2. 可靠性原则

可靠性原则，是指作为数据收集工具的问卷，应保证数据在一定条件下的稳定性。具体来说，即虽然调查者、被调查者和调查环境的不同都可能引起数据波动，但问卷应尽量具有一定的稳健性，以减少这三方面对数据质量的影响。

3. 效率原则

在遵循功能性原则和可靠性原则的前提下，问卷设计应保证在获得同样信息的条件下，选择最简捷的询问方式，以使问卷的长度、题量和难度最小，节省调查成本。

（二）问卷设计的技巧

下面根据笔者在调查中积累的经验介绍一些技巧性知识：

（1）问题顺序的排列。问卷的问题不应是杂乱排列的，应该有一定的顺序，一般我们把简单易懂的问题放在前面，把复杂的问题放在后面，这样容易得到被调查者的配合，使被调查者感到问题好回答；把能引起被调查者兴趣的问题放在前面，把枯燥的问题放在后面；一般性问题放在前面，特殊性问题放在后面；先问行为方面的问题，再问态度、观念性的问题；同类问题放在一起，这样回答者容易回答；开放性问题，即完全由被调查者自己回答，没有备选答案的问题放在后面。

（2）题支可以设计成半封闭半开放式。即在备选题后再加一项“其他”，并要求选这一项的回答者说出内容。这样可以弥补设计时的遗漏，而且我们在调查中往往会遇到预料不到的情况，所以半开放式问题给了我们空间。

（3）在问卷调查中，尽量不要以行政命令来派发问卷，这样获得的数据往往不真实。

（4）问卷调查时尽量不要他人在场。因为他人的在场也会影响回答者回答的真实性。

（5）数据处理时要采取科学的统计分析工具，这样才不会浪费数据。我们通常使用的是SPSS统计软件。

问卷设计与调查是一项实践性的课程，参与是非常重要的。在问卷设计与调查时，我们最好进行预调查，这样可以减少错误，发现想不到的一些问题。

情境五　抽样调查技术

学习要点

1. 市场抽样调查的概念与特点
2. 市场抽样调查的作用和程序
3. 市场抽样调查的基本概念

导读案例

课堂上播放奥运“鸟巢”的施工现场和采访武钢党委书记顾强圻的视频。

【思考】

“鸟巢”钢筋铁骨中最坚硬的一部分400吨Q460型自主研发钢材的质量检验（如厚度、强韧度等）如何完成？

一、市场抽样调查的概念与特点

（一）市场抽样调查的概念

市场抽样调查，是指调查者为了特定的调研目的，按照一定的程序从调查总体中抽取一部分单位作为样本，对样本进行分析或观察，并根据样本统计量估计总体情况的一种非全面调查方法。市场抽样调查是一种广泛使用的有效市场调查方法，属于非全面调查的范畴。

（二）市场抽样调查的特点

市场抽样调查最主要的特点在于其应用科学的方法，在总体中抽取有代表性的调查单位进行调查，克服了市场普查的组织困难和费用高、时间长的缺点，也克服了市场重点调查、市场典型调查等传统调查方法的主观随意性强、样本代表性不强的弱点，具有较强的代表性和科学性，是比较科学和客观的一种市场调查方法。其特点如下：

1. 费用低、易推广

市场抽样调查的调查单位比市场普查少得多，因而既能节省人力、费用和时间，又能比较快地得到调查的结果，这对许多工作都是很有利的。例如，农产量全面调查的统计数字要等收割完一段时间后才能得到，而抽样调查的统计数字在收获的同时就可以得到，一般能早到两个月左右，这对于安排农产品的收购、储存、运输等都是很有利的。

由于调查单位少，有时可以增加调查内容。因此，有的国家在人口普查的同时也进行人口抽样调查，一些项目通过普查取得资料，另一些项目则通过抽样调查取得资料。这样既可以节省调查费用和时间，又丰富了调查内容。

2. 质量高、可信赖

统计数字与客观实际数量之间是有差别的，这种差别通常称为误差。统计误差有两种：一种是登记误差，也叫调查误差或工作误差，是指在调查登记、汇总计算过程中产生的误差，这种误差应该设法避免；二是代表性误差，也叫抽样误差，这是指用部分单位的统计数字为代表，去推算总体的数字时所产生的误差，这种误差一定会发生，是不可避免的。

全面调查只有登记误差而没有代表性误差，而抽样调查则两种误差都有。因此，人们往往认为抽样误差不如全面调查准确，这种看法忽略了两种误差的大小。全面调查的调查单位多，涉及面广，参加调查汇总的人员也多，水平参差不齐，因而发生登记误差的可能性就大。由于抽样调查是建立在科学的数理统计分析的基础之上的，因此，只要按照科学合理的程序进行抽样，就可以排除个人主观因素的影响，保证样本的代表性，将误差控制在一定的范围内，确保获取的信息资料有较高的可靠性和准确性。同时，由于抽样调查只调查部分单位，数目较少，参加调查的人员较精干，所以可以最大限度地减少登记误差，从而提高调查质量。因此，抽样调查的质量较高，可信度好。

3. 时间短、收效快

市场调查，对时间的要求是非常严格的。由于抽样调查的样本单位少，操作方便，故能十分迅速地得到调查结果，这对于现代企业营销迅速适应市场的变化是非常有益的。

二、随机抽样

随机抽样，又称概率抽样，是对总体中每一个个体都给予平等的抽样机会的抽样技术。在随机抽样的条件下，每个个体抽中或不抽中完全凭机遇，排除了人的主观因素的选择。

（1）随机抽样的优点。

1）因排除了人为的干扰，抽取的样本可以大致上代表总体。

2）能够计算调查结果的可靠程度。可通过概率失算抽样调养（又称代表性误差），并可以将误差控制在一定范围内。

（2）随机抽样的缺点。

1）对所有个体单位都给予平等看待，难以体现重点。

2）抽样范围比较广，所需时间长，参与调查的人员和费用多。

3）需要具有一定专业技术的人员进行抽样和资料分析，一般调查人员难以胜任。

随机抽样主要包括简单随机抽样、分层抽样、等距抽样、整群抽样、目录抽样和多阶段抽样等。下面简单介绍简单随机抽样。

（一）简单随机抽样的概念

简单随机抽样，又称纯随机抽样，是指从总体的全部单位中按随机原则直接抽取 n 个单位组成样本进行调查。它是最基本的市场抽样调查方式，也是理论上最符合随机原则的抽样方式。简单随机抽样只适用于总体单位数不多，总体单位标志变异度较小的情形。通常采用直接取样法、抽签法、随机数表法抽取样本。

1. 直接取样法

直接取样法是从市场总体中直接随机抽取样本进行调查。这种方法适合对集中于某个较小空间的总体进行抽样，如对存放在仓库里的同类产品，直接随机抽取预先规定的样本数目的产品作为样本，进行质量检查。

2. 抽签法

抽签法是将总体中的个体单位编上序号，并将全部号码写在规范的纸片上，把纸片掺和均匀后，再从中随机抽取预先规定的样本数目的号码，被抽中的号码对应所代表的个体单位就是样本单位。如某城镇有 10 000 户住户，现拟从中抽取 200 户进行居民购买力调查，就可以对这 10 000 住户编上号码，做好 10 000 张统一规范的纸片，并分别写上 00001 ~ 10000，充分掺和均匀后，从中随机抽取 200 张，被抽中的 200 张纸片号码对应的住户即为样本。

3. 随机数表法

随机数表法，又称乱数表法，是先把总体中各个个体单位编号，根据编号的最大数，即总体单位数的位数确定使用随机数表中若干行或若干列数字，然后从任意行或任意列的第一个数字起，遇到属于个体单位编号范围内的号码就定为样本单位，直到抽够预定的样本数目为止。随机数表是由 0 ~ 9 组成的数字表，这 10 个数字的排列完全是随机的。它是利用特制的摇号机器（或电子计算机），在 0 ~ 9 中，按照每组数字位数的要求自动随机逐个摇出（或电子计算机打出）一定数目。

（二）简单随机抽样标准误差

1. 样本平均数的抽样标准误差

重复抽样条件下的计算公式为：$\sigma_{\bar{x}} = \sqrt{\dfrac{\sigma^2}{n}}$

不重复抽样条件下的计算公式为：$\sigma_{\bar{x}} = \sqrt{\dfrac{\sigma^2}{n}\left(1 - \dfrac{n}{N}\right)}$

2. 样本比率的抽样标准误差

重复抽样条件下的计算公式为：$\sigma_{\bar{p}} = \sqrt{\dfrac{p(1-p)}{n}}$

不重复抽样条件下的计算公式为：$\sigma_{\bar{p}} = \sqrt{\dfrac{p(1-p)}{n}\left(1 - \dfrac{n}{N}\right)}$

【例】某商场从某天的顾客中，不重复随机抽取 100 个顾客调查购买商品情况，其中有 5 个顾客未购买商品（未购率 5%）；顾客购买商品的样本平均数为 498 元，样本标准差为 144 元，要求用 95% 的概率（$t = 1.96$）估计顾客平均购买额和未购率的置信区间。

解：此题不知总体方差，因样本为大样本，可用样本方差代替。

$$\sigma_{\bar{X}} = \sqrt{\frac{\sigma^2}{n}} = \sqrt{\frac{144^2}{100}} = 14.4$$

$$\sigma_{\bar{p}}=\sqrt{\frac{p\ (1-p)}{n}}=\sqrt{\frac{0.05\ (1-0.05)}{100}}=0.022$$

顾客平均购买额的置信区间为：

$$498\pm1.96\times14.4\quad 即\ [469.78,\ 526.22]\ 元$$

顾客未购率的置信区间为：

$$5\%\pm1.96\times2.2\%\quad 即\ [0.69\%,\ 9.31\%]\ 元$$

（三）简单随机抽样样本容量的确定

一般来说，样本容量确定应考虑总体方差、抽样估计精度要求（允许误差的约束）、把握程度（置信概率）的大小、抽样方式方法、抽样调查费用约束等因素。

在不考虑抽样调查费用约束的条件下，样本容量的计算公式为：

（1）总体均值估计所需的样本容量。

重复抽样条件下：$n=\dfrac{t^2\sigma^2}{\Delta^2}$

不重复抽样条件下：$n=\dfrac{t^2\sigma^2 N}{N\Delta^2+t^2\sigma^2}$

（2）总体比率估计所需的样本容量。

重复抽样条件下：$n=\dfrac{t^2p\ (1-p)}{\Delta^2}$

不重复抽样条件下：$n=\dfrac{Nt^2p\ (1-p)}{N\Delta^2+tp\ (1-p)}$

使用以上公式计算样本容量时，应注意以下三点：

（1）抽样比例 n/N 较大时（大于5%）时，应采用不重复抽样公式计算必要的样本容量，否则无论采用重复抽样还是不重复抽样时，均可用重复抽样公式计算样本容量 n，可简化计算，且误差很小。

（2）当总体方差 $\sigma2$ 或总体比率 p 未知时，可用样本方差（或样本比率），或历史的类似的总体方差（或总体比率）代替。计算总体比率所需的样本容量时，亦可直接用 $p\ (1-p)$ 的最大值0.25代替。

（3）在同一抽样调查中，总体均值与总体比率推断要兼顾时，用以上公式计算的样本容量一般不相等，为了保证推断结果的精确度，应采用其中较大的那个样本容量。

【例】某县某年城关镇共有居民家庭1.86万户，根据以往的资料，居民家庭人均可支配收入的标准差为0.8千元，95%的居民家庭拥有空调。现采用抽样调查了解今年和明年居民家庭空调以旧换新的需求情况，若置信概率为95%，要求总体居民家庭今年人均可支配收入估计的抽样极限误差不超过0.1千元，空调拥有率估计的抽样极限误差不超过3%，求合适的样本容量。

解：$n_1=\dfrac{t^2\sigma^2}{\Delta^2}=\dfrac{1.96^2\times0.8^2}{0.01}=246$（户）

$n_2=\dfrac{t^2p\ (1-p)}{\Delta^2}=\dfrac{1.96^2\times0.95\ (1-0.95)}{0.000\ 9}=203$（户）

由于 $n_1>n_2$，故合适的样本容量为246户。

三、非随机抽样

（一）非随机抽样的概念

非随机抽样，又称非概率抽样或主观抽样，是指不按随机原则，而由调查者根据调查目的和要求，主观地从总体中抽选样本的抽样方式。在非随机抽样的条件下，总体中的每个单位不具有被平等抽取的机会。

非随机抽样与随机抽样的根本区别在于样本的抽取过程是否遵循随机性原则，这个区别导致了两种抽样技术在认识上的差别。

（二）非随机抽样的优点

（1）可以充分利用已知资料，选择较为典型的样本，使样本更好地代表总体。

（2）可以缩小抽样范围，节省调查时间和调查费用。

（3）操作方便，易于实施，统计上也比随机抽样简单。

（三）非随机抽样的缺点

（1）无法判断其误差和检查结果的准确性。因为在用非随机抽样进行调查的总体中，每一个样本被抽取的概率不一样，概率值的大小不确定，无法借助概率计算推算值与实际值的差异。其可靠程度只能由调查人员主观评定，由于主观标准不当或主观判断失误，均会增大抽样误差，所以难以核实出现的差错。

（2）有目的的非随机抽样可能会导致系统的排除或过分强调调查对象的个性，评估随机抽样的总体质量有很大的难度。在进行实际调查时，只有调查人员根据不同的调查要求和目的，选择最合适的抽样技术，才能得到良好的效果。

非随机抽样主要包括任意非随机抽样、判断非随机抽样、配额非随机抽样和滚雪球非随机样等。

1. 任意非随机抽样

任意非随机抽样，是指调查人员以一定环境所遇到的人作为调查对象以抽选样本的方式，其调查样本的选择完全取决于调研者的方便程度。如在街头向遇到的过路行人访问调查，在柜台销售商品过程中和向购买者做面谈调查等。

任意非随机抽样的理论假定是认为总体中的每一个单位都是相同的，随意选取任一个样本都可以取得代表总体特征的结果。事实上并非所有总体中每一个单位都是一样的。总体中单位之间差异很少，基本上是同质的；而有的总体中单位之间则差异较大，属于异质事物。只有前者才适宜采用任意非随机抽样，而后者则不宜采用任意非随机抽样。一般来说，任意非随机抽样多用于市场初步调查或对市场情况不甚明确时，在正式市场调查中较少采用。

任意非随机抽样的优点是：简便易行，能及时获取信息，费用低。

任意非随机抽样的缺点是：对调查对象缺乏了解、样本偏差大、代表性差、调查结果不一定可靠。

2. 判断非随机抽样

判断非随机抽样，又称立意抽样，是调查人员根据调查的目的和自己的主观判断选择调查样本的一种非随机抽样方式。判断非随机抽样通常适用于总体中单位构成不同、样本数目不多的市场调查，如企业管理水平调查、市场商品消费结构调查、居民家庭收支调查等。

判断非随机抽样，主要包括两方面的内容：一是判断总体的规模与结构等；二是判断样本的代表性，即面对认识的总体你认为哪些个体对总体具有代表性，将其选出来作为样本进行调查。

判断非随机抽样的一般做法有两种：

（1）由专家判断决定样本单位。

（2）根据所掌握的统计资料，按照一定的标准来选定样本。一般选取“多数型”或“平均型”的单位组成样本。

实际应用中，判断非随机抽样有两种基本情形：

（1）强调样本对总体的代表性。当调查的目的在于了解总体的一般特征时，判断非随机抽样方式必须严格选择对总体有代表性的单位作为样本。

（2）注重对总体中某类问题的研究，而并不过多考虑对总体的代表性。在这种情况下，判断非随机抽样必须有目的地选择样本，即选择与研究问题的目的一致的单位作为样本。

依据判断非随机抽样来选取调查样本，便于市场调查人员工作，样本调查结果回收率较高，简便易行。但是判断非随机抽样抽取样本的代表性完全依赖于调查人员本身对市场总体情况的熟悉程度，以及工作经验和判断能力，有时也会因主观判断的偏差而导致抽样结果出现偏差。因此，要想发挥判断非随机抽样的积极作用，限制其消极影响，必须对总体的基本特征、颁布等了解清楚，尽可能利用已掌握的市场总体情况，不断积累工作经验，提高判断力，这样，使判断非随机抽样选取的样本具有一定的典型性、代表性。

3. 配额非随机抽样

配额非随机抽样，又称定额抽样，是指按市场调查对象总体单位的某种特征，将总体分为若干类，按一定比例在各类中分配样本单位数额，并按各类数额任意或主观抽取样本单位的非随机抽样方式。配额非随机抽样能保证样本单位在总体中均匀分布，调查结果比较可靠。

配额非随机抽样的理论假定是：特征相同的调查对象，如同一年龄段、同一收入水平的居民，市场需求和反应大致相似，差别不明显，因而不必要再按随机原则抽取样本。

配额非随机抽样的主要优点是：简便易行，节约费用，选择过程短，能够较快地取得调查结果，而且样本不致偏重于某一类。在实践中，配额非随机抽样被广泛采用，成为非随机抽样中最流行的一种方式。只要调查项目设计合理，分析方法正确，采用配额非随机抽样进行市场调查取得的调查结果是比较可靠的。

配额非随机抽样的主要不足是：同随机抽样相比，容易因判断上的主观性或依据的资料不足，而出现选择偏差的问题，而且也不能像随机抽样那样估计、控制抽样误差。

配额非随机抽样按分配样本数额时的做法不同，分为独立控制配额非随机抽样和相互控制配额非随机抽样两种：

（1）独立控制配额非随机抽样。独立控制配额非随机抽样，是分别独立地按分层特征分配样本单位数，在按多个特征对总体进行分层的情况下，这些交叉特征对样本单位的分配没有限制。这种方法具有较大的机动性。

（2）相互控制配额非随机抽样。这种方式明确规定了几种分类标准的样本配额的交叉关系，调查人员在选取调查单位时，必须考虑各类型之间的交叉关系，采用交叉控制表安排样本的分配数额。

4. 滚雪球非随机抽样

滚雪球非随机抽样，是以“滚雪球”的方式抽取样本，即调查人员通过少量可以由自己确定的样本单位进行调查，再通过这些样本单位各自去发展其他同类单位，如此进行下去，像滚雪球一样越滚越大，直到发展到所需要的样本单位数为止。

滚雪球非随机抽样的基本步骤是：

（1）找出少数样本单位；

（2）通过这些样本单位了解更多的样本单位；

（3）通过更多的样本单位去了解更多的样本单位；

（4）依此类推，如同滚雪球，使调查结果越来越接近总体。

滚雪球非随机抽样的优点是：便于有针对性地找到被调查者，而不至于“大海捞针”。

滚雪球非随机抽样的局限性是：要求样本之间必须有一定的联系，并且愿意保持和提供这种联系，否则，将会影响滚雪球非随机抽样的进行和效果。

四、样本容量与抽样误差

（一）样本量

样本量，是指样本的大小，即一个样本中包含的样本单位的数量。样本量的大小，取决于抽样调查的精度要求、总体各单位的标志变异程度、抽样估计的可信程度、抽样方式方法等因素。

（二）样本单位

样本单位，是构成样本的基本单位，与总体单位的形式是一致的，样本单位可以直接从总体中抽取，亦可从抽样单位中产生。

（三）抽样误差与抽样标准误差

1. 抽样误差

抽样误差，是指在遵守随机原则条件下，样本指标与总体指标之间的差异，它是一种偶然性的代表性误差，不包括系统性误差和非抽样误差。抽样误差的大小通常受样本容量、总体标准差、抽样方法、抽样方式四个因素的影响。

2. 抽样标准误差

抽样误差的大小常用抽样标准误差来反映，而抽样标准误差是指所有可能的样本均值（或样本比率）与总体均值（或总体比率）的标准差，抽样标准误差的平方称为抽样方差。

情境六　调查方案的可行性评价

学习要点

1. 可行性分析的方法
2. 可行性评价的主要方面

导读案例

赤峰地区农牧民蒙古族与汉族的通婚研究

1. 调查目的：通过对影响蒙汉通婚的各种因素的分析，探寻民族通婚的一般模式，建立一种理论模型来说明中国的民族通婚问题，这一研究对于认识目前的民族关系，制定民族政策有一定的现实意义，对于民族学、人口学和社会学的理论建设也有一定的参考价值。

理论构架：本研究的基本设想是，影响蒙汉通婚的主要因素有6类：（1）经济活动；（2）居住特点；（3）人口迁移；（4）语言文化；（5）历史因素；（6）政策因素。其中后两种因素独立发挥作用。通过对前4类因素的界定、分解和操作定义，筛选出10个影响民族通婚的变量：①某一民族在一个村的总户数的比重；②居民的平均文化水平；③户主的年龄；④户主的文化水平；⑤职业；⑥户口类型；⑦是否移民；⑧掌握另一民族语言的能力；⑨邻居中另一民族成员的数量；⑩与另一民族成员的交友情况。将这些自变量与因变量（民族通婚程度）联系起来，建立了一组研究假设和一个复杂的因果模型。

2. 研究类型：解释性研究、横剖研究、抽样调查。调查方式：以统计调查为主，结合实地研究。调查方法：以问卷法为主，结合访问法、观察法。

3. 调查范围：内蒙古赤峰地区。分析单位：家庭（户）。

4. 抽样方案：研究总体是赤峰地区的居民，根据地区特点选择4个有典型意义的旗（县），在这4个旗（县）中选择5个有代表性的乡，再在这5个乡中各选择2~3个村，共选出12个村，这12个村共3 200户，从中随机抽选（每4户中选派3户）2 439户，每户一人，共2 439人。

5. 调查内容：户主的年龄、文化水平、职业变动、婚姻史、配偶情况、生育史、语言能力、社会交往、邻居情况、个人收入、个人对居住地的满意程度等，他们是对自变量③~⑩的测量。以上是主要问卷，此外还设计两个辅助问卷，一个是了解家庭情况，另一个是了解迁移情况，在了解村、乡、旗的历史与现状时，要根据事先设计的调查提纲进行。

6. 调查时间：1985年6—8月。

调查时点：1985年6月1日。在6月1日以后迁入的户主不在调查范围内，6月以后结婚的不做统计。

调查场所：直接进入家庭访问，填写问卷。

调查时间计划：准备阶段：1985年2—5月，查阅文献，到赤峰地区的政府有关部门了解情况，到调查地区实地初步考察，对问卷初稿进行试调查，以修订问卷。调查阶段：1985年6—8月，每天访问40~50户，60天完成。除在12个村进行问卷调查外，还需要考察5个乡其他41个村的概况，研究阶段：1985年9—11月，资料整理，数据处理，输入计算机，汇总分析，打印统计表格，计算相关系数等。总结与应用阶段：1985年12月—1986年3月结合资料的统计分析和理论分析撰写调查研究报告。

7. 调查经费和物质手段（略）。

8. 调查员的培训、组织：课题组共5人，其中3人是调查员，由2名研究人员带队，示范并负责检查，核对工作。

【思考】

请对案例中的调查方案进行可行性分析。

一、可行性研究方法

（一）逻辑分析法

逻辑分析法是指从逻辑的层面对调查方案进行把关，考察其是否符合逻辑和情理的方法。

（二）经验判断法

经验判断法是指通过组织一些具有丰富市场调查经验的人士，对设计出来的市场调查方案进行初步研究和判断，以说明调查方案的合理性和可行性的方法。

（三）试点调查法

试点调查法是通过在小范围内选择部分单位进行试点调查，对调查方案进行实地检验，以说明调查方案的可行性的方法。

二、调查方案的模拟实施

调查方案的模拟实施只针对那些调查内容很重要，调查规模又很大的调查项目，所以并不是所有的调查项目都需要进行模拟调查。模拟调查的形式很多，如客户论证会和专家评审会等形式。

三、调查方案的总体评价

调查方案的总体评价可以从不同角度来衡量。但是一般情况下，对调查方案进行评价应包括四个方面的内容，即调查方案是否体现调查目的和要求；调查方案是否具有可操作性；调查方案是否科学和完整；调查方案是否质量高、效果好。

四、可行性研究的主要方面

（1）方案设计是否体现调查目的和要求？
（2）方案设计是否科学、完整和可操作？
（3）方案设计能否使调查质量有所提高？
（4）调查实效检验，即通过实践检验调查方案的科学性。

分组讨论

（1）市场调查方案有哪些类型？
（2）市场调查方案的主要内容包括哪几个方面？
（3）如何正确开展市场调查方案的可行性研究？
（4）市场调查的主要方法有哪些？
（5）如何设计一份市场调查问卷？

（6）市场调查的主要方法有哪些？

学习反馈

对本学习任务开头的实际案例分析，可得出：

市场调查研究是经营决策的前提，只有充分认识市场，了解市场需求，对市场做出科学的分析判断，决策才具有针对性，才能拓展市场，使企业兴旺发达。

实务操作

（1）讲背景、选课题。

选一个调查题目，进行背景分析，并说明此课题所得的市场信息对企业决策的作用。

（2）搞策划、编方案。

对上述所选课题进行策划，并撰写调查方案。

学习任务三

调查资料的整理与分析

学习目标

1. 掌握市场调查资料整理的概念及其运用
2. 掌握市场调查资料分析的运用
3. 掌握市场调查报告的撰写

技能目标

1. 根据不同的市场调查对象及其影响因素写出市场调查报告
2. 利用现代化的方法和手段，进行市场调查资料的整理和分析

实际案例

1999 年，当时任北华饮业调研总监的刘强组织了 5 场双盲口味测试，他想知道，公司试图推出的新口味饮料能不能被消费者认同。在一间宽大的单边镜访谈室里，桌子上摆满了没有标签的杯子，有几个被访问者逐一品尝着不知名的饮料，并且把口感描述出来写在面前的卡片上。

此前调查显示：超过 60% 的被访问者认为不能接受“凉茶”，他们认为中国人忌讳喝隔夜茶，冰茶更是不能被接受。刘强领导的调查小组认为，只有进行了实际的口味测试才能判别这种新产品的可行性。

等拿到调查的结论，刘强的信心被彻底动摇了，被测试的消费者表现出对冰茶的抵抗，一致否定了装有冰茶的测试标本。新产品在调研中被否定。直到 2000 年、2001 年，以旭日升为代表的冰茶在中国全面旺销，北华饮业再想迎头赶上为时已晚，一个明星产品就这样穿过详尽的市场调查与刘强擦肩而过。说起当年的教训，刘强还满是惋惜：“我们举行口味测试的时候是在冬天，被访问者从寒冷的室外来到现场，没等取暖就进入测试，寒冷的状态、匆忙的进程都影响了访问者对味觉的反应。测试者对口感温和浓烈的

口味表现出了更多的认同，而对清凉淡爽的冰茶则表示排斥。测试状态与实际消费状态的偏差让结果走向了反面。”

【思考】

1. 该项市场调查的数据是否可信？为什么？

2. 结合对凉茶市场历史与现状的调查，分析该项市场调查中的问题，并结合这些问题提出新的建议。

情境一　调查资料的整理

学习要点

1. 市场调查资料整理的原则
2. 市场调查资料的分组
3. 调查资料的次数分布
4. 市场调查资料的汇总

导读案例

普瑞辛格调研公司给《中国财富》出示了两组数据，来说明调研的严谨性。同样的调研问卷，完全相同结构的抽样，两组数据结论却差异巨大。邵志刚介绍说，国内一家知名的电视机生产企业，2004 年年初设立了 20 多人的市场研究部门，却因为下面的这次调查，部门被注销、人员被全部裁减。

其中一组的结论是：有 15% 的消费者选择本企业的电视机；另一组得出的结论却是：36% 的消费者表示本企业的产品将成为其购买的首选。巨大的差异让公司高层非常恼火，为什么完全相同的调研抽样，会有如此矛盾的结果呢？公司决定聘请专业的调研公司来进行调研诊断，找出问题的真相。

普瑞辛格的执行小组受聘和参与调查执行的访问员进行交流，并很快提交了简短的诊断结论：第二组在进行调查执行过程中存在误导行为。调研期间，第二组的成员佩戴了公司统一发放的领带，而在领带上有本公司的标志，其尺寸足以让被访问者猜测出调研的主办方；另外，第二组在调查过程中，把选项的记录板（无提示问题）向被访问者出示，而本企业的名字处在候选题板的第一位。以上两个细节，向被访问者泄露了调研的主办方信息，影响了消费者的客观选择。

这家企业的老总训斥调研部门的主管：“如果按照你的数据，我要增加一倍的生产计划，最后的损失恐怕不止千万。”

【思考】

本案例对你有何启示？

一、市场调查资料整理的意义和原则

（一）市场调查资料整理的意义

市场调查资料的整理是根据研究目的，运用科学的方法，对调查资料进行审核、分类或分组、汇总，使之系统化和条理化，并以集中、简明的方式反映调查对象总体情况的工作过程。

资料整理工作对资料的质量有很大影响，从而关系到分析工作的质量以及分析结论的可靠性，因而它是市场调查研究的一个重要步骤，具有以下重要意义。

1. 它是提高调查资料质量和使用价值的必要步骤

运用各种方法从各个渠道调查得到的资料往往是分散、凌乱的，它会大大降低调查资料的质量和使用价值。除了在调查阶段组织调查人员就地自检、互检和抽查之外，还必须在研究开始时进行资料全面的检查和整理，以区分资料的真假和粗劣，消除资料中的假、错、缺等现象，以保证资料的真实、准确和完整。

2. 它是研究资料的重要基础

研究阶段的任务在于获得正确的结论，而正确的结论来源于科学的统计分析和思维加工，科学的统计分析和思维加工又依赖于调查资料的真实、准确、完整和统一。因此，在开展研究工作之前，一定要认真鉴别、整理调查资料，坚决修正或淘汰一切不合格的资料。

3. 它是保存资料的客观要求

每一次市场调查都应认真整理调查来的原始资料，以便今后的长期保存和研究。实践证明，一份真实完整的原始调查资料，往往具有长久的研究价值，并且随着时间的推移，其价值将会越来越大。

总之，如果说调查是认识的感性阶段，分析是认识的理性阶段，那么，整理就是从调查阶段过渡到分析阶段，由感性认识上升到理性认识的一个必经环节。

（二）市场调查资料整理的原则

市场调查资料整理要遵循以下原则：

1. 条理化原则

资料的整理，首先要对资料进行分类归纳，使大量繁杂的资料条理化，从而为进一步的分析创造条件。所以，分类与分组不仅便于资料的存取、利用，而且可以加深对客观规律的认识。

2. 系统化原则

资料的整理还要从整体上考察现有资料满足研究目的的程度如何，有没有必要吸收补充其他资料，系统化原则是从整体综合的角度来考虑资料整理问题的，而条理化原则则是从对事物分类归纳着手考虑的。

3. 真实性原则

整理所得的调查资料，必须是确实发生的客观事实，而不是弄虚作假、主观杜撰的情况。整理出来的资料如果不真实，比没有调查资料更危险。因此，真实性是调查资料整理的最根本要求。

4. 统一性原则

整理出来的资料，对于各个调查指标要有统一解释；对调查指标的各项数值，其计算方法、计量单位也要统一。

二、市场调查资料的分组

（一）市场调查资料分组的概念

市场调查资料分组，又称统计分组，是指根据市场调查的目的和要求，按照一定标志，将所研究的市场现象区分为若干个不同的类型或部分的一种整理资料的方法。

（二）市场调查资料分组的作用

1. 可以找出总体内部各个部分之间的差异

如产业结构划分为第一产业、第二产业、第三产业（甚至第四产业）。不同产业包括的部门是各不相同的。

【思考】

三大产业是如何划分的？

2. 可以深入了解现象总体的内部结构（见表3－1）

我国三大产业分类的从业人员构成情况如表3－1所示。

表3－1　我国三大产业分类的从业人员构成情况　%

产业＼年份	2004	2005	2006	2007	2008
第一	46.9	44.8	42.6	40.8	39.6
第二	22.5	23.8	25.2	26.8	27.2
第三	30.6	31.4	32.2	32.4	33.2
合计	100.0	100.0	100.0	100.0	100.0

【思考】

表3－1说明了什么结构特点？

3. 可以显示社会现象之间的依存关系

表3－2说明了粮食单位面积产量和施肥量的关系。

表3－2　某地区粮食单位面积产量和施肥量的关系

每公顷施用量/千克	粮食单位面积产量/千克
116.25	2 827.5
133.50	3 124.5
145.50	3 396.0
153.75	3 608.3
163.50	3 484.0

（三）市场调查资料分组标志的选择

市场调查资料分组标志，是将市场总体划分为几个性质不同部分的标准或依据。分组标志选择得正确与否，是市场调查资料分组能否充分发挥其作用的前提。因为分组标志一经确定，必然会突出总体各部位在该标志下的差异，也就掩盖了总体各单位在其他标志下的不同，所以，同一市场现象由于选择的分组标志不同，对其认识可能会得出不同甚至相反的结论。为此，市场调查资料分组标志的选择必须遵守以下原则：

（1）根据市场调查的目的和任务选择分组标志。

（2）选择能够反映被研究市场现象本质的标志。

（3）应从多角度选择分组标志，并不是唯一性的。

（四）市场调查资料分组类型

（1）根据分组标志的数量分为简单分组和复合分组两类。

简单分组，是指对市场总体各单位或样本各单位只按一个标志或标准进行分组处理。

复合分组，是对市场总体各单位或样本各单位同时采用两个或两个以上的标志或标准结合起来进行分组处理。

（2）根据所使用分组标志的性质分为：品质标志分组和数量标志分组。

品质标志分组，是指选择反映市场现象属性差异的品质标志，根据其变异范围区分各组的界限，将市场总体各单位或样本各单位划分为若干个性质不同的组成部分。

数量标志分组，是指选择反映市场现象数量差异的数量标志，根据其变异范围区分各组的界限，将市场总体各单位或样本各单位划分为若干个性质不同的组成部分。

三、次数分布

（一）次数分布的含义

次数分布，又称分配数列或分布数列，是将市场总体中或样本中的所有单位按某个标志分组后，所形成的总体单位数或样本单位数在各组之间的分布。分布在各组的单位数叫次数或频数；各组次数与总次数之比叫作比重、比率或频率。

（二）次数分布的种类

1. 品质数列

品质数列，是按品质标志分组而形成的次数分布。如表 3 – 3 所示。

表 3 – 3　某工厂某产品按等级分组表

产品等级	产量/件	比重/%
特级产品	4 000	56
一级品	1 300	18
二级品	1 400	19
三级品	500	7
合计	7 200	100

2. 变量数列

变量数列，是按数量级标志分组而形成的次数分布。变量数列可分为单项式变量数列和组距式变量数列两种。

(1) 单项式变量数列。

单项式变量数列，是指变量数列中每一个组的变量值都只有一个，即一个变量值就代表一个组，如表 3 - 4 所示。

表 3 - 4　某工厂按工人日产量分组表

按日产量分组/件	工人人数/人	比重/%
25	10	6
26	20	10
27	30	17
28	50	28
29	40	22
30	30	17
合计	180	100

(2) 组距式变量数列。组距式变量数列，是指按一定的变化范围或距离进行分组而形成的变量数列，如表 3 - 5 所示。

表 3 - 5　某公司下属企业按计划完成程度分组表

按计划完成程度分组/%	企业数/个	比重/%
100 以下	6	21
100 ~ 110	16	57
110 以上	6	21
合计	28	100

【思考】

(1) 说明单项式变量数列和组距式变量数列的不同。

(2) 分别说明单项式变量数列和组距式变量数列的应用方向。

(3) 用数量标志分组并编制变量数列。

四、市场调查资料的汇总

(一) 市场调查资料汇总的概念

市场调查资料汇总，指根据市场调查研究的目的和任务，将调查资料中的各种分散的数据会聚起来，以集中形式反映调查单位的总体状况及内部数量结构的一项工作。

(二) 市场调查资料汇总的方法

市场调查资料汇总的方法有计算机汇总和手工汇总两种。

1. 计算机汇总

计算机汇总通常要经过以下五个步骤：

（1）选用或开发合适的数据处理软件。

（2）编码。

事前编码（预编码）：问卷设计各题代码。

事后编码：①开放式问题的答案整理编码。②交叉分组处理编码。③平行分组处理编码。

（3）数据录入。一般是由数据录入员根据编码的规则（编码明细单）将数据从调查问卷上直接录入计算机数据录入软件系统中，系统会自动进行记录和存储。

（4）逻辑检查。运用事先设计的计算机逻辑错误检查程序进行检查，以防止录入的逻辑错误的产生。

（5）汇总制表。利用设定的计算机汇总与制表程序，自动生成各种分组表。

2. 手工汇总

手工汇总的常用方法有：

（1）问卷分类法。问卷分类法，将全部问卷按照问项设计的顺序和分组处理的要求，依次对问项答案进行问卷分类，分别清点有关问卷的份数，就可得到各个问题答案的选答次数。

（2）折叠法。折叠法，将全部调查问卷中的同一问项及答案折叠起来，并一张一张地叠在一起，用别针或回形针别好，然后计点各个答案选择的次数，填入事先设计的分组表内。

（3）划记法。划记法，事先设计好空白的分组统计表，然后对所有问卷中的相同问项的不同答案一份一份地进行查看，并用划记法划记（常用“正”），全部问卷查看与划记完毕，即可统计出相同问项下的不同答案的次数，最后录入正式的分组统计表上。

（4）卡片法。卡片法，利用摘录卡作为记录工具，对开放式问题的回答或深层访谈的回答进行过录或记录，然后依据这些卡片进行“意见归纳处理”。

案例 3－1

假定史密斯是一位访问员，他进行了50份问卷调查，其中的10份调查问卷通过与被访者电话联系，对被访者一个有关态度的问题和两个有关人口统计特征的问题进行了确认。有一份问卷，被访者称其属于30～40岁这个年龄段，但在调查问卷上标明的却是20～30岁这个年龄段。在第二份问卷上，当被访者问及“市政府面临的最重要问题是什么”时，访问员写的答案是：“市政府急于提高税率。”但当对这份调查问卷确认后，被访者说：“该城市的税率过高。”

【思考】

1. 作为一名审核员，你认为该访问员是否诚实？

2. 是否可以认为这50份问卷均有效、均可以被接受？如果答案是否定的，你将如何做？

五、市场调查资料的陈示

（一）统计表

1. 统计表的含义

统计表，是以纵横交叉的线条所绘制的表格来陈示数据的一种形式。用统计表陈示数据资料有两大优点：一是能有条理地、系统地排列数据，使人们阅读时一目了然，印象深刻，二是能合理地、科学地组织数据，便于人们阅读时对照比较。

2. 统计表的构成

统计表从形式上看，是由总标题、横行标题、纵栏标题、指标数值四个部分构成，如表3－6所示。

总标题：统计表的名称，概括统计表的内容，写在表的上端中部。

横行标题：横行的名称，即各组的名称，写在表的左方。

纵栏标题：纵栏的名称，即指标或变量的名称，写在表的上方。

指标数值：列在横行标题和纵栏标题交叉对应处。

表3－6　婚姻、性别与时装购买选择统计表

时装购买选择	男性			女性		
	小计/人	已婚/人	未婚/人	小计/人	已婚/人	未婚/人
高档时装	171	125	46	169	75	94
中档时装	219	164	55	203	135	68
低档时装	130	101	29	108	90	18
被调查者人数	520	390	130	480	300	180

统计表从内容上看，由主词或宾词两大部分构成。

主词：统计表所要说明的总体的各个构成部分或组别的名称，列在横行标题的位置。

宾词：统计表所要说明的统计指标或变量的名称和数值，宾词中的指标名称列在纵栏标题的位置。

有时为了编排的合理和使用的方便，主词和宾词的位置可以互换。

（二）统计图

1. 统计图的含义

统计图，是以圆点的多少、直线长短、曲线起伏、条形长短、柱状高低、圆饼面积、体积大小、实物形象大小或多少、地图分布等图形来陈示调研数据。用统计图陈示调研数据具有“一图抵千字”的表达效果，因为图形能给人以深刻而明确的印象，能揭示现象发展变化的结构、趋势、相互关系和变化规律，便于表达、宣传、讲演、广告和辅助统计分析。但统计图能包含的统计项目较少，且只能显示出调查数据的概数，故统计图常配合统计表、市场调研报告使用。

2. 统计图的种类

（1）直线图。直线图，是以直线的长短来表示品质属性数列中各组频数或频率大小的图形。直线图常以横轴代表品质属性的不同组别，纵轴代表各组的频数或频率。居民空调拥有量品牌分布如图 3－1 所示。

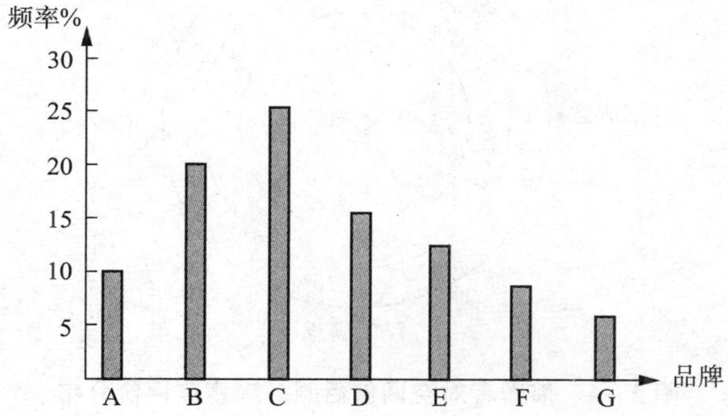

图 3－1　居民空调拥有量品牌分布

（2）条形图。条形图，是以若干等宽平行长条或圆柱的长短来表示品质属性数列中各组频数或频率大小的图形。条形图通常以横轴代表不同的组别，纵轴代表各组的频数或频率，有时亦可用纵轴代表各组，横轴代表频数或频率。消费者对变频空调的看法如图 3－2 所示。

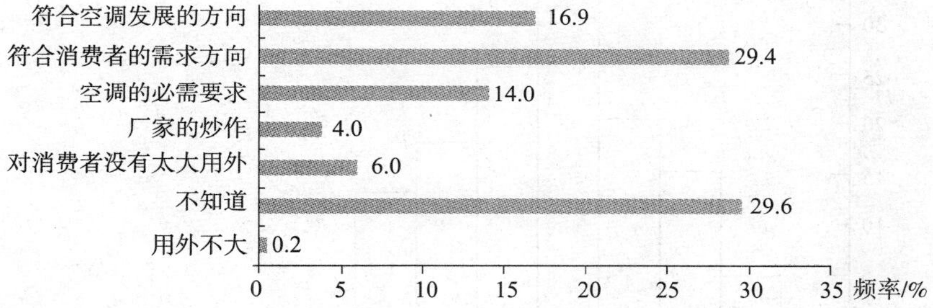

图 3－2　消费者对变频空调的看法

（3）圆面图。圆面图，是以圆形的面积代表总体指标数值，圆形的各扇形面积代表各组指标数值，或将圆形面积分为若干角度不同的扇形，分别代表各组的频率。实际应用时亦可将圆面改为圆饼或圆台，变成圆形立体图。图 3－3 所示为消费者购买空调时最关注的内容。

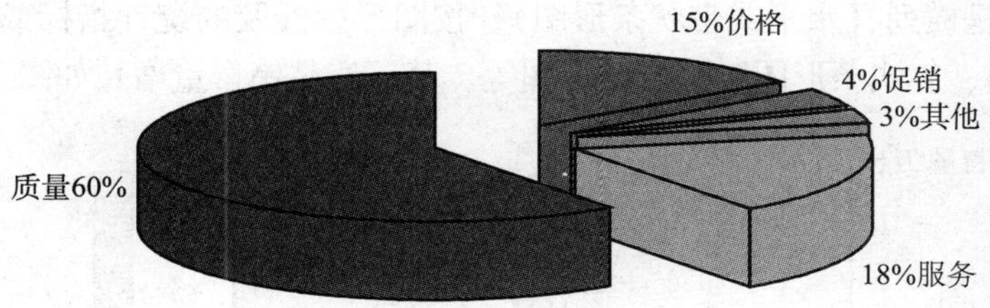

图 3－3　消费者购买空调时最关注的内容

（4）环形图。环形图，是将总体或样本中的每一部分数据用环形中的一段表示。环形图亦可同时绘制多个总体或样本的数据系列。每一个总体或样本的数据系列为一个环。消费者对空调售后服务满意度评价分布如图 3-4 所示。

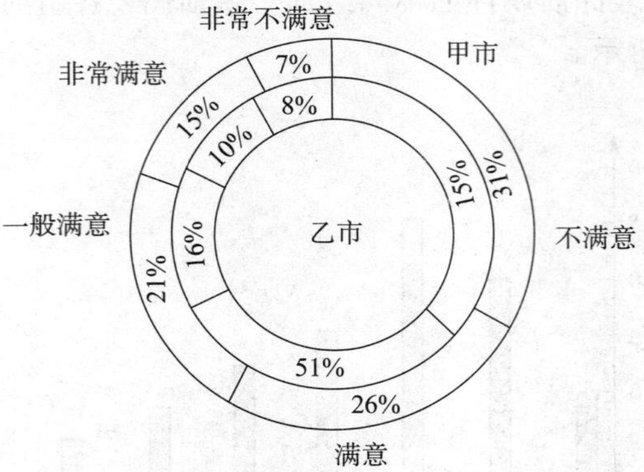

图 3-4　消费者对空调售后服务满意度评价分布

（5）直方图。直方图，是以若干等宽的直方长条的长短来表示各组的频数或频率的大小。常用于表现组距数列的次数分布或频率分布。离散型变量组距的直方图中的长条应间断，连续变量组距数列的直方图中的长条应连接起来。某市居民家庭人均可支配收入分布如图 3-5。

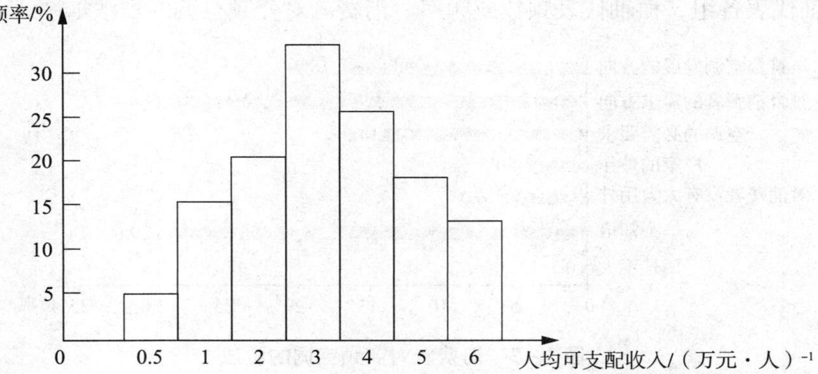

图 3-5　某市居民家庭年人均可支配收入分布

（6）动态条形图。动态条形图，是以宽度相等的条形的长短或高低来比较不同时期的统计数据的大小的图形，用以显示现象发展变化的过程和趋势。动态条形排列可以是纵列（垂直条形图），也可以是横列（水平或带状条形图），按图形中涉及的统计指标或变量的多少不同，可分为单式条形图、复式条形图、分段条形图等。某厂产品销售量增长如图 3-6 所示。

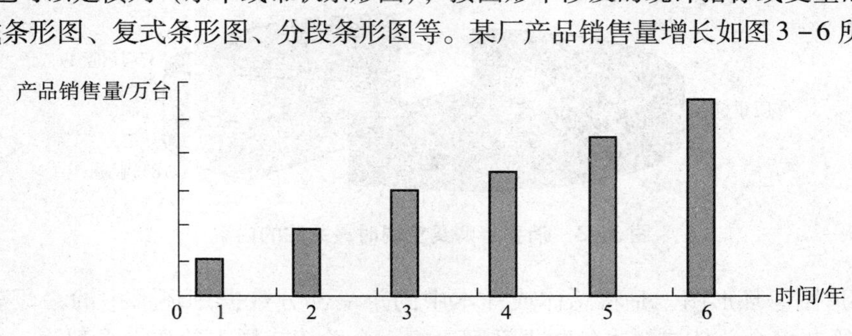

图 3-6　某厂产品销售量增长图

（7）动态曲线图。动态曲线图，又称时间数列曲线图或历史曲线图，是以曲线的升降、起伏来表示数据的动态变化。按涉及指标的多少，动态曲线图有单式曲线图和复式曲线图之分。某厂产品销售量与重点客户购买量增长图、某厂产品生产量与销售量动态变化如图3－7、图3－8所示。

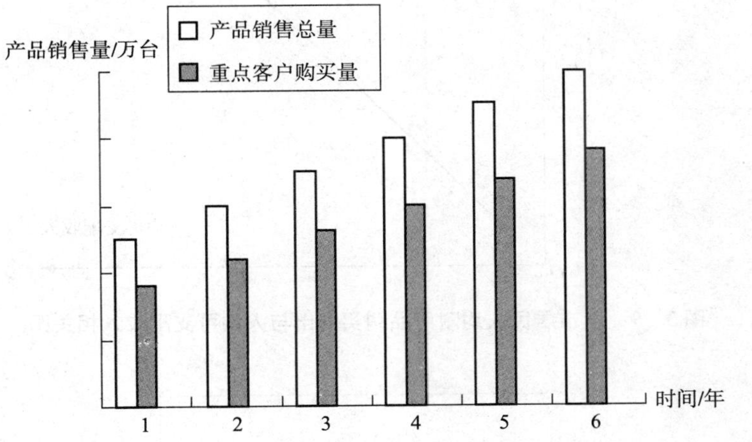

图3－7　某厂产品销售量与重点客户购买量增长图

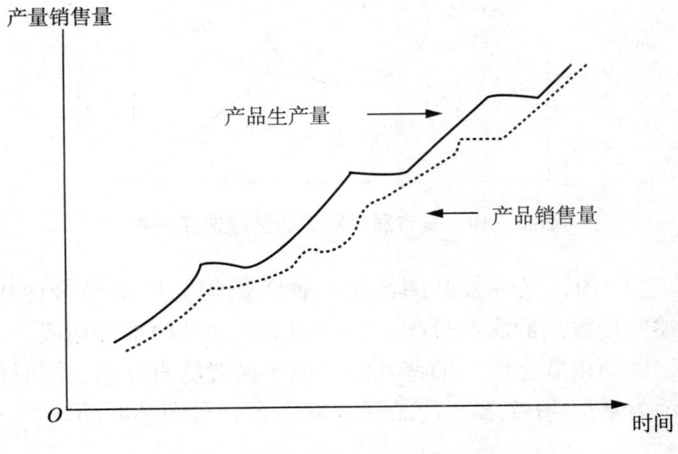

图3－8　某厂产品生产量与销售量动态变化

（8）相关散点图。相关散点图，主要用于显示因变量（y）与自变量（x）之间是否具有相关关系，以及相关关系的形式是直线相关还是曲线相关，是正相关还是负相关。通常以横轴代表自变量（x），纵轴代表因变量（y），如图3－9所示。

（9）统计地图。统计地图，是以地图为底本，利用点、线条、面积、数据、象形、标志等来表现各区域某种统计指标数据的大小及其在地理上的分布情形，又称空间数列图。根据所利用的图形不同，统计地图可分为数据地图、点地图、面地图、象形地图、线路地图、标志地图等。图3－10是某市居民购房的区域选择分布图。

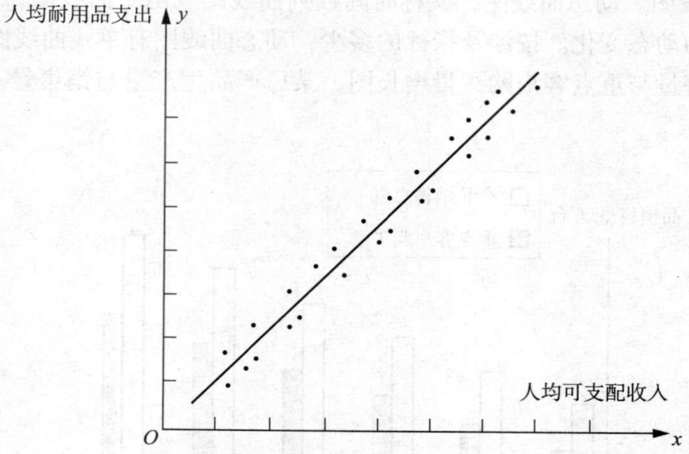

图 3－9　某市居民人均耐用品购买支出与人均可支配收入相关图

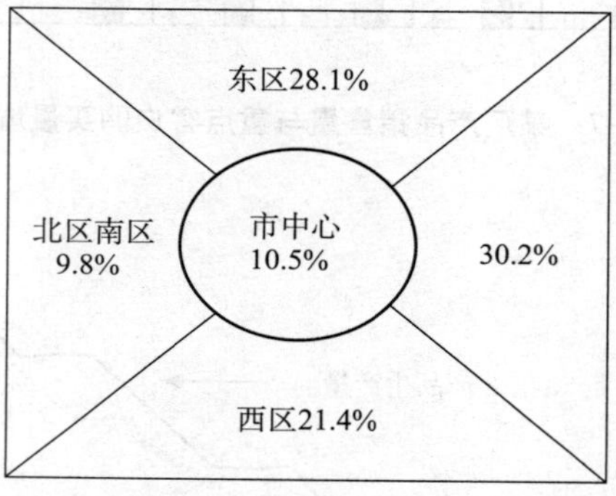

图 3－10　某市居民购房的区域选择分布

（10）茎叶图。茎叶图，又称枝叶图，是一种将数据与图形结合使用的表现数据的方式，特别适合于描述变量数列的次数分配。茎叶图由茎和叶两部分构成，茎一般为十位或百位数，叶为个位数，因而由数字组成的茎叶图类似于横置的直方图，同时保留了原始数据的信息。图 3－11 所示为某厂 40 个客户产品订购量（台）分布茎叶图。

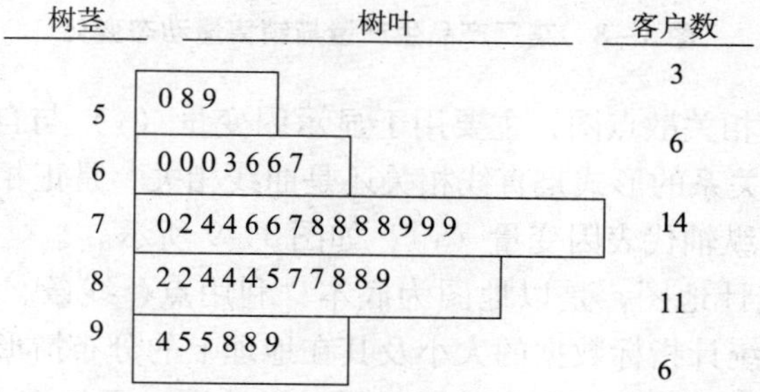

图 3－11　某厂 40 个客户产品订购量（台）分布茎叶图

（11）帕累托图。帕累托图，主要用来描述财富分配、库存物资、客户分布、产品销售等分布不均匀的现象。一般是将所研究的现象分为 A、B、C 三类，A 类的单位数占 10% ~ 20%，而指标值占 70% ~80%；B 类的单位数占 20% ~25%，而指标值占 15% ~20%，C 类单位数占 60% ~65%，而指标值占 5% ~10%，然后依据累计频率制图。图 3 – 12 所示为某厂产品销售客户 A、B、C 分类。

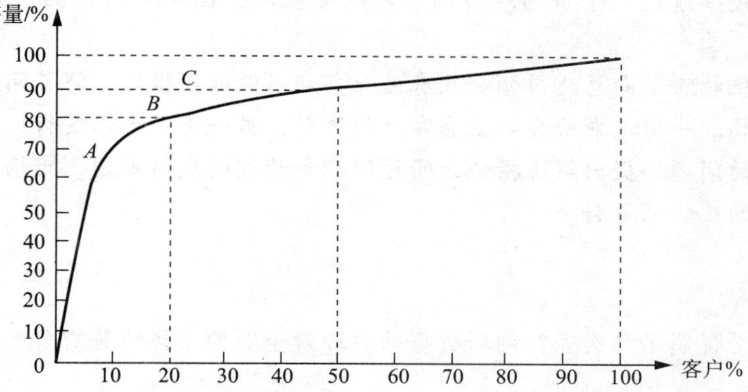

图 3 – 12　某厂产品销售客户 A、B、C 分类

情境二　调查资料的分析

学习要点

1. 掌握市场调查资料分析的意义
2. 了解市场调查资料的静态分析、动态分析
3. 了解市场调查报告的意义、格式
4. 了解市场调查的撰写步骤、注意事项

导读案例

1993 年，22 岁的王卫在广东顺德创立顺丰速运。当时，这家公司中人数不多，算上王卫也只有 6 个人。而到了 2010 年，这家公司的销售额已经达到 120 亿人民币，拥有 8 万名员工，年平均增长率 50%，利润率 30%。18 年前，当王卫背着装满合同、信函、样品和报关资料的大包往返于顺德到香港的陆路通道的时候，他肯定想不到，未来顺丰会成为不折不扣的行业冠军。顺丰在全国拥有 38 家直属分公司、3 个分拨中心、近 100 个中转场、2 500 多个基层营业网点，覆盖除了西藏、青海之外的 31 个省、近 250 个大中城市以及 1 300 多个县级市或城镇。此外，顺丰在中国香港、中国澳门、中国台湾以及韩国、新加坡都设立网点，或者开通收派业务。

一年 365 天，一天 24 小时，从黑龙江到深圳，从上海到新疆，连接这些网点的是收派员的电动车、经过改装的金杯汽车和波音 757 飞机。除了 8 万员工，顺丰旗下资产还包括 1 200余条各类陆运干线和 6 000 多辆自营车辆。此外，顺丰还是国内第一家（也是目前唯一一家）使用全货运专机的民营速递企业。2008 年，顺丰合资成立了顺丰航空公司，拥有

15架专机（包括2架自有货机），日执行30个航段，全网设有45个航空组，签约多家航空公司400余条航线，每日800个以上的常用航班。这个规模还将以每年平均新增2－3架自有货机的速度逐步扩充。顺丰的市场研究机构以研究快递业的发展现状、结构特点及发展趋势为重点，注重调查、整理、分析、预测与本公司有关的市场动向。顺丰能取得今天的成功，关键就是较早地设立了市场环境的市场研究机构，围绕市场产品，开发有特色的物流服务。

市场研究机构除了向总公司领导及有关业务部门做专题报道、解答问题外，每季度还整理出版两份刊物。一份是发给公司主要客户的资料；另一份是内部发行，根据公司内部经营全貌分析存在的问题，提出解决措施，研究短期和长期的战略规划、市场需求量以及同竞争对手之间关系的比较性资料。

【思考】

顺丰的成功说明了什么呢？调研数据的整理对企业的市场决策有什么作用呢？

一、市场调查资料分析的意义

市场调查资料分析，是指根据市场调查的目的，运用多种分析方法对市场调查收集整理的各种资料进行对比研究，通过综合、提炼、归纳、概括得出调查结论，进行对策研究的过程。

市场调查资料是反映市场客观事实的，然而这些资料并不能直接显现一定的规律性，需要对其进行分析、总结，寻找客观事物发展的规律性。因此在调查收集资料的基础上，既要对资料进行静态分析，还要对资料进行动态分析，只有这样，才能达到调查研究的目的。

二、市场调查资料的静态分析

（一）定性分析方法

1. 定性分析的概念

定性分析是与定量分析相对而言的，它是对不能量化的现象进行系统化理性认识的分析，其方法依据是科学的哲学观点、逻辑判断及推理，其结论是对事物的本质、趋势及规律的性质方面的认识。

定性分析有如下特点：分析的对象是调查资料，分析的直接目的是要证实或证伪研究假设，对市场现象得出理论认识，分析强调纵式关系。

2. 定性分析的原则

进行定性分析通常要遵循以下原则：

（1）坚持用正确的理论进行指导。

（2）分析只能以调查资料为基础，并且分析出的结果必须用调查资料来验证。

（3）要从调查资料的全部事实出发，不能简单地从个别事实出发。

3. 定性分析的方法

（1）辩证思维法。运用唯物辩证法来认识问题、分析问题和阐述问题。

（2）逻辑思维法。利用逻辑推理的方法对事物的本质属性进行判断、推理和论证。

（3）创新思维法。利用独立性思维、求异性思维、交叉性思维、联动性思维和多向性思维等创新思维的方式对市场调研问题进行分析和思考。

（4）经济理论分析法。利用经济学中所阐明的各种经济范畴、经济理论和经济规律，对市场调研的问题进行判断和推理。

（5）结构分析法。利用分组资料，通过分析各组成分的性质和结构，来判断和认识市场调研的本质属性和特征。

（6）比较判断法。把两个同类现象或有关联的现象进行比较，从而确定它们之间的相同点和不同点，或者确定它们之间的关联性，进而判别事物的本质属性。

（二）定量分析方法

1. 定量分析的概念

定量分析是指从事物的数量特征方面入手，运用一定的数据处理技术进行数量分析，从而挖掘出数量中所包含的事物本身的特性及规律性的分析方法。即从数据对比中得出分析结论和启示。

2. 定量分析的方法

（1）描述性统计分析。描述性统计分析指对被调查总体所有单位的有关数据作搜集、整理和计算综合指标等加工处理，用来描述总体特征的统计分析方法。

市场调查分析中最常用的描述性统计分析，主要包括对调查数据的分组分析、集中趋势分析、离散程度分析、相对程度分析、指数分析。

（2）解析性统计分析方法。解析性统计分析方法主要有：假设检验、方差分析、相关分析。

（3）不确定性分析方法——模糊分析。

（三）相对程度分析

相对程度分析，是统计分析的重要方法，是反映现象之间数量关系的重要手段。它通过对比的方法反映现象之间的联系程度，表明现象的发展过程，还可以使那些利用总量指标不能直接对比的现象找到可比的基础，因而在市场调查分析中经常使用。

市场调查分析中常用的相对指标，主要有结构相对指标、比较相对指标、比例相对指标和强度相对指标等几种。

结构相对指标，是总体各组部分与总体数值对比求得的比重或比率，用来表明总体内部的构成情况。它从静态上反映总体内部构成，揭示事物的本质特征，其动态变化可以反映事物的结构发展变化趋势和规律性。

比较相对指标，是指不同总体同类现象指标数值之比。它表明同类现象在不同空间的数量对比关系，可以说明同类现象在不同地区、单位之间发展的差异程度，通常用倍数（系数）或百分数表示。

比例相对指标，社会经济现象总体内各组成部分之间存在着一定的联系，具有一定的比例关系。为了掌握各部分之间数量的联系程度，需要把不同部分进行对比。比例相对指标就是同一总体内不同部分的指标数值对比得到的相对数，它表明总体内各部分的比例关系，如会计调查中的收支比例，国民经济结构中的农、轻、重比例等，通常用百分数表示，也可以用一比几或几比几的形式表示。

强度相对指标，在市场调查中，有时要研究不同事物间的联系，如流通费与商品销售额、产值与固定资产等，这就需要通过计算强度相对指标来分析。强度相对指标是两个性质不同而有联系的总量指标对比得到的相对数，它反映现象的强度、密度程度。

（四）集中趋势分析

集中趋势分析是指对市场调查数据分布的数量规律性中的集中特征进行分析。它是对被调查总体的特征进行准确描述的重要前提。市场调查数据集中趋势分析的对象，包括数据的均值（各类平均数）、众数和中位数。

1. 均值

均值是数据偶然性和随机性的一个特征值，反映了一些数据的必然性。均值一般包括算术平均数、调和平均数和几何平均数三种，其中算术平均数是最简单、最基本的形式，它又视资料分组与否而分为简单算术平均和加权算术平均。利用均值，可以将处在不同地区、不同单位的某现象进行空间对比分析，以反映一般水平的变化趋势或规律；可以分析现象间的依存关系等，从而拓宽分析的范围。

2. 众数

众数是总体中出现次数最多单位的标志值，也是测定数据集中趋势的一种方法，克服了平均数指标会受数据中极端值影响的缺陷。从分析的角度看，众数反映了数据中最大多数数据的代表值，可以使我们在实际工作中抓住事物的主要矛盾，有针对性地解决问题，但若出现了双众数现象，则可能说明调查总体不具有同质性，资料可能来源于两个不同的总体。这类结果既可以用来检查方案设计中的总体一致性问题，也可以用来帮助验证数据的可靠性。

3. 中位数

中位数的确定可以以未分组资料为基础，也可由分组资料得到。它同样不受资料中少数极端值大小的影响。在某些情况下，用中位数反映现象的一般水平比算术平均数更具有代表性，尤其对于两极分化严重的数据来说。

均值、众数和中位数都是反映总体一般水平的平均指标，彼此之间存在着一定的关系。

（五）离中趋势分析

对一组数据规律性的研究，集中趋势是数据重要数量特征的一个方面，离散程度则是数据数量特征的另一方面。集中趋势反映的是数据的一般水平，我们用均值等来代表全部数据。但若要较全面掌握这组数据的数量规律，还需要计算反映数据差异程度的数值，如极差、平均差、方差和标准差、离散系数等。

1. 极差

极差（也称全距）是数据中的两个极端值。一般来说，极差越大，平均值的代表性越小。所以，极差可以一般性地检验平均值的代表性大小。

2. 平均差

平均差是总体各单位标志值与其算术平均数离差绝对值的算术平均数。平均差与平均数代表性的关系，与极差与平均数的代表性关系基本一致。不同的是，平均差的计算由于涉及了总体中的全部数据，因而能更综合地反映总体数据的离散程度。

3. 方差与标准差

方差与标准差是幂的关系，前者是后者的平方。标准差的计算公式，也视资料的分组情况而定，可分为简单平均式和加权平均式。这两个指标均反映了总体中所有单位标志值和平均数的离差关系，是测定数据离散程度最重要的指标，其数值的大小与平均数代表性的大小呈反相关。

4. 离散系数

离散系数是为两组数据间进行比较而设计的，是一组数据标准差与均值相比较而得到的相对值。在不同情况下的两组数据间，直接用标准差进行离散程度的比较是不科学的，甚至还会得出相反的结论。

案例3－2

在一家超市里，有一个有趣的现象：尿布和啤酒赫然摆在一起出售。但是这个奇怪的举措却使尿布和啤酒的销量双双增加了。这不是一个笑话，而是发生在美国沃尔玛连锁店超市的真实案例，并一直为商家所津津乐道。原来，美国的妇女们经常会嘱咐她们的丈夫下班以后为孩子买尿布。而丈夫在买完尿布之后又要顺手买回自己爱喝的啤酒，因此啤酒和尿布在一起购买的机会还是很多的。是什么让沃尔玛发现了尿布和啤酒之间的关系呢？正是商家通过对超市一年多的原始交易数字进行详细分析，才发现了这对神奇的组合。

【思考】

如何从浩如烟海却又杂乱无章的数据中，发现啤酒和尿布销售之间的联系呢？这给了我们什么样的启示？

三、市场调查资料的动态分析

（一）市场调查资料动态分析的概念

市场调查资料动态分析，是从发展的观点出发来分析研究市场现象发展变化的过程、趋势及其规律性的一种分析方法。

（二）市场调查资料动态分析的指标

1. 发展水平

发展水平是指某一市场现象在各个时期达到的实际水平，即为动态数列中的每一项具体指标数值，又称发展量。

2. 平均发展水平

平均发展水平，又称序时平均数或动态平均数，是将动态数列中各时期或时点上的指标加以平均而得到的平均数。这种平均数是将某种事物在时间上变动的差异平均化，用以说明一段时期内的一般水平。

序时平均数可根据绝对数动态数列计算，也可根据相对数动态数列或平均数动态数列计算。但根据绝对数动态数列计算序时平均数是最基本的方法。

这里主要说明根据绝对数动态数列计算序时平均数的方法。由于绝对数动态数列有时期数列和时点数列之分，其计算序时平均数的方法也不一样，故分别加以说明：

（1）由时期数列计算序时平均数。由时期数列计算序时平均数只需采用简单算术平均法，以时期项数除以时期数列中各个指标数值之和即可。

（2）由时点数列计算序时平均数。时点数是瞬间数，一般是期初数或期末数，在间隔相等的情况下，假定研究现象在时点间隔间变动是均匀的，因而先将两个相邻时点数相加后除以2，即得这两个时点间的序时平均数，然后再用简单平均法，求出整个时间的序时平均数。

3. 增长量

增长量，是指某一市场现象在一定时期增长或减少的绝对量。它是报告期发展水平和基期发展水平之差。这个差数可以是正数，也可以是负数。正数表示增加，负数表示减少。计算增长量，由于采用的基期不同，可分为：逐期增长量和累积增长量。

逐期增长量，是报告期发展水平与前一期发展水平之差，说明报告期发展水平比前一期发展水平增加（或减少）的绝对量。

累积增长量，是报告期发展水平与固定基期发展水平之差，说明报告期发展水平比固定基期发展水平增加（或减少）的绝对量。

逐期增长量之和等于累积增长量。

4. 平均增长量

平均增长量，是时间序列逐期增长量的序时平均数，它表明某市场现象在一定时期内平均每期增长的数量。

5. 发展速度

发展速度，是说明市场现象发展快慢程度的动态相对数。它等于报告期水平和基期水平之比。表示报告期为基期水平的百分之几或多少倍。发展速度大于100%（或1）表示上升；小于100%（或1）表示下降。由于基期水平可以是最初水平，也可以是前一期水平，所以发展速度有两种，即：环比发展速度和定基发展速度。

环比发展速度，是报告期发展水平与前一期发展水平之比，说明报告期发展水平为前一期发展水平的百分之几或多少倍。

定基发展速度，是报告期水平与固定基期水平之比，说明报告期水平为固定期水平的百分之几或多少倍。环比发展速度的连乘积等于定基发展速度。

6. 增长速度

增长速度，是说明市场现象增长快慢程度的动态相对数。它是报告期比基期的增长量与基期水平之比，表示报告期水平比基期水平增长了百分之几或多少倍。增长速度可以是正数，也可以是负数。正数表示增长，负数表示降低。增长速度由于采用的基期不同，可分为环比增长速度和定基增长速度。

环比增长速度，是报告期比前一期的增长量与前一期水平之比，表明报告期比前一期水平增长了百分之几或多少倍。

定基增长速度，是报告期比固定基期的增长量，与固定基期水平之比，表明报告期水平比固定基期水平增长了百分之几或多少倍。

环比增长速度与定基增长速度无直接关系，即环比增长速度的连乘积不等于定基增长速度。但增长速度与发展速度却有一定的关系，即发展速度减1或100%等于增长速度。

7. 平均发展速度

平均发展速度，是动态数列中各期环比发展速度的序时平均数。它说明了在一定时期内发展速度的一般水平。平均发展速度的计算方法有几何法和方程法。

几何法，又称水平法，是将一段时间内各期环比发展速度的连乘积开n次方根。

方程法，又称累计法，其基本思路是从最初水平出发，各期均按平均速度发展，n期后计算出的各期水平之和应等于实际的各期水平之和。

8. 平均增长速度

因平均增长速度不等于全期各环比增长速度的连乘积，故它不能根据各环比增长速度直接计算，但可以利用平均增长速度等于平均发展速度减 1（或百分之百）进行间接计算。

分组讨论

根据本次学习任务，各组对实际案例进行资料收集，然后对案例后的问题进行思考和讨论。

（1）该项市场调查的数据是否可信？为什么？

（2）结合对凉茶市场历史与现状的调查，分析该项市场调查中的问题，并结合这些问题提出新的建议。

讨论过程中，每组设立一位组长，组长负责组织整个小组的讨论工作，以及做出小组总结。

学习反馈

对本学习任务开头的实际案例分析，可得出以下教训：

（1）选择时机失误。

口味测试是在冬天，被访问者从寒冷的室外来到现场，没等取暖就进入测试，寒冷的状态、匆忙的进程都影响了访问者对味觉的反应。测试者对口感温和浓烈的口味表现出了更多的认同，而对清凉淡爽的冰茶则表示排斥。测试状态与实际消费状态的偏差让结果走向了反面。

（2）驾驭数据缺少系统谋划。

过度依赖调查数据，没有结合产品本身及具体市场实际做出统筹安排，对产品缺少信心，使产品失去先机市场。

实务操作

请对模拟公司的市场调研问卷进行资料整理与分析。

学习任务四

市场预测与分析

学习目标

1. 市场预测的概念和基本原理及要求
2. 市场预测的内容及程序
3. 市场预测的方法
4. 定性分析与定量分析的灵活运用

实际案例

某市春花童装厂近几年沾尽了独生子女的光，生产销售连年稳定增长。谁料该厂李厂长这几天来却在为产品推销、资金短缺大伤脑筋。原来，2013 年年初该厂设计了一批童装新品种，有男童的香槟衫、迎春衫，女童的飞燕衫、如意衫等。借鉴成人服装的镶、拼、滚、切等工艺，在色彩和式样上体现了儿童的特点——活泼、雅致、漂亮。由于工艺比原来复杂，成本较高，价格比普通童装高出了 80% 以上，比如一件香槟衫的售价在 160 元左右。为了摸清这批新产品的市场吸引力如何，春节前夕厂里与百货商店联合举办了"新颖童装迎春展销"，小批量投放市场十分成功，柜台边顾客拥挤，购买踊跃，一片赞誉声。许多商家主动上门订货。连续几天亲临柜台观察消费者的反应的李厂长，看在眼里，喜在心上。不由想到：现在都只有一个孩子，为了能把孩子打扮得漂漂亮亮的，谁不舍得花些钱？只要货色好，价格高些看来没问题，决心趁热打铁，尽快组织批量生产，及时抢占市场。

为了确定计划生产量，以便安排以后的生产，李厂长根据 2012 年的月销售统计数，运用加权移动平均法，计算出以后月份预测数，考虑到这次展销会的热销场面，他决定生产能力的 70% 安排新品种，30% 为老品种。二月份的产品很快就被订购完了。然而，现在已是四月初了，三月份的产品还没有落实销路。询问了几家老客商，他们反映有难处，原以为新童装十分好销，谁知二月份订购的那批货，卖了一个多月还未卖三分之一，他们现在既没有能力也不愿意继续订购这类童装了。

对市场上出现的近一百八十度的需求变化，李厂长感到十分纳闷。他弄不明白，这些新品种都经过试销，自己亲自参加市场调查和预测，为什么会事与愿违呢？

【思考】

1. 你认为春花童装厂产品滞销的问题出在哪里？

2. 为什么市场的实际发展状况，会与李厂长市场调查与预测的结论大相径庭？

情境一　定性预测

学习要点

1. 了解市场预测基本知识、内容及程序
2. 学会运用专家预测法
3. 学会运用德尔菲预测法
4. 学会运用其他定性预测法

导读案例

1. 某市商业总公司欲对本公司下一年度的销售额进行预测，由3名有权威的管理人员组成预测小组，他们的预测结果如表4-1所示：

表4-1　预测结果　　万元

预测人员	最高销售额	概率	最可能销售额	概率	最低销售额	概率
管理人员A	7 800	0.3	7 300	0.6	6 800	0.1
管理人员B	6 700	0.2	6 500	0.7	6 200	0.1
管理人员C	6 200	0.1	6 000	0.7	5 600	0.2

根据以上资料，估算：

（1）各位管理人员的预测期望值；

（2）若给予管理人员A、B、C的权数分别为7、6、5，试估算该公司下一年度销售预测值（保留两位小数）。

一、市场预测的基本知识

（一）市场预测的含义

市场预测是在对影响市场供求变化的诸因素进行调查研究的基础上，运用科学的方法，对未来市场商品供应和需求的发展趋势以及有关的各种因素的变化，进行分析、估计和判断。预测的目的在于最大限度地减少不确定性因素对预测对象的影响，为科学决策提供依据。

（二）市场预测的特点

从以上市场预测的概念可以看出，市场预测具有如下特点：

1. 描述性

市场预测是在市场调查研究、广泛收集和科学使用市场信息资料的基础上，通过一定的程序，运用数学和统计方法，掌握事物的发展变化规律，取得关于事物未来发展变化趋势的各种信息。即市场预测是对市场可能出现的情况、结果和水平做出客观的科学描述，并对描述出的市场各种因素之间相互作用的关系与程度进行分析，反映市场发展变化的客观规律。在市场预测过程中，无论是建立定量预测的数学模型，还是建立定性预测的逻辑思维模型，都必须是市场预测者对市场客观现象规律性认识的一种描述。这种描述既反映了市场预测结果具有科学性，不是主观猜测；又反映了市场预测具有近似性，即这种描述肯定会有偏差。

2. 服务性

服务性是指市场预测是为市场决策提供服务的。从程序上讲，先有市场调查，在市场调查的基础上，才能进行市场预测，最后才是市场决策，它是根据市场预测的结果做出的。早在1956年的时候，陈云同志在谈到经济工作时就指出："我们做工作，要用90%以上的时间研究情况，用不到10%的时间决定政策。"这就充分显示了市场调查和市场预测在整个市场决策过程中的重要作用，同时，也说明了市场预测是为市场决策提供市场信息资料的，是为市场决策提供服务的。在实际工作中，只有充分认识到市场预测的服务性，并把市场预测与市场决策有机结合起来，才能收到较好的效果。

3. 系统性

系统性是指市场预测要以系统论为指导，将市场预测视为预测依据、预测分析、预测技术、预测结果等预测要素相互作用、有机结合而形成的活动总过程。同时，预测分析也要从系统观点出发，围绕预测对象，针对预测目标，把影响市场发展变化的各种因素视为一个有机整体，注重研究各种因素之间及各种因素与预测目标之间的内在联系，从内在联系中把握预测目标的运动规律及变化趋势。市场预测的系统性还表现在：它把某类商品或某个局部市场的需求（或销售）预测作为子系统，将其与总体市场预测按一定层次联系起来，形成一个完整、有序的市场预测系统，保证市场预测建立在科学、严密、可信的基础上，得出高质量的市场预测结论。

4. 广泛性

广泛性是指不管市场预测的内容范围如何，市场预测所涉及的面都是广泛的。市场的变化受多种因素的影响，其中有：国家政治、经济政策的制约，科学技术的发展，社会风尚的变迁，消费心理的改变，周边市场、国际市场的辐射等。要针对市场的某一个方面进行预测，必须联系所有主要的影射因素，既要注意政府经济政策的变化、就业的情况、人口的增减、工资的变动、价格的升降等，又要根据历史资料进行综合对比分析，从变化中找出规律，对所预测的内容进行推断和描述。

5. 局限性

局限性是指人们在对市场的未来发展趋势做出科学判断时，由于对未来的认识总有不全面的地方，因而市场预测有一定局限性。这是因为市场现象的发展变化受许多因素的影响，市场规律也只有在市场发展过程中逐步明显化和逐步被人们所认识。同时，人们对未来的预测，常常受到经验、知识、时间、条件、认识、工具等方面的限制，加之市场预测对象本身具有不可知性，这就导致市场预测误差的产生不可避免，使市场预测的应用范围和预测深度都受到影响和限制。

案例 4－1

当代购物中心一向注重服务。荣夏是购物中心营销部的副主管。他受命制定一项旨在使服务具有可操作性的计划。这一计划的第一个阶段是建立一个系统，以不断追踪消费者对购物中心所提供服务的满意程度。根据以往的经验，他选择了其信任的两家调查公司来设计追踪消费者满意程度的调查系统。

这两家公司拟采用不同的资料收集方式：第一家公司建议用电话采访，每月对400名消费者进行采访。经计算，该抽样方式所提供的消费者满意程度评估的结果，有95%的把握使误差不超过5%，第二家公司建议通过邮寄调研收集必要的资料。他们的理由有两条：第一，此方法成本低、质量高；第二，消费者在回信时比接受电话访谈时更坦率。电话采访的月成本达8 400元，相比之下，邮寄方式的月成本为6 900元。

初步计算：邮寄调查的回收率为25%，即75%的收信人不回信。如果回信人的观点截然不同，那么调查结果就有偏差，并且不能真实代表公司的顾客。

电话采访的回答率估计为70%。尽管电话采访仍存在很高的不回答率，但潜在的不回答者的不同意见要少得多。

另外，电话采访更快捷，大约两周内就可完成，邮寄调查则需6周时间。

【思考】

1. 你认为获取信息的较好的方法是什么？并说明理由。
2. 收集数据的过程还可以使用其他方法吗？请加以说明。

（三）市场预测的作用

“凡事预则立，不预则废”，在市场经济中，重视市场预测是市场经济的客观要求，随着计算机的普及和应用领域的拓宽，利用计算机的功能进行市场信息资料的积累和处理，为市场预测的广泛应用创造了一定的物质条件，使市场预测的科学性和精度进一步提高，预测的经济效果和社会效果得到较好的体现，并在市场经济活动中发挥着重要作用，主要表现在以下几个方面：

1. 有利于把握市场发展变化的趋势，适应和满足市场需求

市场预测如同市场气象台，运用市场预测，可以随时了解、掌握市场的变化状况，及时调整企业的生产经营方向。生产企业生产什么、生产多少、何时生产；商贸企业采购什么、采购多少、如何运输，都必须以市场预测为依据。反过来讲，市场需求又是千差万别的，并且新的需求在不断产生，旧的需求也在不断更新。只有搞好市场预测，才能保证商品适销对路，满足市场需求。否则，就可能出现生产企业生产的产品不被消费者接受，不能成为商品，失去生产的意义；或者是市场急需的商品一时供应不上，造成脱销，给社会稳定带来不良的影响等情况。

2. 有利于发挥市场调节作用，对国民经济进行宏观调控

通过科学的市场预测，判断市场供需和竞争格局的变动趋势，就可以运用经济手段（如价格、税收、信贷、工资和利率等经济杠杆）调节市场供需矛盾，调整产业结构和产业政策，充分发挥市场调节的积极作用，繁荣我国的市场经济。

3. 有利于企业改善经营管理，提高企业的竞争能力和经济效益

在市场经济中，市场预测工作越来越成为企业经营管理过程的重要组成部分。市场需要什么，生产企业就生产什么，商贸企业就组织什么货源。要做到这一点，实际上就是要解决如何进行市场预测的问题。企业要想在市场竞争中取胜，就必须有效地进行市场预测。实际上，市场竞争也就是在市场中获得信息的竞争，谁首先拥有市场信息，谁就掌握了主动权，谁就能在市场竞争中处于优势地位。所以，企业从事市场预测活动，为优化企业竞争策略、帮助企业在市场竞争中获胜提供了必要的条件和手段。

【思考】

市场预测对于公司的发展有哪些作用？

（四）市场预测的基本要求

市场预测的准确度愈高，预测效果就愈好。然而，由于各种主客观原因，预测不可能没有误差。为了提高预测的准确程度，预测工作应该具有客观性、全面性、及时性、科学性、持续性和经济性等基本要求。

1. 客观性

市场预测是一种客观的市场研究活动，但这种研究是通过人的主观活动完成的。因此，预测工作不能主观随意地“想当然”，更不能弄虚作假。

2. 全面性

影响市场活动的因素，除经济活动本身外，还有政治、社会、科学技术因素。这些因素的作用使市场呈现纷繁复杂的局面。预测人员应具有广博的经验和知识，能从各个角度归纳和概括市场的变化，避免出现以偏概全的现象。当然，全面性也是相对的，无边无际的市场预测既不可能也无必要。

3. 及时性

信息无处不在，无时不有，任何信息对经营者来说，既是机会又是风险。为了帮助企业经营者不失时机地做出决策，市场预测者必须快速提供必要的信息。过时的信息是毫无价值的。信息越及时，不能预料的因素就越少，预测的误差就越小。

4. 科学性

预测所采用的资料，须经过去粗取精、去伪存真的筛选过程，才能反映预测对象的客观规律。运用资料时，应遵循近期资料影响大、远期资料影响小的规则。预测模型也应精心挑选，必要时还须先进行试验，找出最能代表事物本质的模型，以减少预测误差。

5. 持续性

市场的变化是连续不断的，不可能停留在某一个时点上。相应地，市场预测须不间断地持续进行。实际工作中，一旦市场预测有了初步结果，就应当将预测结果与实际情况相比较，及时纠正预测误差，使市场预测保持较高的动态准确性。

6. 经济性

市场预测是要耗费资源的。有些预测项目，由于预测所需时间长，预测的因素又较多，往往需要投入大量的人力、物力和财力，这就要求预测工作量力而行，讲求经济效益。如果耗费过大，效益不高，将使市场预测声誉扫地。如果企业自己预测所需成本太高时，可委托专门机构或咨询公司来进行预测。

案例 4-2

美国汽车制造一度在世界上占霸主地位，而日本汽车工业则是 20 世纪 50 年代学习美国发展而来的，但是时隔 30 年，日本汽车制造业突飞猛进，充斥欧美市场及世界各地，为此美国与日本之间出现了汽车摩擦。

在 20 世纪 60 年代，当时有两个因素影响汽车工业：一是第三世界的石油生产被工业发达国家控制，石油价格低廉；二是轿车制造业发展很快，豪华车、大型车盛行。但是擅长市场调查和预测的日本汽车制造商，首先通过表面经济繁荣，看到产油国与跨国公司之间暗中正酝酿和发展着的斗争，以及发达国家消耗能量的增加，预见到石油价格会很快上涨。因此，必须改产耗油小的轿车来适应能源短缺的环境。其次，随着汽车数量的增多，马路上车流量也会增多，停车场的收费会提高，因此，只有造小型车才能适应拥挤的马路和停车场。再次，日本制造商分析了发达国家家庭成员的用车情况。主妇上超级市场，主人上班，孩子上学，一个家庭只有一辆汽车显然不能满足需要。这样，小巧玲珑的轿车得到了消费者的宠爱。于是日本在调研的基础之上做出了正确的决策。在 20 世纪 70 年代世界石油危机中，日本物美价廉的小型节油轿车横扫欧美市场，市场占有率不断提高，而欧美各国生产的传统豪华车因耗油大、成本高而使销路大受影响。

【思考】

日本汽车的成功之道是什么？

（五）市场预测的基本原理

市场预测原理是以马克思主义的唯物辩证为指导，以预测理论和方法为基础，以市场商情为对象，阐明人们运用各种预测方法对市场商情发展趋势做出的估测的理论基础，进而成为市场预测结果具有科学性、合理性、可信性的理论依据。市场预测原理对市场预测行为具有十分重要的指导意义，其基本原理主要包括以下几方面内容。

1. 可知性原理

辩证唯物主义的认识论认为，客观世界是可知的，客观事物发展变化的规律是可以认识的。可知性原理是市场预测的理论基础。如果客观事件发展变化的规律性是不可知和无法认识的，市场预测就毫无意义。一种市场现象的发展变化和任务事物的发展变化一样，都是有规律的，都有自己发生、发展和消亡的过程。在市场预测中，由于受到市场供求、市场竞争、消费者行为、国家政策和国际市场等多种因素的影响，人们感到市场变幻莫测，增大了市场预测的难度，往往需要较长的反复认识过程，才能揭示预测目标的发展变化规律性。依据可知性原理，只要我们勇于探索，善于分析，就可以逐步认识市场商情发展变化的规律性，提高市场预测的准确性。

2. 系统性原理

系统性原理将预测对象视为一个与其他时间存在普遍联系的系统。系统论认为，事物是在普遍联系中存在和发展的，任何一种事物都是一个完整的系统，它不仅与其他事件之间存在相互联系、相互制约的关系，而且在其系统内部各个组成部分之间也存在相互联系、相互作用的关系，脱离系统的事物是根本不存在的。在系统性原理的指导下，市场预测不能独立、封闭地研究预测对象。一方面，它必须把预测对象放在社会经济的大系统中研究，将市场预测与人口预测、工业预测、农业预测、科技预测、国际市场预测等有机结合起来；另一方面，它必须把预测对象与其内部的各系统有机结合起来，在不同层次上分析预测对象与供求预测、需求预测、商品资源预测、购买力预测和价格预测之间的相互关系。

3. 惯性原理

任何事物的发展在时间上都具有连续性，表现为特有的过去、现在和未来这样一个过程。没有一种事物的发展与其过去的行为没有联系，过去的行为不仅影响到现在，还会影响到未来。因此，可以从事物的历史和现状推演出事物的未来。市场的发展也有一个过程，在时间上也表现为一定的连续性。尽管市场瞬息万变，但这种发展变化在长期的过程中也存在一些规律（如竞争规律、价值规律等），可以被人们认识。惯性原理是时间序列分析法的主要依据。

4. 因果原理

任何事物都不可能孤立存在，都是与周围的各种事物相互制约、相互促进的；一个事物的发展变化，必然影响到其他有关事物的发展变化。比如，一个国家在一定时期内采用某种特定的经济政策，势必对市场发展产生某种影响，这时的政策是因，市场变化情况是果。过一段时间，国家根据市场发展变化的新情况，制定新的经济政策来刺激市场，这时的市场情况成为因，经济政策又变为果。当然，一因多果或一果多因的现象也经常出现，但有其因就必有其果，这是规律。因此，从已知某一事物的变化规律，推演与之相关的其他事物的发展变化趋势，是合理的，也是可能的。投入产出分析法就是对因果原理的最好运用。

5. 类推原理

许多事物相互之间在结构、模式、性质、发展趋势等方面客观存在着相似之处。根据这种相似性，人们可以在已知某一事物的发展变化情况的基础上，通过类推的方法推演出相似事物未来可能的发展趋势。例如，彩色电视机的发展与黑白电视机的发展就有某些类似之处，我们可以利用黑白电视机的发展规律类推彩电的发展规律。类推原理在领先指标法中得到了很好的运用。

6. 概率原理

任何事物的发展都有一个被认识的过程。人们在充分认识事物之前，只知道其中有些因素是确定的，有些因素是不确定的，即存在着偶然性因素。市场的发展过程中也存在必然性和偶然性，而且在偶然性中隐藏着必然性。通过对市场发展偶然性的分析，揭示其内部隐藏着的必然性，可以凭此推测市场发展的未来。从偶然性中发现必然性是通过概率论和数理统计方法，求出随机事件出现各种状态的概率，然后根据概率去推测预测对象的未来状态。马尔柯夫的预测法、交叉影响法等都需要运用概率原理。

案例 4－3

2001 年，北京市人均 GDP 达到了 3 060 美元，意味着什么？

一是小汽车拥有率迅速提高。国外交通发展史表明，人均 GDP 3 000 美元后，小汽车作为人们首选的机动化个体交通工具迅速普及。如日本 1955 年每千人拥有小汽车 1.7 辆，到

1965 年（当年以 1994 年美元折算的人均 GDP 约 3 700 美元）增长为 22 辆，到 1973 年则跃升为 133.6 辆。不同收入水平的国家小汽车拥有率的数据分析表明，人均 GDP 3 000～5 000 美元时，大部分国家小汽车的千人拥有率为 100 辆左右，上中等收入国家的平均水平为 140 辆。

二是住房需求迅速增加。联合国人居中心关于城市住房状况的调查资料（调查涉及 53 个城市）显示，城市人均住房面积随发展程度迅速增加，从低人发指数的人均 8 平方米到高人发指数的人均 28 平方米，从非洲地区的 8.4 平方米到工业化国家的 35.8 平方米，数量差异十分明显。联合国相关资料还表明，人均 GDP 800～8 000 美元为房地产业的起步和快速上升阶段，只有当人均 GDP 达到 13 000 美元以上时，房地产业才步入下降阶段。因此，人均 GDP 3 000 美元后，无论从需求还是供给看，居民住房数量快速扩张应是一个明显的趋势。

（六）市场预测的类型

市场预测的种类很多，它可以按照各种标志加以区分，常用的市场预测分类方法有：

1. 按市场预测时间的长短不同，市场预测可分为短期预测、中期预测和长期预测

短期预测，又称近期预测，一般是指以年、季、月为时间单位的市场预测，有时还包括以旬、周为时间单位的市场预测。短期市场预测目标明确，不确定因素少，资料齐全，预见性较强，预测结果准确。短期市场预测主要是为企业的日常经营管理决策服务，为制订年度计划、季度计划、月度计划，组织货源，合理安排市场提供依据。市场预测中大量采用的是短期市场预测。

中期预测，一般是指一年以上五年以内为时间长度的市场预测。中期市场预测由于时间不是很长，不确定因素不是很多，数据资料较为齐全，预测的准确性比短期预测稍差。中期市场预测常用于市场潜力、价格变化、商品供求变动趋势、国家政策措施等的预测，为企业制定中期经营发展战略决策提供依据。

长期预测，又称远景规划，一般是指五年或更长时间区段的市场预测。它是市场预测中时间最长的一类，由于不确定因素较多，且时间越长，不可控的因素越多，预测中难以全面把握和预计各种可能的变化因素，所以预测的精确度相对于中期预测和短期预测而言要差。长期预测要通过中期预测和短期预测加以具体化并付诸实施，长期预测通常用于对市场商品生产和销售的发展方向，产品的有关技术发展趋势、生产要素供应变化趋势、消费趋势等做出总体预测和战略预测。它为人们描述市场发展的远景，是企业规划发展目标，制定战略对策的依据。

2. 按市场预测的内容不同，市场预测可分为专题性市场预测、综合性市场预测

专题性市场预测，是指市场预测主体为了解决某个具体问题而进行的对部分市场状况进行的预测。例如，对市场上某种商品的市场需求量进行预测。尽管专题性市场预测的对象和内容仅是市场的某一个方面，但是，这并不意味着在预测的过程中，可以不必考虑市场整体情况，在进行专题性市场预测时，同样需要从市场的整体出发。专题性市场预测涉及的面较小，包括的变量也较小，组织实施比较方便，所需的人力、物力、财力和时间较少。在许多情况下，专题性市场预测所提供的信息能保证满足决策的需要。事实上，大多数的市场预测是专题性市场预测。

综合性市场预测，是指市场预测主体为了全面了解市场的发展趋势而对市场各个方面进行的全面预测。相对于专题性市场预测而言，综合性市场预测涉及的面要宽，包括市场的各个方面，组织实施相当困难，不但要投入相当多的人力、物力、财力和时间，而且对预测人员的要求也较高。通常只是在大型的市场研究项目中才采用。

3. 按市场预测的空间范围不同，市场预测可分为国际性市场预测、全国性市场预测、区域性市场预测

国际性市场预测，是指以世界范围内国际市场的发展趋势为对象的市场预测。随着世界经济一体化进程的加快，越来越多的企业进入世界市场，国际化经营成为十分普遍的现象。国际化经营需要了解和把握国际市场的发展变化趋势，国际性市场预测日益必要。国际市场预测可以是专题性的，也可以是综合性的；可以是对整个世界市场的预测，也可以是对某个具体国际区域市场的预测，甚至是国别市场的预测。国际市场预测预测面广，涉及范围大，变量和不可控因素多，收集资料困难，预测的难度很大。这些是在实施国际性市场预测时必须充分注意的。

全国性市场预测，是以全国范围的市场状况为预测对象的市场预测。全国性市场预测可以是专题性的市场预测，也可以是综合性的市场预测。随着全国统一市场的形成，许多企业为了获得更强的竞争力，就有必要了解和掌握全国市场的发展趋势，开展全国性的市场预测。即使是以区域市场为目标，或对区域市场进行研究，也有必要掌握全国市场的发展变化趋势，为正确决策提供依据。全国性市场预测同样具有预测面广、涉及范围大、变量和不可控因素多、收集资料困难、预测难度大的特点。

区域性市场预测，是指以某一个市场区域为对象的市场预测。相比较而言，区域性市场预测的预测面较小，涉及范围不大，变量和不可控因素较少，收集资料相对较容易，预测的难度相对小的特点，是用得最为普遍的一类市场预测。

4. 按市场预测的方法不同，市场预测可分为定性预测、定量预测

定性预测，是指通过对预测对象内在发展规律性的分析，判断其未来发展变化趋势的一种市场预测方法。它是依据预测者对市场有关情况的了解和分析，结合自己对市场未来发展变化的估计，由预测者根据实践经验和主观判断做出的市场预测。通常是在数据不足且难于获得，或没有必要收集详细的数据资料时，对事物的性质和规律进行预测，而不是依靠复杂的数学工具进行预测。它既可以对市场未来的供应量和需求量进行预测，也可以对市场未来发展变化的特点、趋势等做出判断预测。

定量预测，是根据历史的数据资料，通过建立数学模型和求解数学模型，对预测对象未来发展变化趋势进行量的分析和描述的一类市场预测方法。它是在数据资料充分的基础上，运用数学方法，有时还要结合计算机技术，对市场未来的发展趋势进行数量方面的估计和推算。定量预测通常在数据资料比较充裕或数据资料来源多且稳定的情况下加以采用。

案例 4－4

美国爱尔琴钟表公司自 1869 年创立到 20 世纪 50 年代，一直被公认为是美国最好的钟表制造商之一。该公司在市场营销管理中强调生产优质产品，并通过由著名珠宝商店、大百货公司等构成的市场营销网络分销产品。1958 年之前，公司销售额始终呈上升趋势。但此后其销售额和市场占有率开始下降。造成这种状况的主要原因是市场形势发生了变化：这一时期的许多消费者对名贵手表已经不感兴趣，而趋于购买那些经济、方便、新颖的手表；而且，许多制造商迎合消费者需要，已经开始生产低档产品，并通过廉价商店、超级市场等大众分销渠道积极推销，从而夺得了爱尔琴钟表公司的大部分市场份额。爱尔琴钟表公司竟没有注意到市场形势的变化，依然迷恋于生产精美的传统样式手表，仍旧借助传统渠道销售，认为自己的产品质量好，顾客必然会找上门。结果，企业经营遭受重大挫折。

【思考】

爱尔琴钟表公司经营受挫的重要原因是什么？

二、市场预测的内容和程序

市场预测的内容非常广泛，不同的市场主体或不同的预测目的，决定了市场预测有不同的侧重点。企业所进行的预测，主要包括市场需求预测、市场资源预测和市场营销组合预测。

（一）市场需求预测

市场需求是指特定的时间、特定的地域和特定的顾客群体，对某一商品现实和潜在的需要量。市场需求受很多因素的影响，有市场主体外部的因素，如政治、法律、文化、技术、消费心理和消费习惯等；也有市场主体内部的因素，如目标市场的选择、销售价格的制定与变动、促销手段的选择与实施、营销方法的确定等。市场需求预测正是全面考察这些因素后对市场需要量进行的估计和推测。它包含商品市场、金融市场、房地产市场、劳动力市场、产权市场、科技文化市场等诸多市场需求的预测。

市场需求具有趋向性、替代性、相关性、习俗性和无限性等特点。趋向性是指特定顾客群体购买商品的倾向性。不同的购买者（职业、年龄、地理环境的不同）的市场需求倾向有明显的不同，但总的来说是按由粗到精、由低到高、由数量向质量这样的趋势发展。替代性是指许多商品在性质、功能上可以相互替代，如棉纱、化纤、丝、麻等织物可以互相替代。商品间的替代性使商品的需求量可以相互转化。某一商品销售量增加，有可能影响到另一商品销售量的减少；甲商品涨价，有可能引起乙商品销售量的增长等。相关性是指许多商品之间的连带性，如西装与领带、照相机与胶卷、卷烟与打火机等。预测某一商品的需求发生了变化，还应注意相关商品的需求变化。习俗性是指不同地区、不同民族、不同宗教文化的居民，有不同的生活风俗习惯，对商品的需求有不同的偏好。调研工作既要了解现实需求，又要分析经过积极促销，促使消费习俗发生改变，形成新的需求。无限性是指人们的消费需求不断变化且无止境，这就要求商品不但要数量多，而且要品种齐、用途广，甚至更加艺术化、科学化等。掌握市场需求的这些特点，对提高预测的准确程度有十分重要的意义。

市场需求预测的内容，主要包括以下方面：

1. 市场商品需求总量预测

商品需求总量是市场上有货币支付能力的商品需要量，包括人们的生活消费需求和生产消费需求。有支付能力的货币总量构成了社会商品购买力，包括现实购买力和潜在购买力两部分。影响购买力总量变化的因素主要有货币收入、银行储蓄、手持现金、流动购买力和非商品性支出等。

2. 市场需求构成预测

市场需求构成，可分为消费品需求构成和生产资料需求构成两大类。这里主要是指消费品需求构成。消费品需求构成受消费品购买力水平的制约。一般来说，购买力水平越低，投向生活必需品的货币量就越大，表现为购买力首先投向吃的方面；购买力水平越高，投向其他方面（如穿、用、住、行等）的货币量就会越大。另外，消费者的习俗、消费心理及商品价格等，也对消费品需求构成有很大的影响。

3. 消费者购买行为的预测

消费者购买行为的预测主要是指通过对消费者购买动机、方式和心理等方面的调查分析，预测商品需求的趋向。其中的关键是调查消费者的购买决策，即由谁来买，买什么，为什么买，如何买，何时买，多长时间买一次，家庭和社会对其购买心理有什么影响等。

（二）市场资源预测

市场需求和市场资源是构成市场活动的两个基本因素。满足市场需求，一方面要有充足的货币支付能力；另一方面要有充足的商品资源。否则，市场上就会出现商品购买力与商品可供量之间的不平衡，给企业的经营活动和国民经济的发展带来不利的影响。

通过市场资源预测，可以预见市场的供需趋势，为企业确定生产规模、发展速度和质量水平等提供依据。还可了解新产品开发和老产品更新换代的信息，帮助企业正确面对新产品对老产品的影响。在宏观方面，市场资源预测还能为调节供需平衡提供依据。

市场资源预测的内容主要包括工业产品、农副产品和进口产品的预测。

1. 工业产品预测

工业产品预测主要指设备与工艺变化的预测；企业开发新产品的数量、质量、成本、价格、包装、商标及其消费对象的预测；国际、国内市场的类似产品、相关产品或替代产品的发展动向预测；工业产品所需原材料的品种、规格、性能、数量、来源和运输方式等的预测；工业产品的成本预测和价格预测。

2. 农副产品预测

农副产品预测主要指对农副产品的生产量、商品率、上市季节等情况的预测。农副产品的生产量并不完全等于农副产品的商品量。农副产品的商品，是剔除了农民自己留用的、商业部门或消费者个人不能及时收购的那部分农副产品。因此，预测农副产品时，不能简单地把农副产品产量等同于农副产品的商品量。此外，农副产品资源还与气候变化、政府的经济政策密切相关。对农副产品资源的预测需要特别注意这些情况。

3. 进口产品预测

进口产品包括原材料、设备和工艺、专有技术，以及直接进口的各种产成品、半成品、零部件等。除了要预测这些进口产品的数量、质量、规格、型号和价格外，还要预测来源国的政治、经济等情况和外国厂商的规模、实力、经营策略及其市场占有率等。

案例 4－5

杜邦公司的“市场瞭望哨”

杜邦公司创办于1802年，是世界上著名的大企业之一。经过200多年的发展，杜邦公司今天所经营的产品包括：化纤、医药、石油、汽车制造、煤矿开采、工业化学制品、油漆、炸药、印刷设备，近年来又涉足电子行业，其销售产品达1 800种，多年的研究开发经费达10亿美元以上，研究出1 000种以上的新奇化合物——等于每天有2～3件新产品问世，而且每一个月至少从新开发的众多产品中选出一种产品，使之商业化。

杜邦公司兴盛200多年的一个重要原因，就是围绕市场开发产品，并且在世界上最早设立了“市场瞭望哨”——经济研究室。成立于1935年的杜邦公司经济研究室，由受过专门培训的经济学家组成，以研究全国性和世界性的经济发展现状、结构特点及发展趋势为重点，注重调查、分析、预测与本公司产品有关的经济、政治、科技、文化等市场动向。

除了向总公司领导及有关业务部门做专题报告及口头报告，解答问题外，经济研究室还每月整理出版两份刊物。一份发给公司的主要供应厂家和客户；另一份是内部发行，根据内部经营全貌分析存在的问题，提出解决措施，研究短期和长期的战略规划、市场需求量。另外每季度还会整理出版一期《经济展望》供总公司领导机构和各部门经理在进行经营决策时参考。正是由于他们重视对调查资料的整理、分析和利用，才使得杜邦公司200多年兴盛不衰。

【思考】

杜邦公司的“市场瞭望哨”是什么？

（三）市场营销组合预测

市场营销组合预测，是对企业的产品、价格、销售渠道和促销等营销因素所进行的预测。

1. 产品预测

现代产品，不仅指产品的物质实体，还包含产品的商标、包装以及安装、维修、咨询等方面。产品组合是由产品线的不同宽深度和关联度所决定的生产策略。现代企业既要提高专业化程度，组织大批量生产，强化产品线的深度；又要实行多样化经营，适应市场变化的需要，扩大产品线的宽度。前者可以更广泛地满足各种需要，甚至是特殊的消费需要，有利于占领更多的细分市场。后者有利于挖掘企业潜力，分散投资风险，不断占领新的市场。加强产品线的关联性，则可以提高企业的竞争地位和产品的市场占有率。开展产品组合预测，有利于企业制定正确的产品组合策略，提高企业在行业中的优势。

产品的商标，是现代整体产品的组成部分。人们购买某种商品，有时是奔着该种商标来的。因为他们认为该产品的质量信得过，价格也合理，还可以享受到良好的服务。产品的包装，除了能保护商品、方便运输外，还起着“无声的推销员”的作用。高质量的售后服务，能使用户得到更大的满足，促使其重复购买。对市场上将会受欢迎的商标、包装和售后服务进行预测，有利于合理运用营销手段，促进产品的销售。

2. 价格预测

价格是市场营销活动最重要的内容。每个企业不仅需要了解竞争企业或竞争产品的价格，还必须注意到不同价格水平会导致不同的需求量。因此需要对竞争产品的成本和价格进行预测。企业的产品价格确定后，应当及时调查价格是否偏高或偏低，是否对消费者与经营者都有利，与竞争对手相比，是否具有优势或主动性等。有条件的企业，还应当进行产品需求曲线的预测。当产品需求曲线呈非弹性时，提高产品价格可以增加企业收入；如果产品需求曲线呈弹性，降低价格则可以增加企业收入。企业掌握这些情况，对产品价格的及时调整很有帮助。

3. 销售渠道预测

销售渠道即商品流通渠道，是企业产品实现其价值的重要环节。它包括合理制定分销路线，选择与配置中间商，有效安排运输与储存，适时向用户提供适用的商品。如果企业销售渠道的数量多，商品流通的路线就广，市场占有率就高。消费品的销售渠道，可以在代理、批发和零售等中间商中选择一个或几个层次；生产资料的销售渠道一般不需要零售中间商。生产者选择销售渠道时，应对自身的条件、产品的情况和所处的市场进行综合分析。如企业的资本、商誉、服务和管理能力等；产品的单价高低、体积大小、易毁或易腐、通用或专用等；市场上同类商品的多少、潜在顾客的数量、购买者的习惯等。企业开展销售渠道的预测，就是要对这些影响因素的未来变化情况做出推测与判断，以确定相应的策略。

4. 促销预测

促销是企业通过一定的方法或手段向消费者传递信息，从而促进消费者对产品或企业的了解，并影响消费者的购买行为。市场营销的实践表明，客户接受一种产品之前首先要接受消费这一产品的观念。通过多种媒介传递信息，说服客户，就能创造使用这种产品的社会氛围。促销方式主要有广告、人员推销、销售促进和公共关系四种具体形式。各种形式都有自身的特性，相互之间又存在着一定的替代性。营销部门在大多数情况下必须配合使用。企业开展促销方式的预测，就是要估计不同产品最适合的信息传递途径，推测顾客在不同促销方式下消费观念的变化，测算企业在各种促销组合下的经济效益。

上述营销要素各自的单体优势不一定能形成整体优势，单体优势之间还有一个整体优化问题，因此必须结合起来进行整体研究。将企业的产品、价格、销售渠道和促销方式结合起来进行综合性预测，是市场营销组合预测的关键。

案例 4-6

自中国加入 WTO 以来，中国汽车工业以积极的姿态融入国际汽车工业的发展潮流，连续出现了爆发式增长，2002 年，中国汽车总产量超过 300 万辆，随后几年更是迈上一个新台阶，2003 年超过 400 万辆，2004 年超过 500 万辆，成为我国经济发展的 5 大支柱产业之一。经历了爆发式增长后，2005 年中国汽车工业放缓了前进的步伐，步入稳步增长期，产销迈上 570 万辆的台阶。

总体而言，2005 年汽车工业大致呈现以下几方面的发展特点：①汽车总需求在激烈竞争中保持了适度稳定增长，汽车价格进一步与国际接轨，汽车产业影响力提升到新的高度。②经过多年积累国产车特别是自主品牌竞争优势全面提升，预示着汽车工业将以两种方式推动经济发展，一方面 GDP 会进一步增长，另一方面，出口产品结构升级。③行业重点企业综合实力继续提升，市场应变和调控能力进一步增强。④汽车市场继续降价（尤其是乘用车），企业产能增速超过需求增速，供大于求的矛盾进一步加剧。⑤政策变化会对进口车价格形成一定压力。汽车进口数量和品种很大程度上由市场来配置，虽然进口车配额取消，但 2005 年进口车需求增长幅度不大，国产车与进口车的竞争关系没有发生实质性变化。

【思考】

随着近几年的油价变化和国家政策的改变，国产车与进口车之间的竞争关系又发生了变化，究竟汽车行业未来的发展趋势如何？

（四）市场预测的基本程序

为了成功地完成市场预测，预测者必须对预测的过程加强组织，遵循一定的程序，以提高预测工作的效率、预测的精度和质量，并使其更有效地为经营决策服务。不同的市场预测方法可能在各个步骤的具体操作上有所不同，但基本步骤是相同的，市场预测大致可分为如下几个步骤：

1. 确定市场预测目的

确定市场预测目的是市场预测工作的第一个步骤，是进行市场预测的首要问题，是市场预测的主题，直接影响到市场预测的结果。确定市场预测目的就是要解决预测什么、通过预测要解决什么问题，即为什么要进行市场预测。在市场预测中，只有确定了市场预测的目的，才能进一步落实市场预测的对象和内容，选择适当的市场预测方法，收集必要的市场资料，也才能决定市场预测的水平和所能达到的目标。否则市场预测就是盲目的，也是无法顺利开展的。

2. 收集、整理市场资料

市场预测必须以充分的历史资料和现实资料为依据。在市场预测中，其预测过程能否顺利完成、预测结果准确程度怎样、预测是否符合市场现象的客观实际表现等，在很大程度上取决于预测者是否占有充分的、真实的、适用的、可靠的市场现象历史资料和现实资料。市场预测所需要资料的收集、整理是市场预测的一个非常重要的步骤。

市场预测的历史资料是指预测期以前的各种有关资料，这些资料是反映市场或影响市场的各种重要因素的历史状况和发展变化规律的，是进行市场预测的基本依据。因为市场的发展变化从时间上看是有联系的，市场过去的发展水平、规模、速度、比例等，必然影响到现在的市场，而市场过去和现在的表现又必然影响到它的未来状况和变化规律。分析研究并运用市场及各种影响因素的历史资料，是保证市场预测客观地对市场未来状况和发展变化趋势做出估计的基本条件。

市场预测的现实资料是指进行预测时或预测期内市场及各种影响因素的资料。市场预测所需要的现实资料，可以是预测者根据需要对市场进行调查的结果，也可以是各种调查机构的已有资料。市场预测必须收集有关现实资料，才能使市场预测的结果既不脱离实际市场现象的长期发展规律，又能对市场的现实变化做出及时的反应，使市场预测结果更加符合客观实际。市场现实资料的内容主要包括市场及影响市场的各种因素的最近表现。企业应该特别注意从较小的市场范围内，对具体的商品生产、技术发展状况、质量、规格、品种、需求状况等资料进行收集，并对其进行分析研究，为生产企业和营销企业的市场预测提供资料。

在取得市场预测所需的历史资料和现实资料后，还必须对这些资料进行加工整理。对市场资料进行加工整理，主要是对反映市场现象总体单位特征的资料，根据市场预测的目的和市场现象自身的特点，进行分组分类，使这些市场资料系统化、条理化，成为反映市场现象总体特征和规律的资料，经过加工整理的资料才能满足市场预测的需要。一般来说，对于历史资料的加工整理属于再整理。积累下来的市场及各种影响因素的历史资料，其实是已经经过整理的资料，在市场预测前再进行整理，主要是为了进一步满足预测者研究问题的需要。对于现实资料，有相当一部分也属于这种情况，但对于由预测者自身组织的各种调查所得到的那一部分现实资料，则属于初次加工整理，可直接将整理后的资料用于市场预测。

3. 分析市场资料

市场预测者对经过整理的市场资料，还必须进行周密的分析。对市场资料进行周密的分析，主要是分析研究市场现象及各种影响因素是否存在相关性，其相关的紧密程度、方向、形式等如何，还要对市场现象及各种影响因素的发展变化规律和特点进行分析。如分析研究全国或各地区市场需求量与相应生产部门发展之间的相关性；分析研究全国或各地区市场需求量与居民收入水平之间的相关性；分析国内市场与进出口贸易之间的经济联系和制约关系；分析研究全国或各地区社会商品零售额及其构成的发展变动规律等。在分析研究中可以看到，各种市场现象及各种影响因素资料所反映出的变动规律都不尽相同，有的呈上升趋势，有的呈下降趋势，有的呈波动趋势，有的呈平衡发展趋势，且其变动的幅度也有高有低。存在相关性的市场现象及各种影响因素的表现也不尽相同，有的呈现单相关，有的呈现复相关；有的呈现正相关，有的呈现负相关；有的呈现线型相关，有呈现非线型相关等。

4. 选择市场预测方法

选择市场预测方法是指在对市场资料进行周密分析的基础上，根据市场现象及各种影响因素的具体特点，选择适当的市场预测的方法。市场预测的方法很多，各种方法不论是简单的还是复杂的，都有其特定的适用对象。在市场预测中，只有根据对市场资料的周密分析，才能选择适当的预测方法，也才能正确地描述市场现象的客观发展规律，从而发挥各种预测方法的特点，对市场现象做出可靠的预测。

5. 建立市场预测模型

一般情况下，对定量预测才谈建立预测模型；对定性预测可认为是建立逻辑思维模型。建立市场预测模型是在获得大量市场资料的基础上，根据有关市场理论、预测目标、资料特点、预测要求及实际情况等，选择符合市场现象发展规律的数学模型，确定经济参数，分析各种因素之间的关系，建立反映市场现象的市场预测模型。

6. 分析、评价市场预测结果

分析、评价市场预测结果是指利用建立的市场预测模型，对各种变量数据进行具体计算，计算出市场预测对象的点预测值和区间估计值，确定市场预测误差的范围，并对获得的市场预测结果进行分析、检验和评价，如果预测值与测算的实际值相差较小，处在要求允许的误差之内，则预测效果较好，可以采用；如果预测值与测算的实际值相差较大，超出要求允许的误差范围，则预测效果较差，不宜采用，应加以修正或重新预测。修正或重新预测的常用方法是：增加样本容量；增加解释变量的个数；改变预测模型结构；改变预测方法等。

7. 撰写市场预测报告

撰写市场预测报告是市场预测的最后一步工作。目前，市场预测报告还没有统一的固定格式，因市场预测项目的类型、委托方的要求、预测人员的个性和经验等因素的不同而有所差异。但在大多数情况下，市场预测报告的格式主要由以下几个部分构成：封面、扉页、致函、委托信、目录、经理摘要、问题界定、解决问题的方法、预测设计、资料分析、结果、局限和警告、结论和建议、附件。

三、定性预测方法

依靠预测者的专门知识和经验，来分析判断事物未来发展的趋势，称为定性预测。它要求在充分利用已知信息的基础上，发挥预测者的主观判断力。定性预测适合预测那些模糊的、无法计量的社会经济现象，并通常由预测者集体进行。集体预测是定性预测的重要内容，能集中多数人的智慧，克服个人的主观片面性。

在实际工作中，由于影响市场发展的因素错综复杂，资料难以数量化，所以根本不可能用数量指标表示。比如，一定时间内市场形势的发展变化情况，国家某项政策出台对消费倾向、市场前景的影响，我国加入世界贸易组织后对我国企业的影响等。这种情况下的预测，一般只能采用定性预测方法。另外，企业经营活动中的分析经营环境、制定战略规划、开发新技术或研制新产品等，往往也只能采用定性预测方法。定性预测要求预测者必须具有从事预测活动的经验，同时善于收集信息，积累数据资料，尊重客观实际，避免主观臆断，才能取得良好的预测效果。

定性预测方法不仅简便，易于掌握，而且时间快、费用省，因此得到广泛采用。特别是进行多因素综合分析时，采用定性预测方法，效果更加显著。但是，定性预测方法缺乏数量分析，主观因素的作用较大，预测的准确度难免受到影响。因此，在采用定性预测方法时，应尽可能地结合定量分析方法，使预测过程更科学、预测结果更准确。

定性预测是指不依托数学模型的预测方法。这种方法在社会经济生活中有广泛的应用，特别是在预测对象的影响因素难以分清主次，或其主要因素难以用数学表达式模拟时，预测者可以凭借自己的业务知识、经验和综合分析的能力，运用已掌握的历史资料和直观材料，对事物发展的趋势、方向和重大转折点做出估计与推测。定性预测的主要方法有指标法、专家预测法、销售人员意见综合法和购买意向调查预测法等。

（一）指标法

指标法，又称朴素预测法，是通过一些通俗的统计指标，利用最简单的统计处理方法和有限的数据资料来进行预测的一种方法。这些统计指标包括平均数、增减量、平均增减量等。这里只介绍领先指标的预测运用，其他指标的预测运用将在后续章节中讲述。图形法是利用直观的图表来推测事物未来较短时期的变化发展趋势的方法。这两种方法都是最简单的非模型预测。

社会上的许多事物都可以看作是随时间流逝而不断发展的变量。比较各种变量变化的曲线图形，常常会发现某些变量的图形存在明显的相似性，即某些曲线的起伏变化间距与另一些曲线的起伏变化间距几乎是相同的。就是说某一曲线经过一段时间由波峰（或波谷）发展到了波谷（或波峰），而另一条曲线也以相同的时间从波峰（或波谷）发展到了波谷（或波峰）。根据这种情况，人们可以把发生在前的事物作为参照物，从而推测以后发生相似事物的发展变化趋势。

1. 领先指标、同步指标和滞后指标

与预测对象的发展有相似性的变量可分为三类。一类是在变化时间上早于预测对象，即波峰或波谷的出现时间均早于预测对象，这类变量称为领先指标（或先行指标）；第二类是变化时间与预测对象完全同步，即出现波谷与波峰的时间与预测对象相一致，它们被称为同步指标（或同行指标）；第三类是在变化时间上迟于预测对象，它们被称为滞后指标（或后行指标）。

基本建设的投资，是机械产品、钢材、木材、水泥等建筑材料需求量的先行指标。根据国家公布的基本建设投资规划，可以预测一段时间后这些生产资料的需求情况。人口增长和人均收入的变化是生活资料需求量的先行指标。根据国家的人口规划和提高人民收入水平的计划，可以预测一定时期之后某些消费品的需求量。基本建设对钢材、水泥和木材三大材料的需求量是同步指标，并且各需求量之间还有较为固定的比例关系。如果其中某种材料的生产或供应能力有限，则另外两种材料的需求也将受到限制。因此，通过研究“短线”（供应能力不足）材料可供数量的变化情况，可以预测供应能力有余的材料的需求量。滞后指标有助于验证领先指标所表示的经济趋向是否真实。

2. 指标法预测步骤

第一步：根据预测的目标和要求找出领先指标。例如，预测化工产品的价格变动，可把石油价格变动作为领先指标；

第二步：画出领先指标、同步指标、滞后指标的时间序列图；

第三步：进行预测。

3. 应用领先指标法的条件

必须指出，指标之间的关系是根据以往的经验和历史数据来确立的，国家的某些政策很可能已改变了指标之间以往的伴随关系，领先指标与预测对象之间的提前时间也不一定是常数。认真分析这些情况，确认指标之间的伴随关系到现在是否仍然存在、间隔时间有什么变化，是应用领先指标法进行预测的必要条件，也是减少预测风险的要求。领先指标法适用于诸如原材料价格的变动先于制成品价格的变动、教育事业的发展先于科学技术的发展等中短期预测。

（二）专家预测法

专家预测法是以专家为索取信息的对象，运用专家的知识和经验，考虑预测对象的社会环境，直接分析研究和寻求其特征规律，并推测未来的一种预测方法。其主要包括个人判断法、集体判断法和德尔菲法。

1. 个人判断法

个人判断法是用规定程序对专家个人进行调查的方法。这种方法是依靠个别专家的专业知识和特殊才能来进行判断预测的。其优点是能利用专家个人的创造能力，不受外界影响，简单易行，费用也不多。但是，依靠个人的判断，容易受专家的知识面、知识深度、占有资料是否充分以及对预测问题有无兴趣所左右，难免带有片面性。专家的个人意见往往容易忽略或贬低相邻部门或相邻学科的研究成果，专家之间的当面讨论又可能不和谐。因此，这种方法最好与其他方法结合使用，让被调查的专家之间不发生直接联系，并给时间让专家反复修改个人见解，才能取得较好的效果。

2. 集体判断法

这种方法是在个人判断法的基础上，通过会议进行集体的分析判断，将专家个人的见解综合起来，寻求较为一致的结论的预测方法。这种方法参加的人数多，所拥有的信息量远远大于个人拥有的信息量，因而能凝集众多专家的智慧，避免个人判断法的不足，在一些重大问题的预测方面较为可行可信。但是，集体判断的参与人员也可能受到感情、个性、时间及利益等因素的影响，不能充分或真实地表明自己的判断。

因此，运用集体判断法，会议主持人要尊重每一位与会者，鼓励与会者各抒已见，使与会者在积极发言的同时保持谦虚恭敬的态度，对任何意见都不应带有倾向性。同时还要掌握好会议的时间和节奏，既不能拖得太长，也不要草草收场；当话题分散或意见相持不下时，能适当提醒或调节会议的进程等。

3. 德尔菲法

德尔菲法是为避免专家会议法之不足而采用的预测方法。这种方法的应用始于美国兰德公司，在国外颇为流行。这一方法的特点是，聘请一批专家以相互独立的匿名形式就预测内容各自发表意见，用书面形式独立回答预测者提出的问题，并反复多次修改各自的意见，最后由预测者综合确定市场预测的结论。

德尔菲法进行市场预测的步骤：

（1）做好准备。准备好已搜集到的有关资料，拟定向专家小组提出的问题（问题要提得明确）。

（2）请专家做出初步判断。在做好准备的基础上，邀请有关专家成立专家小组，将书面问题寄发给各专家（如有其他资料，也随同寄发），请他们在互不通气的情况下，对所咨询的问题做出自己的初次书面分析判断，按规定期限寄回。

（3）请专家修改初次判断。为使专家集思广益，对收到各专家寄回的第一次书面分析判断意见加以综合后，归纳出几种不同判断，并请身份类似的专家予以文字说明和评论，再以书面形式寄发给各专家，请他们以与第一次同样的方式，比较自己与别人的不同意见，修改第一次的判断，给出第二次分析判断，按期寄回。如此反复修改多次，直到各专家对自己的判断意见比较固定，不再修改时为止。在一般情形下，经过三次反馈，即经过初次判断和两次修改，就可以使判断意见趋于稳定。

（4）确定预测值。即在专家小组比较稳定的判断意见的基础上，运用统计方法加以综合，最后做出市场预测结论。

德尔菲法具有反馈性、匿名性和统计性特点，选择合适的专家是做好德尔菲预测的关键环节。

德尔菲法的优点在于：

（1）可以加快预测速度和节约预测费用。

（2）可以获得各种不同但有价值的观点和意见。

（3）适用于长期预测和对新产品的预测，在历史资料不足或不可测因素较多时尤为适用。

德尔菲法的缺点在于：

（1）对于分地区的顾客群或产品的预测则可能不可靠。

（2）责任比较分散。

（3）专家的意见有时可能不完整或不切合实际。

案例 4－7

某空调机厂对某种型号的空调机投放市场后的年销售量进行预测，聘请9位专家应用德尔菲法，进行四轮的征询、反馈、修改汇总后得到如下数据（见表4－2）：

表 4－2 空调机销售量德尔菲法预测表

万台

征询次数	专家										
	1	2	3	4	5	6	7	8	9	中位数	极差
1	50	45	23	52	27	24	30	22	19	27	31
2	46	45	25	43	26	24	29	24	23	26	23
3	35	45	26	40	26	25	27	24	23	26	22
	35	45	26	40	26	25	27	24	23	26	22

从表 4－2 中可以看出专家的第一轮意见汇总得出的中位数为 27，极差为 31。数据表明，专家的意见相当分散。专家根据反馈意见，大多数人修改了自己的意见并向中位数靠拢，因此，第二轮意见汇总后极差变小。但第四轮征询时，每位专家都不再修改自己的意见了，于是得出最终的预测值，可以认为年销售量将达到 26 万台，但极差达 22 万台。

（三）销售人员意见综合法

这里所指的销售人员除了直接从事销售的人员还包括管理部门的工作人员和销售主管等人员。销售人员意见综合预测法在实施过程中要求每一位预测者给出各自销售额的“最高”“最可能”“最低”预测值，并且就预测的“最高”“最可能”“最低”出现的概率达成共识。

这种预测方法的具体计算方法是：

先计算出每个销售人员的预测值，然后根据给每位销售人员赋予的不同权重 p_i，再计算加权平均值。每个销售人员预测值的计算方法是：

$$F_i = \text{最高销量} \times \text{概率} + \text{最可能销量} \times \text{概率} + \text{最低销量} \times \text{概率}$$

最终预测值的计算方法是：

$$F = \sum_{i=1}^{n} F_i p_i$$

案例 4－8

某公司销售经理和两位副经理对某地区本公司产品的销售量进行预测，得到如表 4－3 所示的数据，试求预测值。

表 4－3 预测数据表

万元

项目	最高销售额	最可能销售额	最低销售额	权重
经理	2 720	2 510	2 350	0.6
副经理甲	1 900	1 800	1 700	0.2
副经理乙	2 510	2 490	2 380	0.2
概率	0.3	0.4	0.3	

经理的预测值为：

$$F1 = 0.3 \times 2\,720 + 0.4 \times 2\,510 + 0.3 \times 2\,350 = 2\,525\ (\text{万元})$$

副经理甲的预测值：

$$F2=0.3\times1\ 900+0.4\times1\ 800+0.3\times1\ 700=1\ 800\text{（万元）}$$

副经理乙的预测值：

$$F3=0.3\times2\ 510+0.4\times2\ 490+0.3\times2\ 380=2\ 463\text{（万元）}$$

最终预测值：

$$F=0.6\times2\ 525+0.2\times1\ 800+0.2\times2\ 463=2\ 367.6\text{（万元）}$$

（四）购买意向调查预测法

购买意向预测法是一种在市场研究中最常用的市场需求预测方法。这种方法与问卷形式可以征询潜在的购买者未来的购买量，由此预测出市场未来的需求。由于市场需求是由未来的购买者实现的，因此如果在征询中潜在的购买者如实反映购买意向，那么据此做出的市场需求预测将是相当有价值的。在应用这一方法时，对生产资料和耐用消费品的预测较非耐用品精确，这是因为对非耐用消费品的购买意向容易受到多种因素的影响而发生变化。

案例4-9

在某市区进行空调机需求的市场调查中，访问500个样本，被访者表明购买意向如下：

一定会买	150人	占30%
可能会买	75人	占15%
不能决定是否购买	125人	占25%
可能不会买	100人	占20%
肯定不会买	50人	占10%
总计	500人	占100%

对于上述的调查答案还必须进行某种加权处理才能得出符合实际情况的结论。如，被访者回答一定会购买或可能购买往往包含夸大购买倾向的成分。被访者之所以具有这种夸大购买倾向的原因，一是为了给访问者一种满足，另一方面是因为回答时往往没有慎重考虑会影响购买的多种因素，仅仅是脱口而出而已。类似的，即使是回答可能不会买或肯定不会买的被访者也有成为最终购买者的可能。根据这种分析，在实际处理时，可对每一种选择赋予适当的购买权重。如对一定会购买赋予权数0.90，可能会购买赋予权数0.20，肯定不会购买赋予权数0.02等（见表4-4）。

表4-4　被访者购买意向

选择答案	回答百分比/%	指定权数	加权百分比/%
一定会买	30	0.90	27
可能会买	15	0.20	3
不能肯定是否购买	25	0.10	2.5
可能不会买	20	0.03	0.6
肯定不会买	10	0.02	0.2

平均购买可能性=27%+3%+2.5%+0.6%+0.2%=33.3%

假设这一地区共有家庭总数200万个，则该地区空调的未来可能购买量为：未来市场需求量=家庭总户数×平均购买可能性

2 000 000×33.3%=666 000（个）

情境二 定量预测

学习要点

1. 了解定量预测的概念
2. 熟悉移动平均法、指数平滑法
3. 掌握趋势延伸法、季节指数法等几种常用的时间序列预测方法
4. 掌握回归分析预测法

导读案例

金星公司是生产大屏幕彩色显示器（简称彩显）的一家跨国公司，在世界范围内销售形势是乐观的，但其中国公司2012年由于各国显示器生产厂家纷纷在中国办厂或大批向中国放货，行业中的竞争日趋激烈，销售量增长不大。该公司销售形势处于一种“凭市场摆布”的局面，除去竞争因素外，另一个重要因素是企业内部未充分挖掘潜力，尤其是缺乏科学的战略性的市场观测，缺乏一套行之有效的经营管理信息系统。

为了摆脱困境，公司市场研究人员对公司的营销历史和现状进行深入研究和分析，研究人员在认真总结以往经验的基础上，一致认为不仅要加强定性预测和分析的主导作用，而且要重视定量预测和分析的研究工作，特别是充分发挥计算机的作用，使定性预测分析和定量预测分析密切结合起来，他们使用数学模型和自行开发的软件包建立了一体化的市场营销管理信息系统。从营销交易和企业环境中收集、处理和分析有用、适时、准确的信息，创造了一种崭新的，更符合产品市场和公司实际的科学预测和分析方法。

一方面，随着中国宏观经济的发展，大屏幕显示器市场需求量的发展具有一定的延续性。另一方面，显示器为通用产品，各种品牌竞争激烈。显示器的固定配套用户比较少，所以屏幕显示器的研制和销售也具有某种不确定因素，即较难考虑它发展的因果关系。此外，显示器的市场需求量，受兼容PC机销售的支撑，有一定的季节波动，如一二月像冬眠期一样销售迟缓，三月形势转为明朗，随后是在缓慢下滑中的维持状态，八月销售突然转旺，是受暑期购买兼容PC机高潮的影响。根据这一情况，研究人员认为预测方法宜采用两种方法：即时间序列分析法中的指数平滑法和季节性变动法。前者主要对短期的销售趋势进行预测，后者则着重预测季节性变化及长期的销售变化状态，弥补了短期预测的不足。

研究人员利用公司历年销售的历史数据，使用改进了的指数平滑法比较准确地预测到短期销售趋势，同时运用季节性变动法进行分析，掌握了大屏幕显示器季节性需求变动规律和长期的销售变化状态，获得较好的预测效果。

一、定量预测

（一）定量预测的方法

定量预测，是指在数据资料充分的基础上，运用数学方法，有时还要结合计算机技术，对事物未来的发展趋势进行数量方面的估计与推测。定量预测方法有两个明显的特点：一是依靠实际观察数据，重视数据的作用和定量分析：二是建立数学模型作为定量预测的工具。随着统计方法、数学模型和计算机技术日益为更多的人掌握，定量预测的作用会越来越大。

市场预测中的定量预测方法，是在分析影响市场供求变动因素的基础上，找出相关变量之间的因果关系，建立数学模型，通过运算来得到预测结果。例如，设某种商品价格稳定，该商品销售额便由销售量决定。这时，销售量是自变量，设为 x，销售额是因变量，设为 y，它们之间用函数式表示为：$y=f(x)$。这一函数式就描述了这种商品在价格确定条件下的销售额与销售量之间的相互关系及其变化规律。如果变量之间的关系能确定地描述，则称变量之间存在因果关系；如果变量之间的关系不能确定地描述，就称变量之间为相关关系。不论变量之间存在的是因果关系或是相关关系，都可采用定量分析方法进行预测。

定量预测方法的运用，要求有充分的历史资料；影响预测对象发展变化的因素相对稳定；能在预测对象的某一指标与其他相关指标的联系中找出规律性，并能以此作为依据建立数学模型。实际工作中，由于社会经济现象错综复杂，不可能把所有变动因素都纳入数学模型；有些数据难以取得或取得成本过高，使定量预测方法的运用也存在一定的局限性。

1. 移动平均法

移动平均法是取预测对象最近一组历史数据的平均值作为预测值的方法。这种方法不是仅取最近一期的历史数据作为下一期的预测值，而是取最近一组历史数据的平均值作为下一期的预测值，这一方法使近期历史数据参与预测，使历史数据的随机成分有可能互相抵消，于是平均值所含的随机成分相应减少。

移动平均法的“平均”是指对历史数据的“算术平均”，而“移动”是指参与平均的历史数据随预测值的推进而不断更新。当一个新的历史数据进入平均值时，要剔除原先参与预测平均的一个历史数据，并且每一次参与平均的历史数据的个数是相同的。

其计算公式为：

$$F=\frac{1}{n}\sum_{i=t-n}^{t-1}X_i$$

式中，F 表示预测值，X 表示历史数据，n 表示参与平均的数据的个数，t 表示第 t 期。

案例 4－10

某公司根据2003 年 12 月某产品的销量，采用移动平均法预测 2004 年 1 月份的销售量，求预测值并分析其误差。表 4－5 所示为移动平均法计算表。

表 4-5 移动平均法计算表 万元

月序数 t	实际销量（X_t）	3月移动平均值（F_{t+1}）	预测误差（$X_{t+1}-F_{t+1}$）	误差平方（$X_{t+1}-F_{t+1}$）^{2}
1	190.1			
2	220.0			
3	188.1			
4	198.0	199.3	-1.3	1.7
5	210.0	202.0	8	64
6	207.0	198.7	8.3	68.9
7	238.0	205.0	33	1 089
8	241.0	218.3	22.7	515.3
9	220.0	228.7	-8.7	75.7
10	250.0	233.0	17	289
11	261.0	237.0	24	576
12	270.0	243.7	26.3	691.7
		260.3		

2. 季节指数法

季节变动是指某些市场现象由于受自然气候、生产条件、生活习惯等因素的影响，在一定时间中随季节的变化而呈现出周期性的变化规律。如农副产品受自然气候的影响，形成市场供应量的季节性变动；节日商品、礼品性商品受民间传统的影响，其销售量也具有明显的季节变动现象。对季节变动进行分析研究，掌握其变动规律，可以预测季节型时间数列的季节变动值。

季节变动的主要特点是：每年都重复出现，各年同月（或季）具有相同的变动方向，变动幅度一般相差不大。因此，研究市场现象的季节变动，收集时间序列的资料一般应以月（或季）为单位，并且必须有 3 年或 3 年以上的市场现象各月（或季）的资料，才能观察到季节变动的一般规律。

季节指数法，就是根据预测目标各年按月（或季）编制的时间数列资料，以统计方法测定出反映季节变动规律的季节指数，并利用季节指数进行预测的方法。测定季节指数的方法大体有两类，一是不考虑长期趋势的影响，直接根据原时间数列计算季节指数；二是考虑长期趋势的存在，先将长期趋势消除，然后计算季节指数。

（1）无趋势变动的季节指数预测法。如果时间数列没有明显的长期变动趋势，就可以假设其不存在长期趋势，直接对时间数列中各年同月（或季）的实际值加以平均，再将各年同月（或季）的平均数与各年的总平均数进行比较，求出季节指数，或将各年同月（或季）的平均数与各年的总平均数相减，求出季节变差，最后通过季节指数或季节变差来计算出预测值。

【例】表4－6所示为某商品销售量五年的分季资料，假设该资料无长期趋势。

表4－6　某商品销售量5年的分季资料

年度	第一年		第二年		第三年		第四年		第五年	
季度	一	二	一	二	一	二	一	二	一	二
	三	四	三	四	三	四	三	四	三	四
销售量/吨	—	—	5	8	6	10	8	12	15	17
	13	18	14	18	16	22	19	25	23	30

要求：

①假设第六年第一季度的销售量为10吨，试预测第二季度的销售量；

②假设第六年上半年的销售量为27吨，试预测第三季度的销售量；

③假设第六年全年的计划销售量为60吨，试预测各季度的销售量。

季节指数和季节变差的计算如表4－7所示。

表4－7　季节指数与季节变差的计算

时间	一季度	二季度	三季度	四季度	全年合计
第一年	—	—	13	18	31
第二年	5	8	14	18	45
第三年	6	10	16	22	54
第四年	8	12	19	25	64
第五年	15	17	—	—	32
同季合计	34	47	62	83	226
同季平均数	34÷4＝8.5	47÷4＝11.75	62÷4＝15.5	83÷4＝20.75	年平均数＝14.125
季节指数/%	8.5÷14.125×100%＝60.18	11.75÷14.125×100%＝83.19%	15.5÷14.125×100%＝109.73%	20.75÷14.125×100%＝146.9%	400
季节变差	8.5－14.125＝－5.625	11.75－14.125＝－2.375	15.5－14.125＝1.375	20.75－14.125＝6.625	0

注意，计算季节指数时，若以月为周期，则12个月的季节指数之和应为1 200%；若以天为周期，则一周7天的季节指数之和应为700%。如果计算时的舍入误差使季节指数之和不等于相应标准，那么需用比例法将其调整为标准形态。同理，季节变差之和应等于0，否则也应做调整。

解：先根据已知的第一季度销售量和第一季度的季节指数，求出第六年的季平均数；再根据第六年的季平均数和第二季度的季节指数，求出第二季度的预测值。

第六年的季平均数 =10 ÷60.18% =16.62

第六年第二季度的销售量 =16.62 ×83.19% =13.83（吨）

用季节变差预测第二季度的销售量，则可直接计算：

第六年第二季度的销售量 = （10 +5.625） -2.375 =13.25（吨）

（2）含趋势变动的季节指数预测法。市场现象时间数列的变动，大部分都是季节变动与长期趋势变动交织在一起的。在研究季节变动的同时，还必须考虑其长期趋势变动，把季节变动和长期趋势变动两种变动规律综合起来进行预测。

对含有两种变动趋势的时间数列求季节指数，最简便的办法是利用移动平均法计算出各期的趋势值，再将各期的实际值与对应期的趋势值相比较，计算出季节比率；接着把各年相同季节的季节比率加以平均，必要时再做一点修正，即求得季节指数。得到季节指数后，再根据趋势值的平均变动情况，求出预测期的趋势值，将其与对应期的季节指数相乘，就能得到所要预测的值。

以上例为例，销售量是含增长趋势的季节变动时间数列，按移动平均法来计算季节指数的过程如表 4 -8 所示。

表 4 -8　季节比率计算表

年度	季度	销售量/吨	四个季度移动总数/吨	四个季度移动平均数/吨	趋势值/吨	趋势变动情况	季节比率/%
第三年	一	6	48	12.00	12.25	0.5	48.98
	二	10	50	12.50	13.00	0.75	76.92
	三	16	54	13.50	13.75	0.75	116.36
	四	22	56	14.00	14.25	0.50	154.39
第四年	一	8	58	14.50	14.875	0.62	53.78
	二	12	61	15.25	15.625 5		76.80
	三	19	64	16.00	16.875	0.75	112.59
	四	25	71	17.75	18.375	1.25	136.05
第五年	一	15	76	19.00	—	—	—
	二	17	—	—	—	—	—
						—	
平均	—	—	—	—	—	0.66	—

注意，由于移动跨越期是偶数，移动平均数对应的时间是中点，因此需要对相邻的两个移动平均数再进行一次移动平均，得出趋势值才能正好与同期实际值一一对应。计算出趋势值和平均趋势变动情况后，即可推测在长期变动趋势影响下各期的趋势值。如第四年第四季度的趋势值为 18.375，第五年第三季度与之相隔 3 期，平均趋势变动情况为 0.66，则第五年第三季度的趋势值为：18.375 +3 ×0.66 =20.355。之后，再与相应的季节指数相乘，便得到了该期的预测值，如表 4 -9 所示。

表 4-9　季节指数计算表　%

时间	一季度	二季度	三季度	四季度	全年合计
第一年	44.94	71.11	—	—	—
第二年	48.98	76.92	123.08	153.19	—
第三年	53.78	76.80	116.36	154.39	—
第四年	—	—	112.59	136.05	—
第五年	—	—	—	—	—
同季合计	147.70	224.83	352.03	443.63	
同季平均数	147.7 ÷ 3 = 49.23	224.83 ÷ 3 = 74.94	352.03 ÷ 3 = 117.34	443.63 ÷ 3 = 147.88	389.39
修正系数	400 ÷ 389.39 = 1.027 25				
修正后的季节指数	49.23 × 1.027 25 = 50.57	74.94 × 1.027 25 = 76.98	117.34 × 1.027 25 = 120.54	147.88 × 1.027 25 = 151.91	400

其他方法也能求出季节指数，限于篇幅，这里不再介绍。

根据上述已获得的资料，预测后续 6 个季度销售量的计算过程如下：

第五年第三季度预测值 = （18.375 + 3 × 0.66） × 120.54% = 24.54（吨）

第四季度预测值：（18.375 + 4 × 0.66） × 151.91% = 31.92（吨）

第六年第一季度预测值 = （18.375 + 5 × 0.66） × 50.57% = 10.96（吨）

第二季度预测值 = （18.375 + 6 × 0.66） × 76.98% = 17.19（吨）

第三季度预测值 = （18.375 + 7 × 0.66） × 120.54% = 27.72（吨）

第四季度预测值 = （18.375 + 8 × 0.66） × 151.91% = 35.93（吨）

3. 指数平滑法

指数平滑法，是根据历史资料的上期实际数和预测值，用指数加权的方法进行预测，其实质是一种以特殊的等比数列为权数的加权移动平均法，优点是只要有上期实际数和上期预测值，就可以计算下期预测值，可以节省数据处理时间，非常简便。根据平滑次数，指数平滑法可分为一次指数平滑法和多次指数平滑法。

一次指数平滑法，指以预测对象的本期实际值和本期预测值为基数，分别给两者以不同的权数，计算出指数平滑值，作为下期预测值。一次指数平滑法的预测公式为：

$$S_{t+1}^{(1)} = \alpha X_t + (1-\alpha)\ S_t^{(1)}$$

式中，$S_{t+1}^{(1)}$ 为指数平滑值，即下期预测值；X_t 为本期的实际值；$S_t^{(1)}$ 为本期预测值；α $(0 \leqslant \alpha \leqslant 1)$为平滑系数。

多次指数平滑法，是二次指数平滑法、三次指数平滑法及以上指数平滑法的统称。在市场预测中，主要应用二次指数平滑法。二次指数平滑法对时间数列进行了一次指数平滑后再做一次指数平滑，求得二次指数平滑值，并利用一次指数平滑值与二次指数平滑值之间的滞后偏差演变规律，建立线性方程，用于预测。二次指数平滑法的预测公式为：

$$S_t^{(2)} = \alpha S_t^{(1)} + (1-\alpha)\ S_{t-1}^{(2)}$$

式中，$S_t^{(2)}$ 为 t 时期的二次指数平滑值；$S_t^{(1)}$ 为 t 时期的一次指数平滑值；$S_{t-1}^{(2)}$ 为 t 前一时期的二次指数平滑值；α $(0 \leqslant \alpha \leqslant 1)$ 是平滑系数。二次指数平滑法欲建立的直线方程式为：

$$\hat{X}_{t+T}=a_t+b_tT$$

式中，$\hat{X}_{t+T}$为第（$t+T$）期待预测值；t 为一次与二次移动平均值的时间，通常为本期；T 为本期到预测期的时期数；a_t 和 b_t 为参数，计算公式为：

$$a_t=2S_t^{(1)}-S_t^{(2)}$$

$$b_t=\frac{\alpha}{1-\alpha}\left(S_t^{(1)}-S_t^{(2)}\right)$$

在用指数平滑法进行预测时，需要确定初始值和平滑系数，初始值一般可以用最早的观察值或最早的前几个观察值的平均数代替，平滑系数则需要通过测试得出。

案例 4－11

某公司根据最近 12 年的销售额，预测第 13 年的销售额情况，用一次指数平滑法进行预测（$\alpha=0.3$）（见表 4－10）。

表 4－10 一次指数平滑法预测值计算表

年序数 t	实际销量（X_t）	指数平滑值（F_{t+1}）	预测误差（X_t-F_t）	误差平方（X_t-F_t）^{2}
1	140.0	140.0	—	—
2	136.0	140.0	－4	16
3	157.0	138.0	18.2	331.2
4	174.0	144.3	29.7	822.1
5	130.0	153.2	23.2	538.2
6	179.0	146.2	32.8	1075.8
7	180.0	156.0	24	576
8	154.0	163.2	－9.2	84.6
9	170.0	160.4	9.6	92.2
10	185.0	163.3	21.7	470.9
11	170.0	169.8	0.2	0.04
12	168.0	169.9	－1.9	3.6
13		169.3	—	—

关于平滑系数的取值直接影响预测结果的精度。一般平滑系数按如下原则选取：

①对于斜坡趋势型的历史数据，一般可取较大的平滑系数：$0.6<\alpha<1$；

②对于水平型历史数据一般可取较小的平滑系数：$0<\alpha<0.3$；

③对于水平型和斜坡趋势型混合的历史数据，一般可取适中的平滑系数：$0.3\leqslant\alpha\leqslant0.6$。

4. 因果分析法

因果分析法也叫回归分析法，就是分析市场变化的原因，找出原因与结果的联系的方法，并据此预测市场未来的发展趋势。

在生产和流通领域中，经常遇到一些同处于一个统一体的变量。在这个统一体中，这些变量是相互联系、相互制约的，它们之间客观上存在着一定的关系。为了深入了解事物的本质，需要利用适当的数学表达式来表明这些变量之间的依存关系。微积分是研究完全确定的函数关系。然而，在许多实际问题中，由于变量之间的关系比较复杂，所以人们无法得到精确的数学表达式，再加上生产或实验过程中不可避免地存在着误差，所以它们之间的关系具有某种不确定性。

因此，在大量的实践或观察中，需要用统计方法去寻找隐藏在上述随机性后面的统计规律。这类统计规律称为回归关系，有关回归关系的计算方法和理论通称为回归分析法。用回归分析法来分析一个或几个自变量（y）的变动，推测另一个自变量（x）变动的方向和程度，就是回归预测。回归预测主要分一元线性回归预测、多元线性回归预测、非线性回归预测等。本任务从多方面因素考虑，只讲解一元回归预测法。

一元线性回归预测是运用一个在事物变动的诸因素中主要的和起决定作用的自变量的变动，来推测另一个因变量的变动情况并得出它们之间的关系式，从而进行市场预测的一种方法。因为这两个变量之间一般呈线性关系，所以叫作线性回归预测法。再根据它们相关方向的不同，又分为正相关（顺相关）与负相关（逆相关）。例如，某地区居民人均年收入增加，某种耐用销售品的销售量也随之增加，其变动方向一致，因此称为正相关。如果根据商品流通费率的大小来预测商业利润的增减，那么当流通率提升时，利润率就会降低，其变动方向是相反的，称为负相关。

一元线性回归法的公式为：$Y = a + bX$

上式中 Y 为因变数，X 为自变量，即引起市场变化的某影响因素；a、b 为回归系数，其中 a 是截距，b 为斜率。在市场预测中，回归分析则是通过历年数据确定回归系数 a、b 之值。推算 a、b 值的常用方法是最小二乘法。公式为：

$$a = \frac{1}{n}\sum_{i=1}^{n} Y_i - b\frac{1}{n}\sum_{i=1}^{n} X_i = \bar{Y} - b\bar{X}$$

$$b = \frac{n\sum X_iY_i - (\sum_{i=1}^{n} X_i)(\sum_{i=1}^{n} Y_i)}{n\sum X_i^2 - (\sum_{i=1}^{n} X_i)^2}$$

案例 4－12

现在以 1986 年至 1990 年某地区居民人均年收入与某企业生产的某种耐用消费品的年销售量为例（见表 4－11），来说明一下。

表 4－11　某地区居民人均收入和某种耐用消费品年销售量表

年份	人均年收入/百元	x^2	年销售量 y/万辆	xy	年销售量理论值/万辆
1996	3	9	8.0	24	8.24
1997	4	16	9.5	38	9.32
1998	5	25	10.6	53	10.40

续表

年份	人均年收入/百元	x^2	年销售量 y /万辆	xy	年销售量理论值/万辆
1999	6	36	11.5	69	11.48
2000	7	49	12.4	86.8	12.56
$\sum$	25	135	52	270.8	52.00

根据上述公式，得：$b=1.08$，$a=5$

据此建立的预测模型为：

$\hat{y}=5+1.08x$

当1991年居民人均年收入为900元时，该企业的年销售量预测值为：

$\hat{y}=5+1.08\times9=14.72$（万件）

（二）定量预测的优缺点

定量预测的优点在于：注重事物发展在数量方面的分析，重视对事物发展变化的程度做数量上的描述，更多地依据历史统计资料，较少受主观因素的影响。

定量预测的缺点在于：比较机械，不易处理有较大波动的资料，更难以预测事物的变化。

定性预测和定量预测并不是相互排斥的，而是可以相互补充的，在实际预测过程中应该把两者结合起来使用。

分组讨论

根据本次学习任务，学生对实际案例进行分组讨论。首先在理解市场预测与分析的方法、内容、程序的基础上，分析实际案例；然后对案例后的问题进行思考和讨论。

（1）你认为春花童装厂产品滞销的问题出在哪里？

（2）为什么市场的实际发展状况，会与李厂长市场调查与预测的结论大相径庭？

在讨论过程中，每组设立一位组长，组长负责整个小组的讨论工作，以及做出小组总结。

学习反馈

通过对本学习任务开头的实际案例进行分析，可以看出：

该童装厂的产品销售从持续稳定增长到戛然中止，其主要原因在于向市场轻率地推出了与正常需求不相适应的“新产品”，并过快地将这些“新产品”取代原本畅销的老产品。

产品的适销既要考虑到产品的功能、质量、款式等使用价值，也应保证产品价格的适中。该厂的童装新品种虽然在款式上令人喜爱，但由于借鉴成人服装工艺，成本增加，定价太高，超过消费者愿意承担的范围。除了在特殊情况下的特殊需求以外，考虑到儿童正处于长身体的阶段，童装的实际使用时间有限，而且每户家庭一般都只有一个子女，因此，多数顾客虽然喜欢新款式，但都不愿意购买价格偏高的童装，这样就使该厂失去了最基本的，也是最主要的市场。

李厂长虽然对童装新品种预先经过了市场调查与预测，但还是出现了事与愿违的情况。究其原因在于运用市场调查与预测的方法不恰当。在运用时忽视了市场环境的一致性，对春节前的购销旺季的特殊销售状况和市场的正常销售状况不加区别，错误地估计自己的产品完全适应了市场需求，销售量将继续增长，而忘记了时过境迁，消费者的购买动机和购买行为会发生变化，从而对企业产品的销售带来巨大影响。同时，该厂在进行产品销售预测时，简单地套用了加权移动平均法，而没有看到市场预测的基本条件已经发生变化。由于加权平均法对各期的销售量做了加权平均，降低了偶然性变化的影响程度，因而它主要适合对销售比较稳定，基本上只受偶然性变化影响的销售状况进行预测。当销售状况受到必然性变化的影响时，就不能采用这种方法来进行预测。该厂在春节前生产销售的是老产品，而春节以后，主要生产销售新产品，该厂用老产品的统计资料来预测新产品的销售量，作为安排生产的依据，这样必然会得出错误的结论。

实务操作

进行市场预测分析：

（1）目的。通过本次实训，进一步使学生了解和掌握市场预测与分析的基本原理和要求，并学会定性预测法和定量预测法的灵活运用，进而提高其实践能力。

（2）操作流程。请对模拟公司的市场进行定性定量预测分析。

（3）考核。教师根据学生掌握市场预测与分析方法的熟练情况和调查的深入程度做出相应评分。

学习任务五

消费者市场分析

学习目标

1. 理解消费、消费者、消费需要的含义
2. 掌握消费者结构调研的基本内容
3. 懂得恩格尔系数的含义
4. 理解和掌握消费者需要与动机调研的内容和方法
5. 理解和掌握消费者购买过程调研的内容和方法
6. 理解和掌握产品和品牌选择调研的内容和方法
7. 理解和掌握顾客满意度调研的内容和方法

实际案例

北京西乐日用化工厂是北京市海淀区四季青乡化轻公司下属的一个乡办化妆品生产企业。它的前身是一个修补轮胎的手工作坊。1984 年，该厂根据社会对日用化妆品需求不断增长的趋势，正式转产护肤霜。几年来，西乐厂坚持依靠科技，不断开发出适销对路的新产品，继 1984 年投产当年产值达 20 万元后，销售额连年翻番，到 1990 年已突破 900 万元。这家只有 200 多名职工的乡办企业，到 2008 年已开发出 6 个系列的 42 个品种的产品，每年为国家创利税上百万元，产品不仅在激烈的市场竞争中占有一席之地，而且已经在我国北部地区走俏。北京西乐日用化工厂之所以取得如此好的成绩，其中一个极为重要的原因就是该厂抓住了消费者对日用化妆品的消费心理展开了心理营销。

（1）抓住顾客求新求美的心理。随着化妆品消费需求的发展，消费者不再仅仅追求化妆品的美容需要，而且更加重视其护肤、保健等多种功能。1984 年，西乐厂引进了北京协和医院开发的硅霜生产技术，并把这种经过临床医疗试验证明具备护肤、治疗良效的专用技术，用来开发新型化妆品，当年 9 月通过硅霜工业化生产者技术鉴定后，很快就生产出以“斯丽康”命名的护肤霜，并投入市场。这种化妆品与传统护肤霜的不同之处，在于它以硅油代替了以往常用的白油或动、植物油脂。这种硅油涂在皮肤上，能形成一种薄膜，一方面能防止皮肤表面因水分丧失而干燥，另一方面又能维持皮肤细胞的正常新陈代谢。因此，斯丽康护肤霜由于使用了硅油，可起到美容、增白、洁肤的作用。长期使用硅油化妆品，不但无害，还可使使用者的皮肤滑润、弹性好。几年来，该厂陆续推出的“斯丽康高级护肤霜”“斯丽康增白粉蜜”等多种新产品，已经受到了顾客的青睐。西乐化妆品企业在满足消费者的这些求新求美心理中，不断占领新的市场。

(2) 抓住顾客的求实心理。对于化妆品消费者来说，最大的担心是化妆品的副作用，如害怕导致皮肤过敏，担心长期使用会患皮肤病，会影响身体健康。针对这一点，西乐厂牢牢把握产品的质量关，并努力让消费者信赖该产品。他们抓住消费者求安全的这一心理特征，在推销化妆品过程中，必带“三证”，即生产许可证、卫生许可证和质量合格证，以取得用户对产品质量的信赖。该厂还主动邀请质量监督部门、卫生管理部门来厂检查、评定。由于该厂重视科技开发，严格质量检查，注重厂容，文明生产，因此，先后得到北京市经济委员会和农业部颁发的西乐牌斯丽康高级护肤霜、斯丽康增白粉蜜等优质产品证书，在检测、卫生评比中也多次受到肯定。通过这些上级主管部门的肯定性评价，提高了企业的声誉和形象。为了推销新产品，西乐厂还经常派出技术人员参加展销会、订货会，由科技人员用医学道理，深入浅出地讲解皮肤的结构和斯丽康特有的功效，用科学道理解除用户的疑虑和误解。他们还通过直接演示法通俗易懂地说明硅油化妆品对皮肤的保护作用。在表演时，演示者用一块普通布、一块经过硅油处理过的布，做两组对比实验。一组是：用一杯水分别从两块布倒下去，普通布透水，硅油布滴水不透，从而形象地显示了硅油化妆品具有保持水分的良好性能；另一组是：分别在两块布下面点燃烟，结果普通布把烟挡在下面，而经硅油处理的那块布却青云直上，显示经硅油处理的布透气。两组实验直观地表现了斯丽康化妆品“透气不透水”的独创功能，说明对人体皮肤有益无害。这种“攻心战”使广大用户心悦诚服地接受了斯丽康化妆品，取得了心理营销的成功。

(3) 抓住顾客的求名心理。西乐厂化妆品之所以很快在市场上走俏，这与该厂选用斯丽康（SLK）这个牌子不无关系。斯丽康这个有机硅的英文 silicone 是音译而来的名字，发音响亮，并带有一点儿“洋味”，在一定程度上能够满足部分消费者追求高档、进口、名牌化妆品的心理需求。当广告上出现“斯丽康高级化妆品”的宣传时，广大消费者并没有把这个名字与乡镇企业联系起来。

由于种种原因，当前社会上对乡镇企业产品抱有质差、档次低的成见；相反，认为高档的化妆品应是进口产品，或合资企业的产品。针对部分化妆品消费者的这一心理，西乐厂在广告宣传时，采取着重宣传产品特色，而不是宣传企业自身的促销策略，随着斯丽康产品的推出，当“斯丽康护肤霜”深入人心，在北京家喻户晓的时候，人们并未想到享有盛誉的斯丽康化妆品的厂家只是一个乡办企业。一直到了斯丽康化妆品相当走俏时，北京西乐日用化工厂的名字才逐渐为顾客知晓。

【思考】

1. 你认为化妆品消费者的心理特征有哪些？北京西乐日用品化工厂如何根据顾客的需求心理进行产品开发？

2. 该厂在产品促销活动中采取了哪些营销策略？试结合本案例谈谈企业如何围绕顾客消费心理从事市场营销。

情境一 市场与市场需求

学习要点

1. 理解市场、市场需求的含义
2. 了解市场体系的构成
3. 理解市场供求关系及其影响关系

导读案例

宝洁公司和一次性尿布

1956 年，宝洁公司开发部主任维克·米尔斯在照看其出生不久的孙子时，深切感受到一篮篮脏尿布给家庭主妇带来的烦恼。洗尿布的责任给了他灵感。于是，米尔斯就让手下几个最有才华的人研究开发一次性尿布。

一次性尿布的想法并不新鲜。

事实上，当时美国市场上已经有好几种牌子了。但市场调研显示：多年来这种尿布只占美国市场的 1%。原因首先是价格太高；其次是父母们认为这种尿布不好用，只适合在旅行或不便于正常换尿布时使用。

调研结果：一次性尿布的市场潜力巨大。美国和世界许多国家当时正处于婴儿出生高峰期。将婴儿数量乘以每日平均需换尿布次数，可以得出一个大得惊人的潜在销量。宝洁公司产品开发人员用了一年的时间，最初样品是在塑料裤衩里装上一块打了褶的吸水垫子。但在 1958 年夏天现场试验结果，除了父母们的否定意见和婴儿身上的痱子以外，一无所获。

1959 年 3 月，宝洁公司重新设计了它的一次性尿布，并在实验室生产了 37 000 个样子，拿到纽约州去做现场试验。这一次，有三分之二的试用者认为该产品胜过布尿布。降低成本和提高新产品质量，比产品本身的开发难度更大。到 1961 年 12 月，这个项目进入了能通过验收的生产工序和产品试销阶段。公司选择地处美国最中部的城市皮奥里亚试销这个后来被定名为“娇娃”（Pampers）的产品。发现皮奥里亚的妈妈们喜欢用“娇娃”，但不喜欢 10 美分一片尿布的价格。在 6 个地方进行的试销进一步表明，定价为 6 美分一片，就能使这类新产品畅销。宝洁公司把生产能力提高到使公司能以该价格在全国销售娇娃尿布的水平。娇娃尿布终于成功推出，直至今天仍然是宝洁公司的拳头产品之一。

【思考】

1. 宝洁公司开发一次性尿布的决策是在什么基础上进行的？
2. 宝洁公司是否把握了现代市场营销的基本精神？

一、市场的内涵

市场是社会分工和商品经济发展到一定程度的产物。传统观念的市场是商品交换的场所。如商店、集市、商场、批发站、交易所等。狭义上的市场是买卖双方进行商品交换的场所。

广义的市场是指由那些具有特定需要或欲望，愿意并能够通过交换来满足这种需要或欲望的全部顾客所构成的。

市场＝购买者＋购买力＋购买欲望。

市场的基本特征：统一、开发、竞争、有序。

统一仅使消费者在商品的价格、品种、服务上能有更多的选择，也使企业在购买生产要素和销售产品时有更好的选择。

一个开放的市场，能使企业之间在更大的范围内和更高的层次上展开竞争与合作，促进经济发展。

竞争是指各经济主体为了维护和扩大自己的利益而采取的各种自我保护的行为和扩张行为，努力在产品质量、价格、服务、品种等方面创造优势。

市场有序性能保证平等竞争和公平交易，保护生产经营者和消费者的合法权益。

二、市场需求

（一）市场需求的定义

市场需求是指一定的顾客在一定的地区、一定的时间、一定的市场营销环境和一定的市场营销计划下对某种商品或服务愿意而且能够购买的数量。

（二）市场需求分析的操作步骤

市场需求分析主要是估计市场规模的大小及产品的潜在需求量，这种预测分析的操作步骤如下：

1. 确定目标市场

在市场总人口数中确定某一细分市场的目标市场总人数，此总人数是潜在顾客人数的最大极限，可用来计算未来或潜在的需求量。

2. 确定地理区域的目标市场

算出目标市场占总人口数的百分比，再将此百分比乘以地理区域的总人口数，就可以确定该区域目标市场数目的多寡。

3. 考虑消费限制条件

考虑产品是否有某些限制条件足以减少目标市场的数量。

4. 计算每位顾客每年的平均购买数量

从购买率/购买习惯中，即可算出每人每年的平均购买量。

5. 计算同类产品每年购买的总数量

区域内的顾客人数乘以每人每年平均购买的数量就可算出总购买数量。

6. 计算产品的平均价格

计算产品的平均价格。利用一定的定价方法，算出产品的平均价格。

7. 计算购买的总金额

用第5项所求得的购买总数量，乘以第6项所求得的平均价格，即可算出购买的总金额。

8. 计算企业的购买量

将企业的市场占有率乘以第7项的购买总金额，再根据最近5年来公司和竞争者市场占有率的变动情况，做适当的调整，就可以求出企业的购买量。

9. 需要考虑的其他因素

有关产品需求的其他因素，例如：若是经济状况、人口变动、消费者偏好及生活方式等有所改变，则必须分析其对产品需求的影响。根据这些信息，客观地调查第 8 项所获得的数据，即可合理地预测在总销售额及顾客人数中公司的潜在购买量。

情境二　消费者市场细分

学习要点

1. 消费者市场细分的标准
2. 消费者市场细分的依据

导读案例

“清扬”洗发水市场细分创新：性别细分

作为一个新品牌，想在品牌林立的中国去屑洗发水市场分一杯羹，必然需要“清扬”在品牌推出之前找出去屑市场的定位空白点。传统洗发水市场常常以功能为标准进行细分，如去屑、营养、柔顺、防脱发、黑发等，或以头发颜色来细分，如黑头发专用、染发专用等。“清扬”首次以性别为细分变量，将市场细分为男士用、通用和女士用市场，并选择男士和通用细分市场作为目标市场。虽然只是简单的性别细分，但在洗发水市场上的确存在男性和女性不同市场的不同需求，而这个需求差异一直是厂家所忽略的。“清扬”的性别细分既在情理之中又在意料之外，这一细分市场的创新使消费者耳目一新，市场上刮起了一股强劲的“清扬”风。

“清扬”将旗下产品分为男士和通用两大系列，共 34 个品种，作为首家推出男士去屑洗发水的品牌，“清扬”通过“倍添维他矿物群”这一概念的宣扬，表明其对男士洗发的关注，可谓开创了男士去屑洗发水的“蓝海”领域。并通过男士系列与通用系列两大阵容所形成的品牌组合构成了联合利华“专业去屑”的洗护完整产品线，可以极大地满足消费者的要求。同时，在宣传过程中，通过说教式的广告语展示“清扬”对男士头屑问题的研究，令消费者产生去屑洗发水分“女士洗发水”和“男士洗发水”的心理认知，有效地将“清扬”与其他众多去屑品牌区分开来。

【思考】

1. “清扬”洗发水是如何利用“蓝海”战略来开辟“蓝海”领域的？
2. “清扬”洗发水是如何进行市场细分的？

一、市场细分的含义

著名学者兰晓华认为市场细分有两种极端的方式：完全市场细分与无市场细分；在该两极端之间存在一系列的过渡细分模式。

（一）完全市场细分

完全市场细分就是市场中的每一位消费者都单独构成一个独立的子市场，企业根据每位消费者的不同需求为其生产不同的产品。理论上说，只有一些小规模的、消费者数量极少的市场才能进行完全细分，这种做法对企业而言是不经济的。尽管如此，完全细分在某些行业，如飞机制造业等行业还是大有市场的，而且近几年开始流行的“订制营销”就是企业对市场进行完全细分的结果。

（二）无市场细分

无市场细分是指市场中每一位消费者的需求都是完全相同的，或者是企业有意忽略消费者彼此之间需求的差异性，而不对市场进行细分。

就消费者市场而言，细分变量，归纳起来主要有地理环境因素、人口统计因素、消费心理因素、消费行为因素、消费受益因素等，于是就有了地理细分、人口细分、心理细分、行为细分、受益细分这五种市场细分的基本形式。

（1）有利于企业发掘和开拓新的市场机会。

（2）有利于企业将各种资源合理利用到目标市场。

（3）有利于制定适用的经销策略。

（4）有利于调整市场的营销策略。

二、市场细分的作用与意义

（一）有利于选择目标市场和制定市场营销策略

市场细分后的子市场比较具体，比较容易了解消费者的需求，企业可以根据自己的经营思想、方针及生产技术和营销力量，确定自己的服务对象，即目标市场。针对较小的目标市场，便于制定特殊的营销策略。同时，在细分市场上，信息容易了解和反馈，一旦消费者的需求发生变化，企业可迅速改变营销策略，制定相应的对策，以适应市场需求的变化，提高企业的应变能力和竞争力。

联想的产品细分策略，正是基于产品的明确区分。联想打破了传统的“一揽子”促销方案，围绕“锋行”“天骄”“家悦”三个品牌面向的不同用户群需求，推出不同的“细分”促销方案。选择“天骄”的用户，可优惠购买让数据随身移动的魔盘、可精彩打印数码照片的3110打印机、作为SOHO好伴侣的M700多功能机，以及让人尽享数码音乐的MP3；选择“锋行”的用户，可以优惠购买“数据特区”双启动魔盘、性格鲜明的打印机以及“新歌任我选”MP3播放器；钟情于“家悦”的用户，则可以优惠购买“电子小书包”魔盘、完成学习打印的打印机、名师导学的网校卡，以及成就电脑高手的XP电脑教程。

（二）有利于发掘市场机会，开拓新市场

通过市场细分，企业可以对每一个细分市场的购买潜力、满足程度、竞争情况等进行分析对比，探索出有利于本企业的市场机会，使企业及时做出投产、移地销售决策或根据本企业的生产技术条件编制新产品开拓计划，进行必要的产品技术储备，掌握产品更新换代的主动权，开拓新市场，以更好地适应市场的需要。

（三）有利于集中人力、物力投入目标市场

任何一个企业的人力、物力、资金都是有限的。通过细分市场，选择了适合自己的目标市场，企业可以集中人、财、物等资源，去争取局部市场上的优势，然后再占领自己的目标市场。

（四）有利于企业提高经济效益

前面三个方面的作用都能使企业提高经济效益。除此之外，企业通过市场细分后，可以面对自己的目标市场，生产出适销对路的产品，既能满足市场需要，又可增加收入；产品适销对路可以加速商品流转，加大生产批量，降低企业的生产销售成本，提高生产工人的劳动熟练程度，提高产品质量，全面提高企业的经济效益。

三、市场细分的局限性

（1）市场细分成本高。

（2）投资成本上升，因为每个市场的风格、颜色等必须被保持。

（3）广告成本上升，因为每个细分市场必须有不同的广告宣传。

（4）管理成本上升，因为管理部门必须计划和实施几个不同的市场项目。

四、市场细分的依据

（一）消费者市场细分的依据

通常，企业是综合运用有关变量来细分市场，而不是单一采用某一变量。概括起来，细分消费者市场的变量主要有地理变量、人口变量、心理变量、行为变量这四大类。以这些变量为依据来细分市场就产生了地理细分、人口细分、心理细分和行为细分四种市场细分的基本形式。

1. 按地理变量细分市场

按地理变量细分市场即按照消费者所处的地理位置、自然环境来细分市场。例如，根据国家、地区、城市规模、气候、人口密度、地形地貌等方面的差异将整体市场分为不同的小市场。地理变数之所以可作为市场细分的依据，是因为处在不同地理环境下的消费者对同一类产品往往有不同的需求与偏好，他们对企业采取的营销策略与措施会有不同的反应。

2. 按人口变量细分市场

按人口变量细分市场即按人口统计变量，如年龄、性别、家庭规模、家庭生命周期、收入、职业、教育程度、宗教、种族、国籍等为基础细分市场。

性别：由于生理上的差别，男性与女性在产品需求与偏好上有很大不同，例如在服饰、发型、生活必需品等方面均有差别。

年龄：不同年龄的消费者有不同的需求特点，例如青年人对服饰的需求与老年人的需求就有差异，青年人需要鲜艳、时髦的服装，老年人则需要端庄、素雅的服饰。

收入：低收入和高收入消费者在产品选择、休闲时间的安排、社会交际与交往等方面都会有所不同。

职业与教育：消费者职业的不同、所受教育的不同也会导致所需产品的不同。例如，农民购买自行车偏好载重自行车，而学生、教师则喜欢轻型、样式美观的自行车。

家庭生命周期：一个家庭，按年龄、婚姻和子女状况，可分为单身、新婚、满巢、空巢和孤独五个阶段。在不同阶段，家庭购买力、家庭成员对商品的兴趣与偏好也会有很大的差别。

3. 按心理变量细分市场

按心理变量细分市场即根据购买者所处的社会阶层、生活方式、个性特点等心理因素细分市场。

社会阶层：指在某一社会中具有相对同质性和持久性的群体。处于同一阶层的成员具有类似的价值观、兴趣爱好和行为方式，而不同阶层的成员对所需的产品也各不相同。识别不同社会阶层消费者所具有的不同特点，对于很多产品的市场细分将提供重要依据。

生活方式：人们追求的生活方式的不同也会影响他们对产品的选择。例如有的追求新潮时髦，有的追求恬静简朴，有的追求刺激冒险，有的追求稳定安逸。西方的一些服装生产企业为“简朴的妇女”“时髦的妇女”和“有男子气的妇女”分别设计不同服装；烟草公司针对“挑战型吸烟者”随和型吸烟者”及“谨慎型吸烟者”推出不同品牌的香烟，均是依据生活方式细分市场。

个性特点：指一个人比较稳定的心理倾向与心理特征，它会导致一个人对其所处环境做出相对一致和持续不断的反应。一般地，个性会通过自信、自主、支配、顺从、保守、适应等性格特征表现出来。因此，个性可以按这些性格特征进行分类，从而为企业细分市场提供依据。在西方国家，对诸如化妆品、香烟、啤酒、保险之类的产品，一些企业以个性特征为基础进行市场细分并取得了成功。

4. 按行为变量细分市场

按行为变量细分市场即根据购买者对产品的了解程度、态度、使用情况及反应等将他们划分成不同的群体。很多人认为，行为变数能更直接地反映消费者的需求差异，因而成为市场细分的最佳起点。

（二）生产者市场细分的依据

很多用来细分消费者市场的标准同样也可用于细分生产者市场。例如根据地理、追求的利益和使用率等变量加以细分。不过，由于生产者与消费者在购买动机与行为上存在差别，所以，除了运用前述消费者市场细分标准外，还可用一些新的标准来细分生产者市场。

1. 用户规模

在生产者市场中，有的用户购买量很大，而一些用户的购买量则很小。企业应当根据用户规模大小来细分市场，并根据用户或客户的规模不同，制定不同的营销组合方案。例如，对于大客户，宜于直接联系、直接供应，在价格、信用等方面给予更多优惠；而对众多的小客户，则宜于让产品进入商业渠道，由批发商或零售商去组织供应。

2. 产品的最终用途

产品的最终用途不同也是生产者市场细分的标准之一。如工业品用户购买产品，一般都是供再加工之用，对所购产品通常都有特定的要求。

3. 工业者购买状况

根据工业者购买状况来细分市场即根据工业者的购买方式来进行。如前所述，工业者购买的主要方式包括直接重购、修正重购及新任务购买。不同的购买方式的采购程度、决策过程等不相同，因而可将整体市场细分为不同的小市场群。

五、市场细分的步骤

（1）选定产品市场范围。公司应明确自己在某行业中的产品市场范围，并以此作为制定市场开拓战略的依据。

（2）列举潜在顾客的需求。可从地理、人口、心理等方面列出影响产品市场需求和顾客购买行为的各项变数。

（3）分析潜在顾客的不同需求。公司应对不同的潜在顾客进行抽样调查，并对所列出的需求变数进行评价，了解顾客的共同需求。

（4）制定相应的营销策略。调查、分析、评估各细分市场，最终确定可进入的细分市场，并制定相应的营销策略。

图5－1所示为市场细分图。

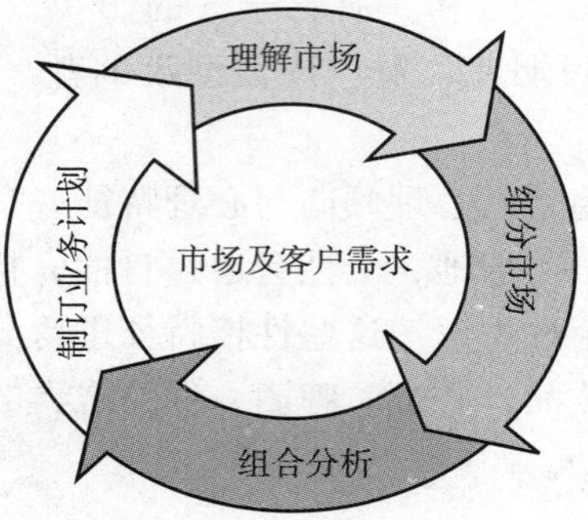

图5－1　市场细分图

六、市场细分的方法

1. 单一变量法

单一变量法，是指根据市场营销调研结果，把选择影响消费者或用户需求最主要的因素作为细分变量，从而达到市场细分的目的。这种细分法以公司的经营实践、行业经验和对组织客户的了解为基础，在宏观变量或微观变量间，找到一种能有效区分客户并使公司的营销组合产生有效对应的变量进行。

2. 主导因素排列法

主导因素排列法，即用一个因素对市场进行细分，如按性别细分化妆品市场，按年龄细分服装市场等。这种方法简便易行，但难以反映复杂多变的顾客需求。

3. 综合因素细分法

综合因素细分法，即用影响消费需求的两种或两种以上的因素进行综合细分，例如用生活方式、收入水平、年龄三个因素可将妇女服装市场划分为不同的市场。

4. 系列因素细分法

细分市场所涉及的因素是多项的，并且各因素是按一定的顺序逐步进行的，可由粗到细、由浅入深，逐步进行细分，这种方法称为系列因素细分法。

七、市场细分策略

根据各个细分市场的独特性和公司自身的目标，共有三种目标市场策略可供选择。

（一）无差异市场营销

无差异市场营销指公司只推出一种产品，或只用一套市场营销办法来招徕顾客。当公司断定各个细分市场之间有很少差异时可考虑采用这种大量市场营销策略。

（二）密集性市场营销

密集性市场营销是指公司将一切市场营销努力集中于一个或少数几个有利的细分市场。

（三）差异性市场营销

差异性市场营销指公司根据各个细分市场的特点，扩大某些产品的花色、式样和品种，或制订不同的营销计划和办法，以充分适应不同消费者的不同需求，吸引各种不同的购买者，从而扩大各种产品的销售量。

优点：在产品设计或宣传推销上能有的放矢，分别满足不同地区消费者的需求，同时可使公司在细分小市场上占有优势，从而提高企业的销量，在消费者心目中树立良好的公司形象。

缺点：会增加各种费用，如增加产品改良成本、制造成本、管理费用、储存费用。

案例 5－1

国内西服市场品牌众多、竞争激烈，但是对于新品牌来说，市场机会依然存在。成立于1996年的报喜鸟集团已连续6年进入全国西服销售收入前10名，主导品牌报喜鸟被认定为"中国驰名商标"。我国已成为服装大国，但还不是服装强国，主要表现在生产厂家众多、产量大，同时缺乏强势品牌、产品价格低。随着买方市场的形成，服装企业依靠数量、质量占领市场的策略不再奏效。报喜鸟集团组建后，创立品牌成为迫切任务。国内西服市场品牌竞争激烈。国际知名品牌如BOSS、杰尼亚占据高端市场；国内知名品牌如雅戈尔、杉杉处在中端市场；一些区域性品牌占据低端市场。

在经过市场调研后，报喜鸟老总吴志泽认为："男性进口名牌服饰优选的面料、新颖的款式吸引了高收入群体，但是中低收入群体无力购买，而国内一些实力雄厚的名牌产品则以一流品质赢得了自己的消费者群体，但在色调选择和款式变化上仍难以满足中高收入阶层中追求时尚的男性消费者。"从细分市场角度看，价位在1 800～2 000元的中端市场还少有人涉足。由此切入，可以避免同国内实力雄厚的品牌正面竞争，同时这也是有利可图的市场。

当时，报喜鸟在全国市场的知名度偏低。采用明星做品牌代言人能否成功的关键在于选择合适的代言人，通过策划活动使之成为传递品牌内涵的载体。报喜鸟认为，采用明星代言品牌，可以把品牌内涵通过人格化的传播方式传递到目标消费者，树立衣着品位榜样。同时，明星也是新闻人物，这对于进行软件宣传很有帮助。根据报喜鸟的经验，企业选择品牌代言人应注意三点：①品牌代言人的性格、情趣能否符合品牌主张；②品牌代言人的外形、气质能否体现品牌形象；③双方能否在品牌推广活动中很好地配合。

任达华曾被评为香港十大杰出衣着男士，做过模特，对服装有独到的品位，充满现代男人的魅力。而报喜鸟着力要打造的正是追求时尚、唯美的品牌内涵。两者一拍即合，强化了目标消费者对报喜鸟是具有一定衣着品位、事业相对成功、较强经济实力人群首选品牌的归属感。

利用明星效应建立的知名度是脆弱的，如果不能持续地向外界传递品牌内涵、强化品牌形象，在消费者心中牢牢占据一席之地，一切将前功尽弃。报喜鸟采取了根据品牌发展阶段性需要不断为品牌代言活动注入新内涵的做法：

1. “明星 + 名师”。1999 年，在品牌知名度打响后，企业注意到国际品牌的差距主要体现在产品工艺的细微处。此前，报喜鸟以百万年薪聘请意大利名师安东尼奥担任首席工艺师。由此形成了任达华与安东尼奥这样一个组合进行品牌推广活动，展示报喜鸟形象与品质并重的品牌内涵。

2. “明星 + 名模”。2000 年，在品质提升之后，企业注意到代言时尚品位应成为品牌的新主张。通过参加专业的服装博览会，举办大型流行趋势发布会、时尚发布会等，确立报喜鸟引领时尚的前卫形象，传达“东情西韵、古风新律”的品牌文化风格。

在传播渠道整合上，报喜鸟借助具有目标读者针对性的民航杂志，赞助各地电视台时尚节目，统一各专卖店的外形、POP 和店员工作程序，还开设了品牌网站。在广告方面，报喜鸟先后推出了 5 个版本的广告片，将品牌竞争上升到风格竞争、文化竞争的新高度。

报喜鸟在启用明星淘得第一桶金之后，国内服装企业争相效仿，重金请来周华健、梁家辉等港台明星甚至布鲁斯南等国际巨星做品牌代言人。大大小小的“星星”对报喜鸟的既定套路构成了干扰。新的兴奋点在哪呢？1999 年，报喜鸟公开宣布全国统一价不打折。此时，国内服装市场打折风一发难收，打折成了各品牌竞争的常规武器。打折压力强大，接受打折甚至成为国内服装品牌进入大商场的必要前提。在如此重压下，一些品牌采取了虚标价的做法。报喜鸟则采取成本定价的策略，报喜鸟不打折基于以下考虑：

1. 对特定消费群体的锁定作用。中国服装市场很大，报喜鸟锁定的是愿意为品牌付出相应价格以体现个人品位的群体，而不是要通过降价、上量占领整个市场。

2. 保值作用。在报喜鸟的消费构成中，礼品消费约占 10%，这类顾客看重的是品牌价值；婚嫁市场占 20%，顾客看重的是富有民族喜庆色彩的品牌名称。据了解，20% 的顾客是冲着报喜鸟不打折来的。如果打折，得罪的将是老顾客。

3. 保证产品的高品质。高品质需要大投入。企业已投资 1.5 亿元进行技术改革，目前综合装备水平进入了全国前三名。不打折可以保证品牌具有持续提升的能力。

4. 防止窜货。全国统一价是规范连锁系统的一块基石。报喜鸟的 430 家专卖店遍及全国 200 多个城市，形成了国内男装企业规模最大、管理最规范的连锁专卖体系。

企业“以顾客为中心”，坚持不懈地做好关系营销，不断提高消费者的品牌忠诚度，建立起品牌与消费者之间牢固的情感纽带，是品牌摆脱价格战的战略选择。

吴志泽认为，消费者购买的是有情感归依的品牌。只有建立品牌与消费者之间牢固的无形纽带，才能超越价格战。为支撑不打折承诺，报喜鸟推出“CS（顾客满意）工程”。这是以顾客满意为终极目标，以服务为手段，以快速的信息渠道为基础。

“CS 工程”的一项重要举措是提供个人量体定制项目，将顾客内在的气质、内涵以及外行的最大优点完美发挥，最大限度地体现个性魅力。报喜鸟的个人量体定制对顾客不收额外费用，但是对企业来说成本加大。据统计，报喜鸟每年的定制服装达到 1 万多套。报喜鸟认为，提供个人量体定制项目可以抓住回头客。

报喜鸟承诺每年推出一个新的技术产品。凭借强大的设计力量，企业连续推出新风格西服、挺柔西服、非黏合衬西服等新产品，不断引领潮流，给消费者以最大价值。2001 年，组建报喜鸟时尚俱乐部，该俱乐部是与消费者进行一对一沟通的亲情化组织，以“引领时尚，倾心服务”为宗旨，为消费者提供更加完善、细致的服务。会员可享受实际权益包括在生日、节日获得礼品、纪念品，获得时尚资讯等，并有机会参加各类时尚交流活动。目前俱乐部会员已突破5 000人。在俱乐部会员个人资料的基础上，企业着手建立“CRM”（顾客关系管理系统），数据库营销成为下一步的发展重点。

【思考】

1. 报喜鸟集团在早期经营阶段以什么变量进行市场细分？采用的市场细分变量有什么特性？

2. 在实践过程中，报喜鸟集团的市场细分和市场定位是否有差异？并解释无差异或有差异的依据。

3. 从早期经营经营实践看，报喜鸟集团所持营销观念的实质是什么？

4. 在整个经营发展过程中，报喜鸟集团的市场营销策略有什么变化？这种变化对于理解市场管理有什么意义？

情境三　消费者的需要和动机

学习目标

1. 需要与动机
2. 需要与动机的相关理论
3. 动机与营销策略

导读案例

有机食品是国际通称，这里所说的“有机”并不是化学上的概念，而是指采取一种有机的耕作和加工方式，按照这种方式生产和加工的产品，它通过了国家认可的认证机构认证，其包括粮食、蔬菜、水果、奶制品、禽畜产品、蜂蜜、水产品、调料，等等。有机食品的价格较高，通常比常规食品高30% ~50%，有些甚至高出一倍以上。人们青睐有机食品除了其无污染、高品质、口味好，对健康有利之外，还有一个重要原因，就是消费有机食品是对环境保护和可持续发展做贡献。这是因为有机食品在生产过程中有严格的生产条件：一是有机食品在其生产加工过程中禁止使用农药、化肥、激素等人工合成物质，并且不允许使用基因工程技术。二是要有生产转型期，从种植其他产品到生产有机食品需要二至三年的转换期，以保证土壤中农药、化肥、激素等物质衰减至符合标准。三是有机食品的认证要求定地块、定产量，以确保其质量。因此，生产有机食品需要建立全新的生产体系和监控体系，以生态的、无污染的生产方式，来完成病虫害防治、地力保持、种子培育、产品加工和储存等生产过程。这种生产方式，完全符合实行可持续发展农业的要求。

我国对有机食品的开发始于20世纪80年代后期，到目前为止，大多数栽培作物都已有了有机食品，已经过认证机构认证的产品主要有谷物、豆类、蔬菜、饮品、中草药等类别的近100个品种。我国的有机食品大部分销往日本、美国、加拿大及欧洲市场，也有部分产品在国内市场销售。据了解，目前在北京、上海、广州和南京等国内市场已经有了有机食品销售专柜，而且消费量呈上升趋势。但是，从总体上看我国有机食品的生产开发还处于起步阶段，还跟不上形势的需要，不仅总产量小，有关方面对其重要性的认识也不够。

为了加快我国有机食品产业的发展步伐，有关专家提出，目前首先应加强对有机食品基地建设工作的指导，选择地方政府重视、群众有积极性的地区，积极推动有机食品基地的建设。同时加强对有机食品生产基地的认证和环境监测工作，并逐步实现与国际接轨。通过有机食品基地建设，保护和改善农村生态环境，还可提高我国食品的国际竞争力，实现农民增收致富的目的。其次要逐步建立和完善技术支持服务体系，让技术咨询服务队伍成为有机食品的“讲解员”，帮助和指导农民认识有机食品，掌握相关技术，确保农民按有机食品的技术规范生产出合格的有机食品。最后还要加强有机食品的市场规范管理。

【思考】

1. 有机食品的发展前景展望。
2. 如何推动有机食品的发展？

一、需要与动机

（一）需要的概念和分类

1. 需要的概念

需要是个体由于缺乏某种东西而产生的生理或心理上的不平衡状态，是消费行为的基础，没有需要就不会产生相应的消费行为。当消费者希望满足的需要被激活时，动机就产生了。

2. 需要的分类

需要分为生理性需要与社会性需要、物质需要与精神需要。

马斯洛对需要的分类为：生理、安全、归属、受人尊重、自我实现。

（二）动机的概念、特征、消费者具体的购买动机

1. 动机的概念

动机被视为某一种个人内在的驱力，这种驱力促使个人采取行动，驱力主要来自因需要未得到的满足而产生的紧张。

2. 动机的特征

动机的特征是：不可观察性、内隐性、多重性、实践性、学习性、复杂性。

3. 消费者具体的购买动机

（1）感情动机。动机购买需求是否得到满足，直接影响到消费者对商品或营销者的态度，并伴有消费者的情绪体验，这些不同的情绪体验，在不同的顾客身上，会表现出不同的购买动机，具有稳定性。

感情动机可以分为求美动机（从美学角度选择商品）、嗜好动机（满足特殊爱好）、攀比动机（对地位的要求；争强好胜心理）。

（2）理智动机。理智动机是消费者经过对各种需要，不同商品满足需要的效果和价格进行认真思考以后产生的动机，具有客观性、周密性、控制性。

理智动机可以分为求实动机（产品的实用价值）、求新动机（产品的新潮、奇异）、求

优动机（产品的质量性能优良）、求名动机（看重产品的品牌）、求廉动机（喜欢买廉价的商品）、求简动机（要求产品使用程序简单；产品购买过程简单）。

（3）惠顾动机。感情和理智的经验，对特定的商店、厂牌或商品产生特殊的信任和偏好，使消费者重复地、习惯地前往购买的一种行为动机，具有经常性、习惯性。

二、动机理论

（一）需要、动机和行为的关系

（1）当人产生需要而未得到满足时，会产生一种紧张不安的心理状态，在遇到能够满足需要的目标时，这种紧张的心理状态就会转化为动机，推动人们去从事某种活动，去实现目标。目标得以实现就获得生理或心理的满足，紧张的心理状态就会消除。所以需要是动机和行为的基础。

（2）人们产生某种需要后，只有当这种需要具有某种特定的目标时，需要才会产生动机，从而成为引起人们行为的直接原因。每个动机都可以引起行为。但是，在多种动机下，只有起主导作用的动机才会引起人的行为。

（二）动机理论分类

1. 本能理论

弗洛伊德的精神分析心理学从本能出发解释人的行为动机。他认为，人有两种本能：一是生的本能，弗洛伊德称之为“利比多”，它代表着爱和建设的力量，指向于生命的生长和增进。二是死的本能，弗洛伊德称之为“达那多斯”，它代表恨和破坏的力量，表现为求死的欲望。死的本能有内向与外向之分。当冲动指向内部的时候，人们就会限制自己的力量，惩罚折磨自己，变成受虐狂，并在极端情况下毁灭自己；当冲动指向外部的时候，人们就会表现出破坏、损害、征服和侵犯他人的行为。

2. 驱力理论

驱力理论，指的是当有机体的需要得不到满足时，便会在有机体的内部产生所谓的内驱力刺激，这种内驱力刺激会引起反应，而反应的最终结果则使需要得到满足。例如，进食的需要得不到满足，便会产生内驱力刺激，推动有机体采取最终使食物摄入体内的行为。一旦需要满足之后，也就使内驱力刺激平息。所以驱力理论时常又被称为驱力还原论或需要满足论。这种理论观点认定：当有机体的生理需要得不到满足时，就会驱使有机体采取有意的行为去纠正这些身体的缺失或障碍。可以认为，使驱力降低是行为发生的主要原因。

3. 需要层次理论

人本主义心理学家马斯洛坚持反对一切人类动机都可以用剥夺、驱力和强化来解释的观点。他致力于对人的动机研究，认为人有5种基本的需要，按其满足的先后依次排列成一个层次。在这一层次中，最基础的是生理方面的需要，即对食物、水、空气等的需要；在生理需要得到基本满足之后，便出现安全或保护的需要；随后出现对爱、感情、归属的需要；接着出现对尊重、价值或自尊的需要；在上述这些低一级的需要得到基本满足之后，最后剩下的便是对自我实现的需要。自我实现，就是使自己更完备、更完美，能够更充分地使用自己具有的能力和技能。马斯洛认为，人的绝大部分时间和精力都用于旨在实现最基本的但又尚未满足的需要上，当这些需要或多或少得以实现后，人才能越来越注意到更高层次的需要。他认为，在这些需要中，前四种是缺失性需要，它们对生理和心理的健康是很重要的，必须得到一定程度的满足，但一旦得到满足，由此而产生的动机便会消失。最后一种需要（即自我实现的需要）是成长需要，很少得到完全的满足。而对一个健康的人来说，因缺失性需要已得到相当的满足，所以他们的行为是由不同类型的成长需要所决定的。需要层次理论对临床和咨询心理产生了影响，并成为其动机理论的基础。

4. 成就动机理论

要激励人们的积极动机，就要满足人的这种高层次的成就需要。

高层次的成就需要与企业家的行为有很大的相关性。成就需要高的人，行为方式通常更像成功的企业家。他们喜欢对问题承担个人责任，能从完成一项任务中获得一种成就满足感；相反，当成功决定于运气或问题由别人为他们解决时，他们很少产生满足感。在解决问题时，成就动机高的人毅力强，而且总是倾向于将自己的失败归因于努力不够而不是任务太难或运气不佳。总之，成就动机高的人希望获得成功，而当他们失败之后，会加倍努力，直至成功。个人的成就动机可以分成两类：其一是力求成功的需要，其二是避免失败的需要。人在这两种特征的相对强度方面各不相同，可以分为力求成功或力求避免失败这两种类型的人。阿特金森认为，生活使人面临难度不同的任务，他们必然会评估自己成功的可能性。力求成功的人旨在获取成就，并选择有所成就的任务。这种情况，最有可能发生在他们预计自己成功有50%的把握时，因为这种情况给他们提供了最大的现实挑战。如果他们认为成功完全不可能，或胜券在握，动机水准反而下降。反之，避免失败的需要强于力求成功愿望的人，在预计自己成功的机会大约为50%时，则会回避这项任务。他们往往选择更易获得成功的任务，以使自己免遭失败；或者选择极其困难的任务，这样即使失败，也可以为自己找到合适的借口。

5. 归因理论

归因理论认为，任何人都有探索自己行为成败原因的倾向，常常会问自己：为什么这次成功（或失败）了？这种理论把成败原因的分析，归纳为3个方面：

（1）控制点（控制位置）：是外在归因还是内在归因？

（2）稳定性：是稳定的原因还是不稳定的原因？

（3）可控性：是可控制的原因还是不可控制的原因？

归因理论的指导原则和基本假设是：寻求理解是行为的基本动因。韦纳认为，能力、努力、任务难度和运气是人们在解释成功或失败时知觉到的4种主要原因。最后，韦纳将这4种基本原因分成控制源和稳定性两个维度。根据控制源这一维度，可将原因分成内部的和外部的。例如，能力和努力是内部原因，因为它们源于一个人的内部；任务难度和运气则源于一个人的外部，因此是外部原因。根据稳定性维度，又可以将原因分成稳定的和不稳定的。韦纳认为，能力和任务难度是稳定的因素，因为在反复从事某一任务时它们不会变化，而努力和运气则是不稳定的因素，它们会随时间或场合的不同而变化。

三、动机与营销策略

（一）消费者购买动机的类型

1. 生理性购买动机

生理性购买动机是指消费者为了满足、维持、保护、延续及发展自身生命，产生购买能满足其需要商品的动机。这些动机多数建立在生理需要的基础上。

2. 心理性购买动机

心理性购买动机是指由消费者的认识、情感、意志等心理过程引起的心理需要而产生的购买动机，可分为情绪动机、情感动机、理智动机和惠顾动机。心理性购买动机较之生理性购买动机更为复杂多变，难以掌握。

（1）情绪动机。其是指由人的喜、怒、哀、乐等情绪引起的购买动机。情绪动机下产生的购买行为一般具有冲动性、情境性和不稳定性的特点。

（2）情感动机。其是指由人的道德感、群体感和审美感等人类的高级情感而引起的购买动机。例如，人们出于爱国情感购买本国产品。这种购买行为一般具有稳定性和深刻性。

（3）理智动机。其指消费者经过对商品的质量、价格、用途、款式、品种等进行分析、比较后而产生的购买动机。它是建立在消费者对商品进行客观评价的基础上的。在理智性购买动机驱使下的购买活动，比较注重商品的质量，讲究商品的实际使用价值，要求价格便宜、使用安全、服务周到等。理智动机推动下的购买行为具有客观性、周密性和控制性的特点。随着收入水平与消费水平的提高，原来属于理智性购买动机的商品会逐步转化为情感性购买动机的商品。

（4）惠顾动机。其是指建立在以往购买经验基础之上，对特定的商品、品牌、商店等产生特殊的信任和偏爱，使消费者重复、习惯地购买的一种动机。它具有经常性、习惯性的特点。

3. 从众购买动机

从众购买动机是指在购买某些商品方面受其他消费者影响而盲目跟风购买的动机，所以也叫模仿购买动机。具有这种购买动机的消费者，其购买动机是在参照群体和社会风气的影响下产生的，以与众人一致为追求目标，往往缺乏市场信息和选购经验，认为从众可以避免个人决策失误，有安全感。

4. 求便购买动机

求便购买动机是以追求商品使用方便、购买方便或维修方便为主要目的的购买动机。具有这种购买动机的消费者对时间、效率特别看重，厌烦反复地挑选比较，希望能快速方便地买到适合需要的商品。同时，他们也希望购买的商品携带方便、使用方便、维修方便，能减少麻烦。随着人们生活节奏的加快，职场竞争的日益激烈，具有求便购买动机的消费者在社会各阶层中越来越多。

（二）影响消费者购买动机的因素

1. 消费者自身因素

消费者购买行为首先受其自身因素的影响，这些因素主要包括：消费者的经济状况，即消费者的收入、存款与资产、借贷能力等；消费者的职业和地位，不同职业的消费者，对商品的需求与爱好往往不尽一致；消费者的年龄与性别；消费者的性格与自我观念。

2. 商品本身的因素

商品的使用价值是消费者购买的核心内容，因此，商品本身是影响消费者购买动机最主要的因素。商品要符合当时的消费心理和消费目的，能提供消费者需要的使用价值。

3. 社会因素

影响消费者购买动机的社会因素包括文化因素、社会阶层、相关群体等。

（三）消费者购买动机的激发

（1）努力开发有特色的商品。消费者各有所好，随着社会经济的发展和人们生活水平的提高，人们对产品的需求趋于多元化。开发有特色的商品有利于吸引消费者的眼球，刺激消费者进行消费。

（2）利用广告宣传，向消费者传递信息广告是一种信息传播活动，任何广告的本质属性都是通过一定的媒体向社会大众传播一种信息。广告是最大、最快、最广泛的信息传递媒介，能激发和诱导消费，较好地介绍产品知识、指导消费，并促进新产品、新技术的发展。

（3）发挥购物环境和营业员的服务水平对消费者购买动机的诱导作用。基于营业员礼貌周到、信誉良好、品种繁多、价格适当、商店地点便利、店面布置美观等因素，消费者会产生购买动机。

（四）针对不同消费者动机的营销策略

当我们发现消费动机以后，必须针对这些动机设计营销策略，包括产品设计、营销沟通等。首先，由于动机往往是多重的，所以产品应呈现多种优点，产品广告应传达多重优点的信息。例如，世界知名奢侈品品牌香奈儿的广告，除了强调其品质优越能满足消费者的显性动机外，还强调了消费者使用该品牌出入高端场所可显示其高贵地位的潜在动机。其次，不同的产品或品牌能满足消费者不同的动机，所以营销策略必须有针对性和目的性。

1. 基于多重动机的市场营销策略

当消费者购买一种产品或者消费一种服务时，不仅仅是一种动机的驱使，可能会有多种动机。消费者会通过购买一种产品来满足个体的多种需要。企业常会根据多重动机的现象来开发商品，以及进行相关商品的营销。

首先，企业会根据消费者的多重动机来开发商品。这类产品通常是在一种产品中复合多种功能，来满足消费者的多种需要。例如，M&M 巧克力的广告语为：只溶在口，不溶在手。这是著名广告大师伯恩巴克的经典之作。它既反映了 M&M 巧克力糖衣包装的独特，迎合广大爱吃巧克力一族不愿把手弄脏的显性动机，同时又暗示 M&M 巧克力口味好，所以才让人们不愿让巧克力融化在手中，而要马上吃掉。其次，企业还会根据消费者的多重动机来进行组合营销。例如，电信和移动等通信公司与苹果、三星等手机品牌通过组合销售等来满足消费者的需求。通过产品捆绑策略，在满足消费者的多重需要的同时，也成功地提升了品牌价值和核心竞争力。

2. 基于动机冲突的市场营销策略

动机冲突实际上是指消费者面临两个或两个以上购买动机，其诱发力大致相等，但方向相反。例如，消费者经常会面临几种同时欲求的产品、服务或活动难以取舍的问题。消费者解决其面临冲突的方式，直接影响产品、服务的销售。许多情况下，企业可以对消费者面临的冲突进行分析，提供缓解的办法，以吸引消费者选择本企业的产品或品牌。动机冲突的形式主要有双趋式冲突、双避式冲突、趋避式冲突。

（1）双趋式冲突。也称“利利冲突”，或者“正正冲突”。它是指消费者有两种或者两种以上的消费动机，这些动机都会给消费者带来相应的利益，但由于某种原因无法同时满足这些动机，只能实现其中的一种，这就是双趋式的冲突。例如，购买者在购买过程中，对于两个不同产品的质量、款式、功能、价格都觉得难分伯仲或各有千秋，一个可能款式新、质量好，另一个可能价格低、经济实惠，也可能质量、款式、价格、功能都比较接近，所以，就难以决断到底购买哪一个最好。两种被选目标和相应商品的诱发力和激励越大，动机的冲突就越强。

对于双趋型冲突，可以通过增加产品的吸引力来解决。例如，在广告宣传中强化购买此产品能得到的价值与利益，或通过打折促销等方式吸引消费者。在购买产品的决策过程中，起到决定因素的就是产品的视觉表现力。良好的商品展示效果会给消费者一种赏心悦目的感受，从而引发消费欲望。特别是在有相似竞争品牌存在的市场，提高产品的展示效果更为重要。因为大多数消费者的大部分购买行为多为无计划消费，许多消费者是在看到产品实物陈列后才临时决定购买，因此，好的产品展示从短期看能通过视觉冲击力诱导消费者实现购买行为，从长期看能促使消费者产生积极的品牌联想，形成良好的品牌记忆，最终提升品牌的价值和形象，甚至实现消费者重复购买的良性循环。

（2）双避式冲突。它是指消费者有两种或两种以上的消费动机，这些动机都会给其带来不利的后果以及利益上的损失，但消费者不能同时回避这些不利的后果与损失，只能回避其中的一种，这就是双避式冲突，也称“负负冲突”，或者“害害冲突”。如有的消费者面对电器发生故障的状况时，既舍不得花钱去买一个新的，又觉得付费修理不划算，这就产生了双避式冲突。

针对这种双避式的冲突，企业可采用以旧换新的方式，让消费者在花更少的钱买到新产品的同时又能充分利用旧产品的价值。

（3）趋避式冲突。也称作“正负冲突”，或者“利害冲突”。它是指消费者面临一个积极与消极并存的情境，一种消费行为既带来利益，同时也带来负面结果，这就出现了动机的正负冲突，是消费者在趋近某一目标时又想避开而造成的动机冲突。当产品既有令人动心的特征，又有某些不如人意的地方时，趋避冲突就会而生。例如，当普通大众购买某些高档品牌时，并不像有钱人一样豪掷千金，所以在购买时会再三考量价格因素，以及买了之后质量是否有所保证，一旦出现故障，能否得到完善的售后服务。一些消费者正是在这种摇摆不定的状态下放弃了购买。

企业针对趋避式冲突可提供更长时间的免费售后服务，提供更多有价值的小赠品，保证在一定时期内如果购买者发现商家以更低价格出售同一产品，就多倍返回差价等。

情境四　消费者行为与购买决策

学习目标

1. 消费者购买行为类型
2. 消费者购买的决策过程
3. 消费者购买过程中的调研方法

导读案例

在中国质量万里行活动中，不少制造、销售伪劣商品的工商企业被曝光，消费者感到由衷的高兴。3 月 15 日是世界消费者权益日，某大型零售企业为了改善服务态度、提高服务质量，向消费者发出意见征询函，调查内容是：“如果您去商店退换商品，销售员不予退换怎么办?”要求被调查者写出自己遇到这种事时怎样做。其中，有这样几种答案。

(1) 耐心诉说。尽自己最大努力，苦口婆心慢慢解释退换商品的原因，直到得到解决。

(2) 自认倒霉。向商店申诉也没用，商品质量不好又不是商店生产的，自己吃点亏下回长经验。

(3) 灵活变通。找好说话的其他售货员申诉，找营业组长或值班经理求情，只要有一人同意退换就可望解决。

(4) 据理力争。绝不求情，脸红脖子粗地与售货员争到底，不行就向报纸投稿曝光，再不解决就向工商局、消费者协会投诉。

【思考】

1. 这个调查内容能否反映出消费者个性心理特征的本质?
2. 四种答案各反映出消费者哪些气质特征?

一、消费者购买行为

(一) 消费者购买行为概念

消费者购买行为指最终消费者以消费为目的的购买商品或者服务的个人或家庭的购买行为。所有这些消费者构成了消费者市场。

(二) 购买行为模式

“7O”研究法:

消费者市场由谁构成 (Who) ⟶ 购买者 (Occupants)

消费者市场购买什么 (What) ⟶ 购买对象 (Object)

消费者市场为何购买 (Why) ⟶ 购买目的 (Objective)

消费者的购买活动由谁参加 (Who) ⟶ 购买组织 (organizations)

消费者市场怎样购买 (How) ⟶ 购买方式 (Operations)

消费者市场何时购买 (When) ⟶ 购买时间 (Occasions)

消费者市场何地购买 (Where) ⟶ 购买地点 (Outlets)

(三) 购买行为的刺激反应模式

图 5－2 所示为购买行为的刺激反应模式。

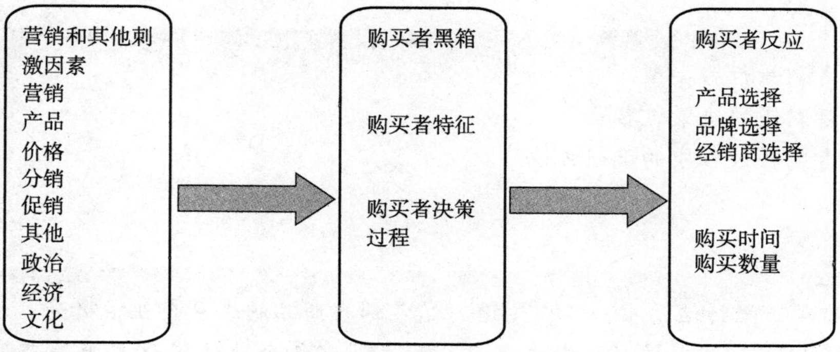

图 5－2 购买行为的刺激反应模式

二、消费者购买过程中的调研方法

1. 商品购买意见调研

商品购买意见调研一般过程包括对购买意向的调研和购买行为态度的调研。购买意向是指消费者在未来一段时间里预定购买某种产品的计划以及该计划实施的可能性。通过这方面的调研可以了解消费者可能的购买行为发生的情况，同时，也可以判断目标市场的类型和一定时间内市场容量的大小。

购买行为态度主要有生活合理化指标、所属阶层意识、所关心的领域等。这方面调研有利于了解目标市场的特点，还可以通过突出自己产品特点的广告宣传，来达到促进销售的效果。态度调研通常需采用态度测量的方法。

例如“田村”豆奶在建立社区直接送货上门网络之前，首先进行了商品购买意见调研，了解各社区需求情况、消费者接受的心理价格及服务方式的需要。

2. 购买行为实态调研

这种调研是一种实地调研，可以由调查人员深入购物现场，观察消费者购物时的实际状况，以获取第一手资料。

情境五　影响消费者购买行为的因素（以汽车消费为例）

学习要点

了解影响消费者行为的几大主要因素

导读案例

1981 年 7 月 29 日是英国查尔斯王子和戴安娜小姐举行婚礼的日子。人们早已急不可待，都想目睹这“20 世纪最豪华的婚礼”。有的人几天前就在马路上画好地盘、写上名字，标明这是自己的“领地”；有的人索性晚上就睡在马路边上；有许多外国人也长途旅行赶来观看盛典。

7 月 29 日上午，从白金汉宫到圣保罗大教堂的街道两旁，聚集了大约 150 万人，后面的人因为难以看清街道上的情形而显得焦躁不安，唯恐错过这次机会。

9 点 40 分，距婚礼开始还有 20 分钟的时候，奇迹出现了，不知道从什么地方一下子涌出近百名报童，一边奔向人群，一边高声叫着：“女士们，先生们，请用潜望镜观看盛典，一英镑一个。”他们把一个个用硬纸板做的潜望镜出售给急于观看又唯恐看不到的群众，使这些人得到了很大的满足。通过这次销售活动，一下子售出潜望镜几十万个。策划这次推销活动的老板借着这个机会大大赚了一笔。

这种商机事后来看实在是太明显了，但为什么事前许多人就没有想到呢？如果让你作为推销者，将如何把握销售机会？

【思考】

请利用相关理论分析该案例。

一、影响消费者购买行为的因素（以汽车消费为例）

（一）文化因素

1. 社会文化

不同民族、不同社会，其文化内涵的差别很大。如美国人希望得到个人最大限度的自由，追求超前享受，人们在购买住房、汽车等时，既可分期付款，又可向银行贷款支付。而在我国，人们则习惯攒钱买东西，人们购买商品往往局限于货币支付能力的范围内。

2. 亚文化

亚文化，又被视作“文化中的文化”，亚文化群体的成员不仅具有与主流文化共同的价值观念，还具有自己独特的生活方式和行为规范。就汽车消费者购买行为而言，亚文化的影响更为直接和重要，有时甚至是根深蒂固的。相当一部分女性对车辆关注的要素为：靓丽鲜艳的颜色、灵巧可爱的造型、温馨的内饰、方便易操控的手动挡。把车营造出一种温馨、浪漫、时尚的氛围，更能迎合女性消费者的需求。

（二）社会因素

1. 参照群体

参照群体是人们效仿的对象和行动的指南，在缺乏客观标准的情况下，个人的消费选择往往以群体的标准为依据。比如，几个相处较好的朋友就可能会买同一品牌的轿车。

2. 家庭

在家庭的购买活动中，丈夫与妻子的购买参与程度因所购汽车的车型及品牌不同而不同，子女的影响力也不容忽视。

3. 角色与地位

一个消费者同时又承担着多种不同的角色，并在特定的时间里具有特定的主导角色，每种角色都代表着不同的地位和身份，并不同程度地影响着消费者的购买行为。

（三）政治因素

1. 政府政策的影响

如油价两次下调、免去养路费和1.6L以下乘用车购置税减半，促进了1.6L的中级轿车的销量。

2. 有关法律法规的影响

有关调查研究表明，近几年来，有关汽车质量的纠纷、投诉和索赔案件大幅增加，但在实际的质量纠纷处理中，消费者的利益却得不到充分保护，消费者的权益被漠视的现象很严重。如汽车消费者权益保护法规迟迟难以出台或存在不足，往往会影响消费者的购买行为。

（四）经济因素

1. 汽车消费信贷环境

中国社会调查事务所在北京、上海、广州、长沙、武汉等城市进行了一次关于个人贷款购车意愿的调查，数据显示，只有5%的人已满意地办理了个人购车贷款；有29%的人曾咨询汽车贷款项业务；而37%的人因无法找到第三方的担保不得不放弃购车。

2. 股市、房市等其他环境的影响

例如由于经济不景气等不利因素的影响，消费者的生活成本不断提高。而股市和房市的持续低迷又套牢了部分消费者的购车资金，因此造成了大多数消费者出现“资金不足”的状况，于是便不能购车。

3. 汽车价格及保养费用

汽车价格及保养费用也是很重要的一方面。

（五）个人因素

1. 年龄与生命周期阶段

随着年龄的增加，人们对汽车产品的喜好也在改变。

2. 职业

不同职业的消费者对汽车的购买目标是不一样的。

3. 经济状况

汽车对一般人来说属于一种文档消费品，个人的经济状况达不到一定程度是不可能购买汽车的；并且经济状况较好的人与经济状况一般的人所选购的类型也有所差别。

4. 生活方式

从经济学的角度看，一个人的生活方式可以表明它所选择的分配方式以及对闲暇时间的安排。

据中国汽车工业协会的数据统计，2012 年 1—11 月，全国 SUV 累计销量 318 915 辆，同比增长 55.56%。在油价飙升的今天，消费者却“一反常态”地钟情于 SUV，就是因为 SUA 集休闲性和驾驶性于一身，满足了以休闲旅游为生活方式的消费者的需求。

5. 个性与自我观念

个性不同会导致消费者购买行为的差异，进而影响消费者对汽车产品的品牌选择。

“80 后”喜欢运动时尚、造型个性的车型，对品牌有一定的忠诚度，更乐于从直观的广告和电子产品等途径获取较为直接的车型信息等，这些都是他们在选车、购车中普遍存在的心理和特性。“80 后”强调个性，追求自我感受，有一种“我买我车，我做主”的心态。

（六）心理因素

1. 动机

不同的人购买动机也不一样。

出于经济实惠的考虑，如果消费者平时的活动范围通常在市区或近郊区，那些外形尺寸小、排量小的经济小型车将会是消费者首先考虑的购买对象。但是对于那些需要经常在高速公路上行驶的消费者，中级轿车可能会是主要的考虑对象。而那些喜欢跋山涉水或驾车郊游的消费者，吉普车等越野车可能是主要的选择目标。因此消费者选择什么车型品牌，常常会多从使用角度考虑，包括是否节省燃油，是否有售后网点，配件是否容易购买等，以便在使用、维修、保养等方面会获得较好的方便。

2. 知觉（选择性注意，或扭曲或保留）

一个受到动机驱使的人可能随时准备行动，但具体如何行动则取决于他的知觉程度。

3. 学习

由于汽车市场营销环境的不断改变，新产品、新品牌不断涌现，汽车消费者必须经过多方收集有关信息之后，才能做出购买汽车的决策，这本身就是一个学习的过程。同时，消费者对汽车产品的消费和使用同样也是一个学习的过程。

4. 信念与态度

人们通过实践和学习获得自己的信念和态度，他们反过来又影响着人们的购买行为。

（七）交通条件的影响

道路拥挤，停车困难。

（八）互补品的影响

油价的上涨将打消一部分人的购车计划，也将让购买大排量汽车的消费者转向小排量汽车。从而最终削弱轿车市场的销量。

（九）替代品的影响

公交的发达将让更多人投向公交出行。目前，不管是北京，还是其他大城市，市政当局都在积极发展公交系统，特别是有轨地铁和轻轨在各大城市的出现，以及越来越便宜的公交，将让很大一部分消费者放弃购车计划，目前，就连重庆这样的山城都有了自己的轻轨，这些公交政策都将影响到很大部分消费者的购车计划。

分组讨论

根据本次学习任务，学生对实际案例进行分组讨论。首先在理解市场预测与分析的方法、内容、程序的基础上，分析实际案例，然后对案例后的问题进行思考和讨论。

（1）你认为化妆品消费者的心理特征有哪些？北京西乐日用品化工厂如何根据顾客需求心理进行产品开发？

（2）该厂在产品促销活动中采取了哪些营销策略？试结合本案例谈谈企业如何围绕顾客消费心理从事市场营销。

在讨论过程中，每组设立一位组长，组长负责整个小组的讨论工作，以及做出小组总结。

学习反馈

通过对本学习任务开头的实际案例进行分析，我们得出：

（1）现代消费者的购买心理很复杂，且购买不同的商品时其心理活动不尽相同，企业只有结合自己的产品特点去透彻了解消费者的心理需求倾向，抓住其带有普遍性的主要购买动机努力展开心理营销，才能使营销活动卓有成效。本案例中，北京西乐日用化工厂就是因为紧紧抓住了消费者购买化妆品的求美、求新、求实、求名等主要情感和理智购买动机对其展开了“攻心战”，从而才在激烈的化妆品市场竞争中占据了一席之地，使产品在我国北部地区广为流行，企业才拥有了自己的一份市场“蛋糕”。

（2）从消费者的购买行为分析。消费者的购买活动是一个过程，这一过程通常是从认识需要开始，经过信息收集、评估比较、购买决策直到购后感受等阶段。企业需要明白这一过程，抓住其中规律，采取行之有效的营销手段，才能促使消费者的购买活动朝着有利于本企业的方向发展。该案例中企业所用的营销策略基本上是与消费者购买心理相符的。例如，演示产品功效的目的就在于让消费者通过学习，认识商品并获取知识，使其心服口服，打消疑虑；广告注重宣传品牌而非厂名，这不仅在于让消费者了解产品特色，而更在于要突破消费者的“选择曲解”这一知觉壁垒（本案例中指“乡镇企业产品质差价高”的偏见），如此等等都充分说明了：现代企业只要认真分析并掌握消费者行为，紧紧围绕消费者心理从事营销活动，就能较好地完成自己的营销使命。

实务操作

设定你想推销某种品牌高级产品，根据马斯洛的需要层次论来说明这种产品可以满足目标顾客的哪个或哪些层次需要，如何激发和促成推销对象的购买动机？

学习任务六

竞争者分析

学习目标

1. 竞争者分析的重要性与内容
2. 竞争者资料的来源与收集
3. 竞争环境研究
4. 竞争者分析与研究方法

实际案例

中国入世之前，由于政策壁垒，除中国石油天然气股份有限公司（以下简称中石油）外，中国石油化工集团公司（以下简称中石化）在国内没有任何竞争对手。1998年，石油行业重组，中石化与中石油不仅就上下游业务方面进行划分，而且在经营地域上也有区分。

但是，中石化敏锐地意识到：不久的将来，包括埃克森美孚、BP、壳牌在内的国际石油巨头，才是中国石油化工业的真正对手。在与国际三大石油巨头（埃克森美孚、BP、壳牌）进行全面“对标”时，中石化根据石化行业的自身情况，对竞争规模实力、技术创新能力、市场开拓能力、人力资源能力、持续盈利能力、偿债能力、资产运营能力、持续发展能力8方面内容进行比较，并根据各领域在石化行业中所占的权重，分别设置了不同的分值进行评价。在8大竞争力指标体系中，每项指标又各有4~9个不同的分指标，它们分别代表了8大指标中最重要的比较内容，并涵盖了各个领域的竞争力对比点。

比较的结果显示，8个指标中竞争规模实力与持续盈利能力的分值都是18分。而人力资源能力与持续发展能力则相对弱化，分别只有8分。

竞争规模实力主要体现在企业是否一体化经营上下游石油产业。石油、天然气的上游开采领域不仅投入巨大，而且存在高风险，但对于石油公司来说，一旦打出油气资源，将“一本万利”。在中游，石油炼化与成品油流通、营销，由于可产生品牌效应，并更加融入管理方法的精粹，因此利润可观。至于下游化工产品，尤其是精细化工产品的生产与销售，其附加值往往与产品产量成反比，总体上利润丰厚。目前，国际三大石油公司每年销售总额的70%是中、下游业务创造的，而利润总额中，上游业务贡献最大。因此，成为有竞争规模实力的一体化公司，是石油石化企业取得市场优势的制胜法宝。相对来说，由于石油石化主要是资金、技术密集型行业，所以，人力资源能力指标的分数权重在总体竞争力指标中，相对弱化。在进行了全面对标分析之后，中石化还就每一具体业务环节进行了类似对标分析。如：原油开采、炼油、成品油批发零售等。具体指标基本一样，但根据业务特点有所调整，如在原油开采业务方面，更注重资源持续发展能力的比较；在炼油业务方面，更重视降低成本，提高经营管理能力；在成品油批发零售业务方面，更强调市场开拓能力；在化工产品业务方面，更重视技术创新，等等。

对标结果：2000年，中石化集团公司的销售收入约为453亿美元，埃克森美孚公司全年销售额为2 320亿美元，约为中石化集团的5倍。中石化集团的人均产值为3.8万美元，埃克森美孚的人均产值为193万美元，约为中石化集团的50倍。中石化集团共有员工117万人，埃克森美孚全球员工约12万人。中石化集团的产品绝大部分销往国内，埃克森美孚公司在全球120多个国家销售它的燃料油和化工产品，在200个国家销售润滑油，在大约50个国家有勘探或生产作业。具体分析，中石化与外资巨头的差距主要体现在技术实力与经营管理上。技术实力的不足更体现在炼油业务方面，目前，国内几乎全部的高端润滑油品种被外资公司垄断。中石化长城系列润滑油品牌，仅在中、低端市场有一定的份额。此外，在高附加值的精细化工产品方面，中国企业与外资的实力差距相当明显。中石化在技术实力上的不足，加快了其与外资联合开发国内市场的步伐。扬子—巴斯夫项目、上海BP赛科项目在内的一大批石化项目的上马说明，中石化正在弥补自己在技术实力上的差距，尽管通过合资获取国际石油化工巨头核心技术的过程相当漫长。

经营管理方面，中石化通过与三大国际石油公司的对标管理发现，在成品油批发零售及油品贸易领域，中国还有很多事情要做。比如：美国大城市中几乎所有的成品油集散站都已由输油管网相连，其成品油流通中的物流成本降到了最低。而在我国，这一比例很低。另外，三大国际石油公司每年各自的成品油销售量一般是其产量的2倍以上，这一现象说明，三大公司的成品油贸易业务兴旺。相比之下，中石化通过贸易手段提高整体效益的意识还比较淡薄。再比如：美国加油站的信息化程度相当高，基本实现了自助加油与刷卡加油。

美国单个加油站非油品业务利润高达70%，如：便利店业务、国外加油站品牌概念已经基本成熟等。一系列的对标显示，中石化在成品油经营环节，这个最容易产生品牌忠诚度与最体现科学管理方法的领域，还有很长的路要走。

【思考】

1. 竞争者分析的方法有哪些？
2. 你知道标杆法的具体内容吗？

情境一　竞争者分析的重要性与内容

学习目标

1. 竞争对手分析的重要性
2. 竞争者分析的内容和步骤

导读案例

韩国三星公司派驻在美国洛杉矶的员工看到这样一则消息：由于廉价的韩国产品的进口，美国最后一家吉他工厂即将倒闭。该员工把该消息送回公司总部，总部的竞争情报部门立即对这则消息做了如下分析：吉他是美国独立和自由精神的象征，它的消失就好像牛仔的消失一样会令美国人难以接受，美国可能会对吉他进口采取限制措施，国会有可能会通过提高关税的手段来保护美国这一具有象征意义的产业。于是三星公司马上采取措施，抓紧时间，抢先将更多吉他运往美国，存入仓库。结果正如他们所分析的：美国国会马上提高了吉他的进口关税，三星之前采取了有效措施，这不仅避免了损失，还赚取了很高的利润。

【思考】

1. 竞争者分析对企业来说有哪些重要性？
2. 竞争者分析主要有哪些内容？

企业在市场环境中，不可避免地要与竞争者开展竞争，千方百计争夺既定的市场份额。因此，超过、控制、击败和领先自己的竞争对手，是许多企业管理者追求的目标。

“知己知彼，百战不殆。”尽管商业竞争与战争有着本质区别，但是二者也有很多相似之处。充分了解竞争对手并选择适当的竞争策略，是企业赢得竞争的关键所在。因此，收集竞争对手情报，分析竞争对手动态，并制定相应的竞争策略，是企业市场调查与分析的一项专门的重要工作。

一、竞争对手分析的重要性

竞争对手分析的重要性体现在以下几个方面：

（一）充分了解竞争者对手的经营状况，可以帮助企业准确把握整个产业的动态与前景

要判断整个行业的需求与供给的现状和发展趋势，单靠本企业现有的数据是远远不够的，因为在产业中还存在着其他企业，它们提供着相同、类似的产品。它们成为竞争对手的事实影响到用户对本企业产品的需求。所以企业要想了解市场的情况，必须得到相关的竞争者的数据。

（二）拥有合适的竞争对手作为参照，企业可以提高自身差异化的能力

企业如果缺乏对竞争对手的了解，则可能更多地关心现有产品的价格和成本，可能沉迷于降低生产成本、扩大生产规模或与销售商讨价还价，而忽视追求对消费者真正需要的了解与把握。而只要存在某些合适的竞争者，或者企业对现有和潜在的竞争者提供的产品或者服

务更加了解，企业就能更清晰地了解消费者的需求，差异化地选择、调整产品策略，提高自身的竞争能力。

（三）尽可能详细地搜集竞争对手的信息可以帮助企业在行业中找到有前景的细分市场

如果企业对竞争对手一无所知或者一知半解，那么其市场细分和开发都将充满风险，而竞争对手的市场行为向企业提供了这方面的信息。企业可以通过研究竞争对手的新产品和市场沟通行为，了解潜在的细分市场信息，及时做出决策，以进入相应的细分市场。

（四）对竞争对手的充分了解，可以帮助企业确定合适的成本和价格

只要掌握了足够的竞争对手的信息，企业就可以了解现有价值链中存在哪些成本具有压缩的余地。例如，如果竞争对手可以从其上游供应商那里得到更低的报价，企业也可以参照其报价要求提供相同的价格。在自身产品定价方面，竞争对手的价格必须参考，在其他条件相同的情况下，比竞争对手更低的价格显然可以带来更大的销售量。

（五）对竞争对手的分析，可以知道企业对整个产业结构发生影响

有时，作为某些行业的领导者的企业必须考虑到整个产业目前的产业结构和未来的发展前景，从而发挥适当的影响力，调整经营政策，以改善整个行业结构。例如，我国电视机生产企业海信等企业，在等离子数字电视方面，早就开始不断检测竞争者的产品变化和电视机技术发展的趋势。因此，行业的领导者企业在行业中发展战略的制定，必须考虑竞争对手的变化和技术能力等，看其是否引起整个产业的技术构成、经营方式、资本构成等的变化，进而主动应对，引导行业发展。

（六）对竞争对手的分析，有利于企业市场培育和开发的进行

当某一产业处于成长阶段时，企业与产业中的竞争对手事实上达成了战略上的协作关系，共同培育着市场。只有在相互沟通比较通畅，前进步调相对协调，利益划界分明的情况下才可能使整个行业走上健康发展的道路，使得各方在产业的成长中得到好处。而竞争压价，互相恶性竞争，将会使行业利润大幅降低，企业难以形成自身创新投入能力，一损俱损。在共同“把蛋糕做大”的过程中，作为整个市场的参与者之一，企业只有及时了解竞争对手的短期动向和长期目标，才能与竞争对手达成这种自觉的战略合作；只有调查和研究自己的竞争对手，才能有效地进行市场培育和开发。

二、竞争者分析的内容

（一）产品

了解竞争者的产品包括：竞争企业产品在市场上的地位；产品的适销性以及产品系列的宽度与深度。

（二）销售渠道

了解竞争者的销售渠道包括：竞争企业销售渠道的广度与深度；销售渠道的效率与实力；销售渠道的服务能力。

（三）市场营销

市场营销内容包括：竞争企业市场营销组合的水平；市场调研与新产品开发的能力；销售队伍的培训与技能。

（四）生产与经营

了解竞争者的生产与经营包括：竞争企业的生产规模与生产成本水平；设施与设备的技术先进性与灵活性；专利与专有技术；生产能力的扩展；质量控制与成本控制；区位优势；员工状况；原材料的来源与成本；纵向整合程度。

情境二 竞争者资料的来源与收集

学习目标

1. 竞争者资料的来源
2. 竞争者资料收集的方法

导读案例

20 世纪 50—60 年代，随着日本企业在全球范围内的迅速崛起，美国公司在很多传统优势产业的全球霸主地位受到强大的挑战，通用汽车、IBM、摩托罗拉、柯达、施乐等美国王牌企业在强劲的竞争对手面前纷纷败北，有的甚至被竞争对手彻底打垮。后来美国企业界和经济学家经过认真研究，惊奇地发现日本企业在激烈的商战竞争中取得成功的关键，在于从政府到企业都对竞争情报高度重视，而美国企业则把竞争的失败归结于政府没有采取行政干预措施，对国外企业设置相应的关贸壁垒，以保护美国企业的利益，从根本上违背了市场经济“优胜劣汰”的基本规律。

通过认真的反思和总结经验教训，20 世纪 70 年代以来，美国一些公司如 IBM、施乐、惠普、摩托罗拉、柯达等先后认识到竞争情报在市场竞争中的重要性，纷纷建立了企业自己的竞争情报研究部门，有效地搜集、分析和利用竞争情报，使得企业在与竞争对手进行的市场争夺战中，重新占有先机，陆续夺回了竞争的主动权。本文重点介绍摩托罗拉、IBM 和施乐三家企业成功开展竞争情报活动的案例和经验，以期对开展竞争情报理论与实践的研究有所启发。

【思考】

1. 竞争者信息的来源有哪些？
2. 竞争者分析信息搜集方法有哪些？

一、公开材料中的信息

要善于从公开资料中发现线索，找到“产生方向感的微弱信号”。“情报的 95% 来自公开资料，4% 来自半公开资料，仅 1% 或更少来自机密资料。”理论上是这么说，但在我国要从公开信息源获取情报还是很不科学的。既然 CI 是以分析公开资料为主要基础的情报搜集工作，企业就要有善于从公开资料中找到部分有用信息的能力。

1. 企业名录

企业名录中的信息如企业规模、产品、产量、销量、销售额等信息不仅有助于初步确定竞争对手，了解其产品等一般情况，还可以借助统计年鉴等其他资料加工出所需的新信息，如产品的市场占有率、市场覆盖率、市场销售增长率、市场扩大率、竞争产品分布、竞争结构、同类企业实力比较等。

2. 产品样本

产品样本是对定型产品的型号、技术规格、原理性能、技术参数所做的具体介绍，也附有结构图和照片；产品说明书的内容更详尽，往往还列出产品的工作原理、用途、效率、结构特点、操作规程、使用、保养和维修方法等。产品说明书和单项产品样本直观性强、数据多，是从事计划、开发、销售，外贸专业人员了解产品、掌握市场情况的重要信息源。

产品样本文献的特征体现在三个方面：第一，可靠性较强；第二，产品样本的产品和技术信息较完整；第三，具有及时性及相对新颖性。通过产品样本汇编，还可以知道产品生产厂家的情况、该产品与同类产品相比的优缺点，从而推测该企业的技术实力、产品开发能力和水平、销售状况。

3. 关于报纸和剪报

行业报纸、经济信息类报纸和地方性报纸，是了解行业竞争态势的重要窗口。如刊登有上市公司股票交易简况、上市公司年度报告、工业企业规模/实力排序（有关“50强”或“百强”销售额或营业收入的排序）、竞争产品名单（按类排列的、市场占有率较高的“名牌产品”）；专家对某行业或产品竞争状况的分析，如价格战、商战的报道是许多报纸的热点，通过“点评”“现象透视”“热点追踪”“访谈”等专栏分析文章可以了解许多极有用的竞争性信息。

4. 专利文献

专利文献的特点：第一，详尽；第二，内容广泛；第三，专利说明书既是技术文件又是法律文件。

专利文献在传递竞争信息方面发挥重要作用：第一，专利文献是新产品开发的重要信息源；第二，专利文献还是市场竞争的重要手段；第三，通过专利文献，可以监视竞争对手的专利申请活动，目的是阻止对手专利申请成功，或抢先于对手申请同类专利；第四，通过了解专利文献可以对自己的专利权进行保护；第五，通过专利文献，做出“预警”系统。

5. 上市公司年报

上市公司的年度报告是极为有用的竞争情报信息源，几乎囊括了所有作为商业秘密的工业普查资料上的企业财务信息——营业收入、净利润、总资产、股东权益、每股收益、每股净资产、股东户数、持股数、名列前几名的股东情况、股本变化及股本结构、资金运用、会计政策、原材料、投资、负债、债券、库存等，以及客户情况、内部管理、人事等信息，不仅有数量指标，还有质量指标供分析时参考。

二、电子信息源中的竞争情报

1. 数据库

数据库可以提供更多的检索入口，情报人员可以用任何一个反映竞争对手特征的有检索意义的词作为检索入口；可以通过把多个字段结合起来检索出一系列满足特定需要的公司；数据库更新速度快。联机数据已达到按小时更新的程度，且更新量大，数据库的储存容量大，检索效率高，一个有经验的情报人员一次 4 小时的联机数据库检索，相当于他花 4 个星期在图书馆里查到的信息。

2. 企业网站

由于互联网发布信息容易，所以许多公司在网上公布大量信息，因此，竞争情报工作常从监测竞争对手的网页开始。通过监测对手的网页，可了解其产品种类的增减；查询其新闻发布内容，可知道他们是否在进行新的促销活动，是否得到了新的顾客或新的联盟；点击"招聘专栏"，可以了解正在招聘什么人，定期监测有时可得到意外的收获。当然，网上的东西很多是没有用的，不能指望点击一下就能得到所需的一切。许多信息是暗示性的和零散的，但经分析后可能很有意义。你不是在漫无目的地游荡，而是在寻找一种战略的标志，一种经过放大就能使你产生方向感的微弱信号。

3. 外国企业利用 Internet 的调查

美国印第安纳大学图书与信息科学系在 1994 年对企业界在竞争情报工作中应用 Internet 的现状作了调查，发现企业在利用如下 Internet 功能：①传统竞争情报活动；②营销、客户联系、发展客户；③节省时间；④非正式技术诀窍的交易；⑤信息提供；⑥获取免费软件。

4. 从网上讨论获得信息

可以从电子邮件、新闻服务和一些查询工具进入各种讨论小组，从而获得一些有价值的情报。Internet 上的电子论坛一般是专题讨论，相当一部分电子论坛为公司所有，主题围绕其产品和服务，利用它就可以对行业内产品及服务进行讨论，了解供应商、销售商及消费者对产品的反映，获得竞争对手对本企业产品的评价，还可以了解参加讨论人的情况，利用网上工具获取作者信息，建立资料库，必要时长期联系，跟踪获得有用情报。

三、本企业内部的竞争情报源

大量竞争情报（也许多达所需信息的 80%）来自本企业。不少本企业职工通过各种渠道有意或无意地掌握了这些信息，且具有分析信息的知识和能力。他们的专业知识、实践经验、业务和社会关系本身就是宝贵的信息源。一个组织结构中的两个个体——不论是横向还是纵向——离得越远越不可能成功地进行信息传递。收发员和经理进行交流的可能性是极小的，能够认识信息的重要性并进行主动传递的可能性几乎是零。两个分得很开的高级主管之间进行信息交流的可能性也是很小的，如销售产品的市场经理和人事经理。理想的是有这样一个系统：公司里面流动着每个人所知道的一切信息，而且不必增加公司的开支。任何问题都可以请教这个系统并得到答案。这样一个系统的重点不在于收集而在于对信息的保留和传播，这是企业信息问题的要害——关键的信息既没有被认为是重要的，也没有被传达到依据它进行决策的人手中。

如果让我们在 3 倍效率的信息收集与 2 倍效率的内部信息传递之间进行选择，我们应乐意选择后者。内部信息活动的高效率，增加留存和传递将会几何级数地增加它的效率。外部收集的增加只能算术级数地增加效率。单个的信息有其价值，但它的价值只有与前后关系联系在一起才能体现。有的信息本身不具有什么价值，只有把它放在与其他信息的前后关系中，或被某个了解情况并有权行动的人掌握时才会具有价值。一个信息被五个人拥有就产生了五个能提供信息的基地，五个不同的信息在一个人手中只能产生一个基地。信息的价值存在于与其他信息的联系中，每个企业都在自然积累信息。这些信息的价值很少被人认识到，因为只有把它们放在其他大量信息之中，它们的全部价值才能体现出来。信息扩散的基地越多，信息的价值也就越大。如果信息被一个不充分了解其价值的人收集了，那信息的生命也就结束了。如果信息不能充分地向其他人散布，就不能使它的价值极大化。解决这个问题的一个方法是鼓励每个员工去考虑他们所知道的信息价值，然后自觉地将信息传递给他们认为可能需要的或感兴趣的人。创造一种鼓励识别和传播有用信息的氛围是成功的第一步。

公司内部的信息源，公司不论大小，都有可供利用的信息源。大公司，有大批训练有素的专家成天泡在市场里。这些专家包括科学家、销售人员、采购经理等，他们大都拥有有关竞争对手的资料。

能否连续地、系统地把那些零散分布在人们抽屉里、档案柜里和头脑里的信息搜集起来，汇集到决策部门，关键在于能否建立一套信息交流机制。交流机制，就是企业员工自愿连续地提供信息的制度，它包括鼓励提供信息的激励制度、信息反馈制度、必要的通信设施和具体的实施办法。如设计专门的咨询表、电话定期采访名单、“谁认识谁”名单、信息矩阵表。这些被称为网络技术的方法是汇集企业内部竞争情报的基本途径。

搜集本公司内部信息的其他方法，建立内部专家库：搜集专家的特长、语言技巧、背景、曾做过的项目；进行竞争对手产品的专门展览；在午餐地点进行信息的交换；设立布告板：将竞争对手的产品预告消息贴在人们往来频繁的地方。

情境三　竞争环境研究

学习目标

1. 了解竞争环境研究的主要内容
2. 掌握竞争环境研究的方法

导读案例

德里梅利冰激凌

表 6－1 所示为优质冰激凌市场环境分析。

表 6－1　优质冰激凌市场环境分析

要素	市场状况
总体市场要素	
市场规模	348 000 000 美元
市场成长率	销售额增长 10%～20%
产品生命周期	成长期后期
行业利润	高
销售季节性	强
竞争要素	
潜在进入者的威胁	低；尽管生产过程很简单，但有很高的分销壁垒，如货架空间、物流等
购买者讨价还价的能力	消费者：高；渠道成员：高
供应商讨价还价的能力	低；奶制品属于日用品
同行业竞争对手之间的竞争	少量竞争对手，但不大或不集中
替代品的威胁	高；许多甜品

续表

要素	市场状况
环境要素	
技术环境	没有重大利好或利空消息
政治环境	没有重大利好或利空消息
经济环境	良好，更多的可支配收入，越来越多的支出花在奢侈品上
社会环境	可能有健康或饮食的问题
法律环境	低：一些商标和成分问题

表6－2所示为优质冰激凌产品特征矩阵。

表6－2 优质冰激凌产品特征矩阵

要素	德里梅利	本杰利	哈根达斯	星巴克	戈蒂瓦
A 产品规格					
包装大小	16品脱	16品脱	16品脱	16或32品脱	12.5品脱
1/2杯/元	0.82	0.82	0.8	0.82	1.05
1/2杯/卡路里	220～310	250～280	230～310	250～280	250～340
包装主题	梦幻色彩	乐趣、蠢笨的	LOGO，紫色	LOGO，绿色	优雅，金色
B 口感					
爽滑	5	3	16	7	5
厚实	13	17	7	4	1
C 品种					
口味总数	18	20	23	11	6
巧克力/杯	3	3	3	2	5
香草/杯	1	2	5	1	1
草莓/杯	4	4	3	0	0
奇异/杯	9	10	9	1	0
咖啡/杯	1	1	3	7	0
D 分销渠道或最有利市场	超市	超市/名品折扣店	超市/名品折扣店	超市	超市
E 市场地位	追随者	挑战者 MS＝38%	领导者 MS＝42%	追随者	追随者
F 主要策略	—	大量促销投入	以“嗜好”定位	咖啡品牌延伸	优质巧克力延伸
G 竞争力	—	企业社会责任	全球化品牌	咖啡连锁店	奢侈品的代名词

【思考】

1. 根据表6－1判断，德里梅利冰激凌所处的优质冰激凌市场经营环境有哪些有利因素？有哪些不利因素？如何规避这些不利因素？

2. 根据表6-2判断，德里梅利冰激凌与其主要竞争对手相比，有哪些优势和劣势？就目前的情况，作为一名市场追随者，可以采取怎样的竞争策略？

产业是一组生产的产品非常接近、可以互相替代的企业集合。与宏观环境相比，产业环境对竞争优势和超额利润的影响更为直接。产业环境的分析主要包括两个方面：一是产业中竞争的性质和该产业中所具有的潜在利润，常用工具是波特提出的“五种力量模型”；二是该产业内部企业之间在经营上的差异以及这些差异与它们战略地位的关系，常用工具是战略集团分析法。

波特提出“五种力量模型”。根据波特的观点，构成行业环境的五种力量是：

①随时可能加入这个行业成为企业的直接竞争者的“潜在进入者”；②供应各种原料、组件、服务或产品给企业的“供应商”；③向企业购买产品的“购买者”；④可以提供企业所生产产品相同功能、有替代效果的“替代品”；⑤直接与企业发生竞争的“直接竞争者”。上述五种力量的状况及综合强度，决定着行业的竞争激烈程度，从而决定着行业中最终的获利潜力以及资本向本行业的流向程度，并最终决定着企业保持高收益的能力。

（一）进入者的威胁

新进入者就是新进入现有产业的企业。进入壁垒主要包括以下方面：

（1）规模经济。规模经济是指随着产量的增加，平均成本递减的经济现象。如果新进入者无法实现更大规模的经营，就将处于不利的竞争地位。例如：规模经济在许多产业都表现得十分明显，例如汽车的规模经济为30万~100万辆。

（2）产品差异。如果产品的差异化程度达到了很高的水平，那么新进入者就必须花费很大的代价才能树立自己的声望和品牌形象。例如：手机、汽车、家电等产品。

（3）资本要求。资本要求给缺乏足够资金的新进入者造成了很大的进入壁垒或投资风险。例如：建年产15万辆的汽车厂，需投资100亿元。

（4）转换成本。转换成本是指消费者转向其他产品时所发生的一次性成本。转换成本很高的情况下，新进入者往往需要耗费较高代价弥补消费者的转换成本才能吸引购买者。

（5）分销渠道。新进入者需要通过让利、分摊广告费等方式才能利用原有的分销渠道。

（6）与规模无关的成本劣势。

（7）政府政策。政府在准入许可、质量、安全及环保等方面的政策规定和限制，也构成了新进入者的进入壁垒。例如：我国对基础电信业务实行许可证制度，目前仅对中国电信、中国联通、中国移动等几家企业颁发了基础电信业务许可证，其他企业未经许可不得从事有关基础电信业务。

（二）供应商的议价能力

一般来说，供应商在下列情况下具有较强的议价能力。

（1）供应商数量有限，行业集中度高于其销售对象所在行业；

（2）缺乏替代品；

（3）该企业不是供应商的重要客户；

（4）供应商的产品对于买方而言十分关键；

（5）供应商的产品已经形成了买方较高的转换成本；

（6）供应商具有较强的前向整合及进入企业所在行业的能力；

（7）产业内企业难以进行后向整合，从而进入供应商所在的产业。

（三）购买者的议价能力

在以下几种情况下，购买者具有较强的议价能力：

（1）集中购买或大规模购买；

（2）购买者具有后向一体化及进入供应商所在行业的能力；

（3）产品差异较小，可供选择的供应商较多；

（4）购买者的转换成本很低；

（5）产品的价格贵，占购买者的成本较大，购买者的价格敏感度较高；

（6）购买者的盈利较低，对成本和服务差异敏感度较高；

（7）产品对购买者无重大影响，容易被替代。

（四）替代品的威胁

替代品是指能够满足同样或类似需求的其他产品。两个处于不同行业中的企业，可能会由于所生产的产品互为替代品而在它们之间产生相互竞争的行为，这种源自于替代品的竞争，会以各种形式影响行业中现有企业的竞争战略。

首先，现有企业产品售价以及获利潜力的提高，将由于存在着能被用户方便接受的替代品而受到限制；

其次，替代品生产者的侵入，使现有企业必须提高产品质量，或者通过降低成本来降低售价，或者使其产品具有特色，否则其销量与利润增长的目标就有可能受挫，例如：数码相机对传统相机的毁灭性的打击。

最后，源自替代品生产者的竞争强度，受产品买主转换成本高低的影响。总之，替代品价格越低，质量越好，用户转换成本越低，其所能产生的竞争压力就越强，而这种来自替代品生产者的竞争压力的强度，可以具体通过考察替代品销售增长率、替代品厂家生产能力与盈利扩张情况来加以描述。

（五）现有企业之间的竞争

现有企业之间的竞争强度主要由下列因素决定：

（1）竞争者数量。

（2）产业增长速度。如果产业增长速度较快，现有企业之间争夺既有市场份额的竞争就会变得不激烈。

（3）产品特征和转换成本。

（4）固定成本。

（5）退出壁垒。退出壁垒是指那些迫使投资收益低，甚至是亏损的企业仍然在行业中从事生产经营活动的因素。退出壁垒有：专门化的资产、退出的固定成本、战略相关性情感障碍、政府和社会的约束等。

情境四　竞争者分析与研究方法

学习目标

1. 竞争者分析的主要内容
2. 竞争者分析的主要研究方法

导读案例

随着上海第一家冠心病特色药房在南京路上的诞生，肿瘤药房、糖尿病药房、皮肤药房等越来越多的特色药房相继在上海出现。特色药房的诞生，一方面是因为随着医疗体制改革的深入，人们逐渐习惯于小毛病自己买药，吃非处方药，于是药房的销售额有所上升；另一方面，截至20世纪末，上海有120多家药房，竞争日趋激烈，没有经营特色就没有竞争优势，于是一些有远见的药店老总纷纷打出了特色牌。特色药房不仅对症卖药，往往还配套了各种特色服务。华氏大药房皮肤病特色药房不但针对某种病推出了一个系列的药品，而且推出了发送联系卡、提前与专家预约等服务。从大而全到细分化，特色药房的出现，不但有利于整个医药市场的良性竞争，也为病人带来了方便。此外，特色药房还为制药厂商了解市场最新信息，一些大药房已经瞅准了时机，准备以连锁经营的形式，把特色药房开到郊区，开进社区。

【思考】

华氏大药房的案例带给我们什么启示？

一、竞争对手分析的主要内容

从总体上讲，企业做竞争对手分析，大体包括以下几个方面：①确认公司的竞争对手。广义而言，公司可将制造相同产品或同级产品的公司都视为竞争对手。②确认竞争对手的目标。竞争对手在市场里找寻什么？竞争对手行为的驱动力是什么？此外还必须考虑竞争对手在利润目标以外的目标，以及竞争对手的目标组合，并注意竞争对手用于攻击不同产品/市场细分区域的目标。③确定竞争对手的战略。公司战略与其他公司的战略越相似，公司之间的竞争越激烈。在多数行业里，竞争对手可以分成几个追求不同战略的群体。战略性群体即在某一行业里采取相同或类似战略的一群公司。确认竞争对手所属的战略群体将影响公司的某些重要认识和决策。④确认竞争对手的优势和弱势。这就需要收集竞争者几年内的资料，一般而言，公司可以通过二手资料、个人经历、传闻来弄清楚竞争对手的竞争力。也可以通过顾客价值分析来了解这方面的信息。⑤确定竞争对手的反应模式。了解竞争对手的目标、战略、强弱，都是为了解释其可能的竞争行动，及其对公司的产品营销、市场定位及兼并收购等战略的反应，也就是确定竞争对手的反应模式。此外，竞争对手特殊的经营哲学、内部文化、指导信念也会影响其反应模式。⑥确定公司的竞争战略。

二、确定竞争对手分析的四个维度

然而，根据我们的实际经验，在当今企业规模越来越大、国际化程度越来越高的市场环境下，笼统地说企业进行竞争对手分析并不科学。如果我们还没有确定好一些必要的分析要素时就进行对手分析，很可能会出现前文所说的“盲人摸象”现象，其实际效用将会大打折扣。因此，我们首先应确定实施竞争对手分析的维度，从而确定从哪里入手进行竞争对手分析最为有效并对公司的决策更有帮助。

1. 决策层级维度

进行竞争对手分析前应该确定的第一个维度是决策层级维度，即由企业的哪个经营决策层确定实施竞争对手分析任务。不同层级的经营管理者所做的竞争对手分析涉及的内容应该有所区别。例如，企业产品销售代理的竞争对手分析的主要目的是在代理竞标中取胜；而销售部经理的竞争对手分析主要会涉及对手产品的价格，并预测和评估其新的价格策略；事业部或战略经营单位的经理作竞争对手分析是为了该部门确立其在市场上的位置；公司的CEO可能是为了企业的兼并收购或扩张等战略。因此，只有确定了是哪个决策层级进行竞争对手分析，才能确保竞争对手分析的针对性和实用性。

2. 决策类型维度

在确定竞争对手分析的决策层级维度的同时，我们还可以将其以决策类型进行区分，如操作类型、战术类型和战略类型三种，即决策类型维度。

管理层级与企业经营哲学。企业的管理风格和方法会对其战略和经营行为产生影响。例如公司总部在整个企业组织结构中的角色定位如何（母子公司制还是事业部制）？竞争对手在企业集团中所处的位置如何（是主导地位还是一个次要的随从位置）？总公司对其业绩如何判断？其财务原则对其产品成本产生怎样的影响？CEO、总经理的管理风格如何？这些都与企业的经营哲学有关。这些问题不仅针对那些从属于一个大企业集团的竞争对手而言，而且也适用于那些单一公司，他们的经营哲学同样会受到企业组织结构和管理风格的影响。因此，进行竞争对手分析，对其经营哲学的了解和分析也必不可少。

人力资源政策。人力资源政策是对企业战略和业绩产生影响的重要方面。例如较低的薪酬水平会对企业吸引和留住优秀人才造成困难，也会影响到企业的经营绩效和实现长远目标。因此，除了薪酬制度外，了解竞争对手员工的质量和资历水平，为员工提供的培训机会和职业生涯规划等信息都是该表项的调查内容。

3. 顾客和市场范围维度

做竞争对手分析时需要考虑的第三个维度是顾客和市场范围维度，即对顾客和市场作详细的定义和描述。顾客和市场范围的确定对于分析成果的使用价值至关重要。例如，一个跨国汽车制造企业对北京的顾客群及市场范围内的竞争对手进行分析与对整个中国的顾客群体及市场范围内的竞争对手作分析是不同的。

4. 时间跨度维度

竞争对手分析的时间跨度范围的确定也是该项工作的内容。对竞争对手及其行业的历史分析追溯多么久远、对其未来发展的分析达到何种程度都是需要考虑的问题。例如对海尔电器在欧洲市场竞争对手的分析，是否从20世纪初开始追溯？一家月饼生产企业是对竞争对手近几年的销售价格动态进行分析呢，还是仅对当年中秋节期间的价格走向做分析，以确定第二年或今后几年的竞争策略？这些都是竞争对手分析中要首先定义的内容。

三、竞争对手分析方法

信息资料具备之后，进行竞争对手分析成为该系统应用的重要环节。竞争对手分析与一般企业分析基本一样，只是分析的主体是竞争对手，所用的分析工具也没什么区别，例如大家熟悉的波特的五力分析、波士顿矩阵分析等。下面简单介绍几种用于竞争对手分析的方法。

（一）组合矩阵分析法

组合矩阵分析的基本目的是让企业了解其所有业务活动，各业务之间的关系，并帮助企业决定投资于哪些业务，哪种业务属于现金类型，而哪些业务需要出售，哪些需要关闭。

组合分析矩阵图还能帮助企业考虑战略实施的时机问题。例如，在一个高速发展的行业中，某企业已经在一两个国家占领了有利的市场份额，并考虑一项全球扩张计划。经过组合矩阵分析后发现，如果失去时机让其他竞争对手超过自己，企业就会处在一个毁灭性的不利地位，将无法再赶上对手；如果投资太大或风险太大，企业可以考虑出售该项有前景的业务以收回现金，或通过其他形式进行扩张，如建立战略联盟。

（二）价值链分析法

迈克·波特指出："要诊断一个企业的竞争优势，需要确定它在特定行业竞争中的价值链。"他还认为："从整体去审视一个企业，是无法理解其价值链的。价值链产生于企业中各自独立运作的业务活动之中，如产品的设计、生产、市场营销、送货和支持活动。所有这些经营活动都会对企业产生相应的成本并且为相互的差异建立基础。他认为，一个企业应该有五种工作范畴，即内部物流、生产运作、外部物流、市场开发和销售以及服务。这五方面的工作无论哪一个都有很大的潜力为顾客提供各自的价值，并帮助企业建立竞争优势。因此，进行价值链分析，无论是对自身企业的分析还是对竞争对手分析，首先应检查企业在这五方面所涉及的工作流程，确定成本发生在哪里，什么能为顾客创造价值。前面竞争对手信息采集分析系统中竞争优势来源表中提到的几个方面，如企业的采购供应、R&D、人力资源和基础设施等方面的工作都是这五个工作范围的支持系统。顾客可能看不到它们的运营成效，但是其无疑也在创造和消耗着企业的价值。例如，一个航空公司对机组人员综合培训的价值并不会直接从培训中体现出来，而是从顾客对机组服务的感受和机组人员的服务行为和质量中体现出来。相反，一个培训机制不健全的航空公司，机组的服务水平差，顾客的评价就差，结果乘客少了，公司的绩效自然不好。可见，价值链存在于每个企业。认识到这一点并且去积极地建设它，是企业创造竞争优势的一个有效方法。因此，做竞争对手分析时，深入理解竞争对手的价值链，是企业制定竞争战略的一个有效方法。

（三）标杆法

标杆法经常用于竞争对手分析中的经营业绩标准的评价。标杆法是察看一个企业取得比另一个企业更好的绩效时所采用的流程，和将彼此的绩效进行比较的方法。标杆法包括如下要素。

（1）确定标杆的内容是什么。

（2）确定把谁作为标杆。

（3）对本企业关心的方面做研究。

（4）对作为标杆对象的企业的相关方面做研究。

（5）把研究结果进行对比分析。

（6）制定自身企业的改进方案。

标杆法的应用主要侧重于企业运作流程层面，主要方法是：将本企业尽可能多的业绩指标与竞争对手的业绩指标进行对比分析。当然，对手业绩指标的获得是该法的关键。通常可以从行业协会或其他行业出版物和统计部门的公开资料中获得，也可通过专门的市场调查获得。有时，我们可以对竞争对手的某服务项目做市场调查。例如，对他们从顾客订货到送货上门的周期长短做调查；对产品售后服务时上门维修工程师的服务水平做调查；对向顾客开放的服务门店做调查，如对超市收款台或银行柜台前高峰时段顾客排队等候时间、排队长短做调查等。

标杆法是许多世界著名企业经常使用的竞争对手分析方法，也是企业培养竞争优势的有效方法之一。同时，这种方法也能完全用于企业内部流程各环节的业绩对比和评估。

在某些情况下，企业可能找不到一个合适的竞争对手作为标杆对象。那么也可以采取如下办法。

与一个与本企业没有竞争关系的其他地区或外国企业进行标杆法研究对比。例如北京一家公共交通公司可以把上海一家同等规模的公共交通公司作为标杆对象进行对比研究；荷兰的一个发电企业可以与日本或美国的同类企业做对比研究；中国的一家医药连锁店可以与美国或英国的医药连锁店在某些业务和服务环节上进行标杆法的对比研究。

由于标杆法主要侧重于企业的业务流程层面，因此在不同行业但操作流程类似的企业之间也可以进行标杆法比较研究。同一行业中的企业可能在某些运作流程方面处于领先位置，但另一些流程环节可能不如其他行业企业的先进，因此行业之间相互学习是非常必要的。

总之，将标杆法应用于竞争对手分析，目的不是复制对手的某些管理和操作程序，而是将别人好的解决方案和经验借鉴到本企业的经营管理环节中来，并加以改善，其最终目的是进一步加强本企业的竞争优势。

分组讨论

（1）竞争者分析的方法有哪些？

（2）竞争者分析的具体内容有哪些？

学习反馈

结合书本知识阐述竞争者分析的主要方法与内容。

实务操作

（1）对某公司的环境进行“五力模型”分析。

（2）对该公司的整个营销环境进行 SWOT 分析。

学习任务七

市场调查报告的撰写

情境一　撰写市场调查报告的程序

学习目标

1. 掌握市场调研报告的写作格式
2. 掌握市场调研报告的撰写程序
3. 把握撰写市场调研报告的侧重点
4. 熟悉调研报告的写作特点
5. 掌握介绍调研报告的技巧

实际案例

大学生作为一个特殊的消费群体，有着不同于社会其他消费群体的消费心理和行为。近年来，大学生群体的消费水平及结构备受人们关注。2006 年，某内陆省份的一所职业技术学院就利用市场调研与分析课程的实训教学环节，组成了 10 名大学生的调研项目小组，在该校的万名在校大学生群体中，随机发放《大学生消费问题调查问卷》500 份，对大学生的月消费水平、支出类别及金额、生活资金及来源、社会兼职及目的、家庭收入、自我评价等问题，进行问卷访谈。之后，项目小组审核整理回收的调查问卷，得到了 480 份有效问卷，在编码录入后进行了数据分析。最后，项目小组需要将调查及分析结果撰写成一份调研分析报告并提交。

项目小组成员面对这次调查活动获得的调查资料与数据分析的结果，应当如何撰写这份调查分析报告呢?

情境一　撰写市场调查报告的程序

学习要点

1. 掌握市场调研报告的写作格式
2. 掌握市场调研报告的撰写程序
3. 把握撰写市场调研报告的侧重点
4. 理解调研报告在市场调研工作的作用

导读案例

营销研究的任务是评估信息需求、提供所需信息并帮助决策者做出正确的决策。总部在芝加哥的联合航空公司进行航班乘客服务满意度的追踪时，就是这样理解的。每个月在900次航班中有192 000个乘客被挑选出来，接受一份4页的可扫描表格调查。调查内容为乘客对地勤服务（航班预订、机场服务）和空中服务（飞机乘务员、食品、飞机）的满意度。表格由乘务员在飞行刚开始时分发，以便乘客有时间填写问卷。

每个月联航内部的营销研究部门都写一份报告来总结顾客的满意度，报告也被传到因特网上，使全世界的联航管理者都能看到。由于样本量很大，数据具有较好的代表性，公司所有的部门都可以使用：营销部门进行战略性规划、产品定位和目标市场选择；财务部门衡量产品投资是否成功；机场部门评估地勤服务，包括办理登机手续的速度和效率（服务代表、候机路线）；管理者评估联航内部目标的完成和外部与竞争者比较之下的业绩。这个覆盖面很广的消费者满意度调查的结果，使联航的所有部门都能时刻了解顾客要求。

上述联合航空公司的例子强调了定期进行调查报告的重要性。

【思考】

该公司定期进行市场调查对企业的经营影响如何？

一、市场调研报告的定义

市场调研报告是以一定类型的载体反映市场状况的有关信息并包括某些调研、预测结论和建议的形式。

市场调研报告的类别和形式是多种多样的，但是任何种类、形式的调研报告都具有如下基本特征：

（1）调研报告是市场调研活动的总结和说明，产生于市场调研分析之后，它是市场调研过程的高度概括。

（2）调研报告反映的是市场现象中的主要矛盾和市场活动中的新问题。调研报告既反映了对现有认识的广度和深度，又反映了对未知领域广度和深度的探索，同时它的针对性也很强。

（3）调研报告是科学的。调研报告是以调研事实为依据的分析和总结。它如实反映了客观世界，是客观事物间内在联系的总结和反映。调研报告中运用的调研资料和数据是采用科学的方法获取的。

（4）调研报告对市场现象不是一般性的描述，而是经过对现象的科学分析和总结，揭示出事物的本质。调研报告展示了市场现象发生、发展和变化的规律。

（5）调研报告涉及的知识面较广，如哲学、政治经济学、社会学、逻辑学、数学和同学等专业知识。它是调研者思想、立场、知识、能力和才华的综合体系。

二、市场调研报告的种类

市场调研报告依据不同标准可划分为多种类型。依据研究的目的不同，可分为理论性调研报告和实际型调研报告；依据调研对象的范围和关系不同，可分为概况型调研报告和专题型调研报告；依据调研的性质不同，可分为叙述型调研报告和分析型调研报告；按表达形式不同，可分为文字报告与口头报告。

1. 概况型调研报告

概况型调研报告是围绕调研对象的基本状况而撰写的全貌表述。其主要用途是较详尽地记录调研结果，较系统地陈述调研资料，以弄清调研对象发生和发展的基本状况，使人们对调研对象有个全面的了解。

2. 专题型调研报告

专题型调研报告是围绕某一专题而撰写的。这些专题可以是典型经验、新生事物、历史事件或存在的问题等。专题调研名目繁多，范围较广，实用性很强。专题调研报告的主要用途是研究具体问题，及时反映情况，揭露事物的某个矛盾，根据调研分析结果提出建议和对策。其特点是：主题鲜明、针对性强、材料具体、数据准确、说服力强。

3. 理论型调研报告

如果调研分析的目的是提出、证明或补充某个经济理论观点，其报告就为理论研究型报告。其特点是注重理论研究和陈述，讲求分析问题的立场和方法。

4. 实际型调研报告

这类调研报告是为了某项工作，针对某社会现象和有影响的问题，或对某方案提出意见和建议而撰写的。其除了具有“专题型调研报告”的特点外，还具有调研报告建议的结合实际、有分量、有新意等特点。

案例 7－1

美国一个制鞋公司要寻找国外市场，公司派了一个业务员去非洲一个岛国，让他了解一下能否将本公司的鞋销给他们。这个业务员到非洲后待了一天，发回一封电报：“这里的人不穿鞋，没有市场。我即刻返回。”公司又派了一名业务员去非洲，其待了一个星期后，发回一封电报：“这里的人不穿鞋，鞋的市场很大，我准备把本公司生产的鞋卖给他们。”公司总裁得到两种不同的结果后，为了解到更真实的情况，于是又派去了第三个人，该人到非洲后待了三个星期，发回一封电报：“这里的人不穿鞋，原因是他们脚上长有脚疾，他们也想穿鞋，过去不需要我们公司生产的鞋是因为我们的鞋太窄。我们必须生产宽鞋，才能满足他们对鞋的需求，这里的部落首领不让我们做买卖，除非我们借助于政府的力量和公关活动搞大市场营销。我们打开这个市场需要投入大约 1.5 万美元。这样我们每年能卖大约 2 万双鞋，在这里卖鞋可以赚钱，投资收益率约为15%。”

【思考】

1. 三个业务员在对同一个市场展开调查时，为什么得出的结论会大不相同？
2. 分析三个业务员对市场的职业敏感性。

三、市场调研格式的组织结构

市场调研报告作为一种特殊的应用文，其格式总的特点是开门见山，准确简练。从一般结构上看，一篇完整的调研报告由题目、目录、正文和附件等部分组成。

（一）报告题目

报告题目应简明准确地表达报告的主要内容，一般是通过扼要地突出本次市场调研全过程中最具特色的环节的方式，解释本报告所要论述的内容。其格式可以只有正标题，例如，“关于××市居民轿车消费状况与趋势的调研报告”，也可以采用正副标题形式，例如，“轿车不再是富人的象征——××市居民轿车消费状况与趋势的调研报告”。作为一种习惯做法，调研报告题目的下方，紧接着注明报告人或单位、报告日期，然后另起一行，注明报告呈交的对象。这些内容被编排在调研报告的首页上。

（二）报告目录

当市场调研报告的页数较多时，应使用目录或索引形式列出主要纲目及页码，编排在报告题目的后面。目录包含报告的各部分内容及其相应的起始页码。通常只编写两个层次的目录。较短的报告也可以只编写一个层次的目录（见图7－1）。需要注意的是，报告中的表格和统计图都要在目录中列明。

一、研究目的 ………………………… 1
二、调研方法 ………………………… 2
三、研究结果 ………………………… 4
四、局限性 ………………………… 7
五、结论和建议 ………………………… 8
六、摘要 ………………………… 9

图7－1　报告目录

（三）报告正文

正文应依据调研内容充分展开，它是一份完整的市场调研报告，一般来说报告正文应包括六个主要部分：

1. 研究目的

在报告正文的开头，调研人员首先应当简短扼要地列出该项调研活动的目的和范围，以便阅读者准确把握调研报告所叙述的内容。

2. 调研方法

如何阐明所用的调研方法是一件不太轻松的事，调研方法部分要阐明以下五个方面。

（1）调研设计：说明所开展的项目是属于探索性调研、描述性调研，还是因果性调研，以及为什么适用于这一特定类型的调研。

（2）资料采集方法：所采集的是初级资料，还是次级资料。结果的取得是通过调查、观察，还是实验。所用调查问卷或观察记录表应编入附录。

（3）抽样方法：目标总体是什么，抽样框如何确定，是什么样的样本单位，他们如何被选取出来。对以上问题的回答思路及相应的运算须在附录中列明。

（4）实地工作：启用了多少名实地工作人员，对他们如何培养、如何监督管理，实地工作如何检查。这一部分对于最终结果的准确程度十分重要。

（5）分析：说明所使用定量分析方法和理论分析方法。

3. 结果

结果在正文中占较大篇幅。这部分报告应按某种逻辑顺序提出紧扣调研目的的一系列项目发现。发现结果可以以叙述形式表述，以使得项目更为可信，但不可过分吹嘘。在讨论中可以配合一些总结性的表格和图像，这样更加形象化，然而详细和深入分析的图表宜放到附录中。

4. 局限性

完美无缺的调研是难以做到的。所以，必须指出调研报告的局限性。讨论调研报告的局限性是为给正确评价调研成果提供现实的基础。在报告中，将成果加以绝对化，不承认它的局限性和应用前提，不是科学的态度。当然，也没有必要过分强调它的局限性。

5. 结论和建议

结论是基于调研结果的意见，而建议是提议应采取的相应行动。正文中对结论和建议的阐述应该较为详细，而且要辅以必要的论证。

6. 摘要

摘要须写明为何要开展此项调研，考虑到该问题的哪些方面，有何结果，建议怎么做。摘要是调研报告的重要部分，必须写好。许多高层管理人士通常只阅读报告的摘要，课件摘要很可能是调研者影响决策者的唯一机会。

摘要应该放在正文的最后部分。长度以不超过两页为好，因此作者要仔细斟酌哪些东西是重要的，哪些在摘要中写明。摘要不是报告正文各章节的等比例浓缩。它要自成一篇短文，既要概括调研成果的主要内容，也要简明、重点突出。

摘要通常包含四方面内容。①要申明报告的目的，包括重要的背景情况和项目的具体目的。②给出最主要的结果，有关每项具体目的的关键结果都须写明。③结论，这指的是建立在发现结果基础上的观点，和对于结果含义的解释。④建议，或者提议采取的行动，这是以结论为基础而提出的。在许多情况下，管理人士不希望在报告中提出建议，因此，是否在提要中包括建议需要依报告的特定情况而定。

（四）附件

附件是指市场调研报告正文包含不了的内容或对正文结论的说明，是正文报告的补充或更为详细的专题性说明。例如，数据的汇总表、统计公式或参数选择的依据，与本调研题目相关的整体环境资料或有直接对比意义的完整数据等，均可单独称为报告的附件。

表 7－1 所示为市场调研报告基本结构。

表 7-1 市场调研报告基本结构

扉页	报告正文
1. 市场调研题目	1. 详细背景介绍
2. 市场调研用户	2. 调研主体详细说明
3. 市场调研组织者	3. 调研方法的详细说明
4. 市场调研日期	4. 调研主题的详细论述过程
序言	5. 调研图表解释
1. 目录	得出结论
2. 简介（项目背景、人员配备）	1. 市场调研结论 1
市场调研结论摘要	2. 市场调研结论 2
1. 调研主题简要陈述	提出建议
2. 调研结论简要陈述	1. 市场营销建议 1
3. 调研方法简要陈述	2. 市场营销建议 2
4. 提出建议简要陈述	附录：种类附录资料

以上提出了一份极为正规的调研报告所应包含的所有组成部分。这种极为正规的格式用于企业内部大型调研项目，或调研公司向客户提供的服务项目。对于那些不那么正规的报告，某些组成部分可以略去不写。视项目的重要程度和委托方的实际需要，可以从最正规的格式到只要一份报告摘要的这一逐渐简化系列中选择一个适当的设计。

四、市场调查报告的撰写程序

撰写调研报告的目的是反映实际情况，为营销决策提供书面依据。所以调研报告必须是在对调研资料进行科学的整理和分析的基础上撰写的。撰写调研报告是把调研分析的结果用文字表述出来，撰写程序一般有以下步骤：

（一）确定调研报告的主题

调研报告的主题是调研报告的中心问题，主题是否明确、有价值，对调研报告具有决定性的意义。确定主题包括选题和确定观点两个步骤。

选题是指发现、选择、确定和分析论题的过程。选题一般表现为调研报告的标题，也就是调查报告的题目，它必须准确揭示调查报告的主题思想，做到题文相符；高度概括，具有较强的吸引力。一般是通过扼要地突出本次市场调研全过程中最有特色的环节的方式，揭示本报告所要论述的内容。例如案例素材的调研报告题目确定为：“大学生消费问题调研分析报告——××学院在校生消费情况调查分析”。

观点是调研研究者对分析对象所持有的看法和评价。它是调研材料的客观性与调研者主观认识的统一体，是形成思路、组织材料的基本依据和出发点。要从实际调研的情况和数字出发，通过现象而把握本质，具体分析。在观点形成过程中应遵循以下原则：

第一，分析要深入。要从实际调研的情况和数字出发，通过现象来把握本质。第二，分析要具体。分析不可以先入为主，只能从具体的现象、数字入手，在调研材料上做文章。第三，立论要新颖。观点是认识的逻辑概括，要用简单、明确、易懂的语言把自己的新认识阐述出来。

确定主题应注意的问题：调研报告的主题必须与调研主题相一致；要根据调研分析的结果确定观点并重新审定主题；调研报告的主题不宜过大。

（二）取舍资料

资料是形成调研报告主题观点的基础；观点是资料的统帅和代表，其决定资料的取舍。这是撰写调研报告必须遵循的主要原则。在取舍材料时应注意：获取充分、完整的资料，依据主题筛选资料，多次取舍。

（三）拟定提纲

在确定主题，取舍资料后，撰写调研报告就有了一个轮廓。提纲是调研报告的骨架，拟定一份提纲可以厘清思路。调研报告的写作提纲可分为条目提纲和观点提纲。条目提纲就是从层次上列出报告的章节。观点提纲是列出各章节要表述的观点。一般先拟定提纲框架，把调研报告分为几大部分。然后在各部分中充实，按次序或轻重、横向或纵向罗列成较细的提纲。提纲越细，反映调研者的思路越清晰，同时也便于对调研报告进行调整。案例素材的调研报告提纲如下所示：

前言：概述调查的意义与目的。

第一部分：陈述问卷调查的情况。内容包括问卷涵盖的问题、样本的获取方法及样本数量、有效问卷等。

第二部分：调查数据的统计分析。数据处理方法分析，数据计算结果分析，涉及消费总额及结构比例分析、收入情况分析、通信与交友情况分析、社会兼职及收入分析、自我评价分析等。

第三部分：调查结果分析。就调查数据结果，结合访谈资料，分析大学生消费不合理的现象，并进行成因分析。

第四部分：结论与建议。就分析结果提出引导大学生理性消费的建议，从家庭、社会、政府、学校四方面论述。

（四）撰写报告

在拟定较细提纲的基础上，便可以正式撰写调研报告。在撰写报告过程中，除按调研报告的格式，以事实为依据组织内容编写外还要注意以下部分：第一，要做到通俗易懂。调研报告应摆事实，讲道理，内容是市场经济中的现象，讲清市场现象发展变化的趋势和规律性。写报告是给决策者看的，所以要用他人看得懂的文字表述观点，切忌使用不当的华丽词语，借用“大名词”显示学问以及滥用图表。第二，使用材料要准，分析问题要深刻。通俗易懂与理论上深入分析并不矛盾，只是要求在深入分析问题时，使用大众化的语言，这样不会降低调研报告的水平和质量。第三，要注意“活”字。就是文字生动活泼，形式灵活多样。针对不同需要采取不同的反映形式。如使用适当的图表既可清楚反映问题，又可打破一味叙述论证的“呆板”形式。

（五）修改报告

任何写作都不是一次完成的，调研报告更是如此。它不但涉及语言文字的运用，更重视事实根据。因此调研报告必须反复修改、逐句审查、严把质量关。

情境二　市场调查报告撰写的技巧

学习要点

1. 掌握市场调研报告的写作方法
2. 掌握市场调研报告的写作特点

导读案例

约翰·斯皮尔伯格经过6个月的研究，为美国一家最大的糖果制造商准备了长达250页的报告，并向公司最高决策者做口头汇报。

1小时后，总经理不耐烦地说："明天早上8点前把一份5页纸的摘要放到我办公桌上。"

一份市场调查报告即使再简单，也必须保证它的完整性，否则很有价值的调查数据也显得苍白而无说服力，降低它的使用价值。市场调查人员应该认识到一篇专业的市场调查报告的书写需要掌握一定的方式和技巧。

一、市场调查报告的写作技巧

（一）市场调研报告的写作方法

1. 良好的市场调研报告的基本要求

（1）调研主题突出、结构合理。

（2）文字流畅。

（3）选材适当。

（4）重点突出。

书面报告应打印成正式文稿，要字迹工整、清楚，方便阅读。

2. 市场调研报告起草过程

市场调研报告的起草顺序与其文体结构的顺序正好相反，即从准备有关的图表和附件入手，进而草拟报告正文，最后再撰写调研报告摘要（见图7-2）。

图7-2　市场调研报告起草过程

在草拟调查报告正文之前，调查人员应对报告的文体结构、章节、段落有一个大概的写作思考框架，这需要反复地思考和构思。在起草时要条理性和系统性地集中阐明市场调研结论及其论据，注意突出重点，避免平铺直叙，面面俱到。报告草拟初稿形成后应认真审查，仔细修改，使报告更加完善和丰满。

3. 图表使用

调查报告的撰写要充分利用图表的功能。因为图表不仅可以向阅读者提供一个简明系统的资料，而且可以使阅读者迅速进行直观的对比和分析，了解调查工作的成果。使用图表比使用文字，在说明市场现象某种数据关系及其变化趋势等问题时，可以收到更为明显的效果。

4. 调研报告撰写中容易出现的问题

（1）调研主题不突出：偏离主题的文字或资料堆集。

（2）文体结构安排不当：结构层次不清，线路混乱，没有写作提纲的平铺直叙。

（3）论据不够充分：市场调研资料不足或对市场调研过程的说明不充分。

（4）定量分析不足或过量：数据过多或不足，图表过多或不足。

（5）资料使用不当：对数据资料的理解或解释不当。

（二）调研报告的写作特点

1. 写作的表达方式

表达方式是在写作中运用语言反映客观事物的方法。调研报告的表达方式以说明为主。“说明”在调研报告中的主要作用是将研究对象及其存在的问题产生的原因、程度以及解决问题的办法解释清楚，使读者了解、认识和信服。在报告中不论是陈述情况、介绍背景，还是总结经验、罗列问题、分析原因以及反映事物的情节、特征和状况等，都要加以说明。即使提出建议和措施也要对其进行说明。因此，调研报告是一种特殊的说明文。

（1）背景说明。任何社会现象、经济现象都是在一定历史和环境条件下产生的，而且这种社会条件、环境是不可重复的。要正确客观地反映事物，必须介绍其背景。背景说明可以反映事物产生发展的时间、空间和条件，可以解释事物的内涵，加深和突出调研报告的基本观点。因此，背景说明是十分重要的，也是必不可少的。

（2）情况说明。事物在产生和发展过程中，会呈现各种不同的结构、状态、规模、速度、性质和特征等情况。调研报告的重要任务之一就是要说明这些情况。为了客观、准确地说明情况，必须对研究对象有深入细致的了解及清晰的说明。要注意的是“说明”要讲求顺序，不论是采用由主及次、由浅入深，还是采用由远及近、由表及里，都必须按照事物的逻辑顺序加以说明，否则，会显得杂乱无章，说而不明。

（3）建议说明。为了有助于领导进行科学决策，有助于社会各界对调研研究对象的关注和问题的解决，除了反映情况、分析问题外，还要提出解决问题的办法、措施和建议。所以，“建议说明”是调研报告不可或缺的一部分。建议的表述也是依靠“说明”而完成的，这部分必须明确具体、切实中肯，具有较强的针对性和可行性。

2. 调研报告的语言

调研报告不是文学作品，具有较强的应用性，因此它的语言应该严谨、简明和通俗。

（1）严谨。语言严谨体现在选词造句精确、分寸感强，要求对事物进行准确、周密的描述和恰当的评价。因此，在调研报告中既不能使用如“可能”“也许”“大概”等含糊的词语，还要注意在选择使用表示强度的副词或形容词时，要把握词语的程度差异，比如，“有所反应”与“有反应”；“较大反应”与“反应强烈”；“显著变化”与“很大变化”之间的差距。

为确保用词精确，书写时要少用形容词，最好是用数字来反映；用较强的概念时，要注意其本身的内涵和外延；同时还要区分相近、易于混淆的概念，例如，“发展速度”与“增长速度”，“番数”与“倍数”，“速度”与“效益”。

（2）简明。在叙述事实情况时，必须使用简述的手法，把事实浓缩，力争以较少的文字清楚地表达较多的内容。要使语言简明，重要的是训练作者的思维。只要思维清晰、深刻，才能抓住事物的本质和关键，用最简练的语言概括和表述。

（3）通俗。调研报告的语言应力求朴实严肃，平易近人。通俗易懂才能发挥其应有的作用。但通俗、严肃并非平淡无味，作者要加强各方面的修养和语言文字表达的训练，只有提高驾驭语言文字的能力，最终才能写出语言生动、通俗易懂的高水平的调研报告。

3. 调研报告中数字的运用

较多地使用数字、图标是调研报告的主要特征。调研报告中的数字与数学中的数字不同，它不是抽象的数量表现，而是物的数量特征，它解释事物之间的数量关系。因此，调研报告中的数字既要准确，又要讲究技巧，力求把数字用活，用得恰到好处。

（1）要防止数字文学化。

数字文学化表现为在调研报告中到处都是数字，在大量使用数字时，要注意使用方式。一般我们应该使用图表来说明数字。

（2）运用数字的技巧。

为了增强统计数字的表现力，使之更加鲜明生动、通俗易懂，还要对数字进行加工和换算。运用的方法有以下几种：

1）比较法。比较是研究事物的基本方法，也是数字加工的基本方法。比较法可分为纵向比较和横向比较。纵向比较可反映事物自身的发展变化；横向比较可以反映事物间的差距。对比可形成强烈的反差，增强数字的鲜明性。

2）化小法。运用化小法表达数字。有时数字太大，不易理解和记忆，如果把大数字换算成小数字则便于记忆。如把某厂年产电视机 518 400 台换算成每分钟生产一台效果更好，153 000 000 公里换算成 1.53 亿公里更容易记忆。

3）推算法。运用推算法表达数字。有时个体数量较小，不易引起人们的重视，但由此推算出的整体数量却大得惊人。如对农民建房占用耕地情况调研发现 12 个村 3 年每户平均占用耕地 2 分 2 厘。而由此推算全县农村建房三年共占用耕地上万亩。

4）形象法。运用形象法表达数字。这种方法并不使用事物本身的具体数字，而是用人们熟悉的数字表示代替，以增强生动感。例如，乐山大佛高 71 米，头长 14.7 米……换成形象法为：佛像有 20 层楼高，耳朵有 4 个人高，每只脚背上可停放 5 辆解放牌卡车。相比较后者更具有吸引力。

5）使用的汉字与阿拉伯数字应统一。总的原则是可用阿拉伯数字的地方，均应使用阿拉伯数字。公历世纪、年代、年、月、日和时间应使用阿拉伯数字，星期几则一律用汉字，年份一般不用简写；计数与计量应使用阿拉伯数字，不具有统计意义的一位数可以使用汉字（如一个人、九本书等）；数字作为词素构成定型的词、词组、惯用语或具有修辞色彩的语句应当用汉字（如“十五”规划等）；邻近的两个数并列连用表示概数时应当用汉字（如三五天、十之八九等）。

情境三　市场调查辅助工具——计算机

学习要点

1. 能对问卷进行编码，并将合格问卷进行计算机录入
2. 能运用 Excel 进行数据初步的统计和分析
3. 能进行简单的统计图表分析

导读案例

A公司调查某部门20名职工的性别、年龄、月收入以及年终业务考核成绩的数据。如果想用计算机处理这套资料，就必须把表中所载资料转换成数码符号形式的数据。为此，可以规定这样一套规则：

职工编号——按原数码形式；

性别——“男”以“1”表示，“女”以“2”表示；

年龄——按原数码形式；

月收入——原数码形式去掉小数点；

考核成绩——“优”以“1”表示，“良”以“2”表示，“中”以“3”表示，“及格”以“4”表示，“不及格”以“5”表示。再按这套规则将表载资料转换成数码符号，列入表中。

一、计算机的运用

（一）资料编码

资料编码是把原始资料转化成为统一设计的计算机可以识别的符号或数字，通过编码将资料输入计算机进行数据处理。

（二）数据转换

数据转换就是将信息录入计算机的存储设备上去的过程。

一般的录入过程是这样的：有效的、编辑好了的、编好码的调查表已交给了一个数据处理员。他坐在个人电脑或电脑终端前，数据录入软件系统已经为有效录入编好了程序。真正的数据录入过程就要开始了。通常，数据会从调查表上直接录入。一般来说，专业市场调查人员不会直接把数据从调查表上转录到电脑编码表上，因为实践证明，在转录过程中会产生许多错误，而将数据从编码表直接转入数据录入装置和相关存储媒介会更精确、有效。

二、软件应用

（一）SPSS统计软件

SPSS统计软件——世界著名的统计分析软件之一。20世纪60年代末，SPSS统计软件由美国斯坦福大学的三位研究生研制开发成功，目前已推出9个语种版本，广泛应用于自然科学、技术科学、社会科学的各个领域。SPSS的基本功能包括数据管理、统计分析、图表分析、输出管理等。SPSS统计分析过程包括描述性统计、均值比较、一般线性模型、相关分析、回归分析、对数线性模型、聚类分析、数据简化、生存分析、时间序列分析、多重响应等。

（二）Excel与Word软件

Excel与Word软件可以用来制作电子表格、完成许多复杂的数据运算，能够进行数据的分析，具有强大的制作图表的功能。

分组讨论

根据本次的学习任务，学生对实际案例进行分组讨论。首先在掌握撰写市场调查的程序、撰写技巧及报告格式的基础上，分析实际案例；然后对案例后的问题进行思考和讨论。

项目小组成员面对这次调查活动获得的调查资料与数据分析的结果，应当如何撰写这份调查分析报告呢?

学习反馈

如何提交和陈述调研结果，会对一项市场调研项目的成败造成重大的影响。而且，调研团队通常需要准备一个书面的市场调研报告，并且往往需要做口头陈述。比起调查资料，这项工作完成的形式与质量，将会更加影响对调研成果的领悟，以及决策者实施决策活动。因此，调研人员必须了解其特点，掌握撰写的方法，才能较好地完成市场调研报告的撰写。

实务操作

完成某公司市场调查报告的撰写。通过实训，要求学生初步掌握市场调查报告撰写的基本方法与技巧。

指导：

（1）调查报告撰写的说明。

（2）调查报告撰写的步骤讲解。

（3）调查报告撰写的技巧和格式讲授。

组织：

（1）教师将消费者购买空调机行为的调查报告书、问卷内容、数据统计结果印发给每个学生。

（2）学生根据调查计划书中的调查目的独立完成报告的撰写。

（3）组织学生口头汇报。

考核：根据书面报告质量和口头汇报情况做出成绩评定。